Je mehr wir den neuesten Entwicklungssprüngen der Informations-gesellschaft und ihrer Kommunikationstechnologien hinterherhecheln, desto dringlicher scheint die Frage nach der Zeit zu werden: als Richtungspfeil, als Maß von Gegenwart, für die Ordnung der Geschlechter, als Waffe im Wettbewerb und vieles andere mehr. Was treibt die Zeit? Gibt es sie überhaupt, und wenn, dann seit wann? Wie spät war es am Anfang? In neun Beiträgen setzen sich renommierte Autorinnen und Autoren aus den verschiedensten Fachbereichen mit diesen Themen auseinander.

Die Autoren: Manfred Görg, Karin Jurczyk, Klaus Mainzer, Eva Ruhnau, Kurt Weis, Carl Friedrich von Weizsäcker, Horst Wildemann und Walther Ch. Zimmerli.

Der Herausgeber: Kurt Weis, Jurist, Soziologe und Professor an der TU München, bereitet zur Jahrtausendwende mit Unterstützung der TU München, der Expo 2000 Hannover und der Volkwagen Stiftung einen »Zeitatlas« über Zeitlandschaften der Risikogesellschaft mit Prognosen für das nächste Jahrhundert vor.

Was treibt die Zeit?

Entwicklung und Herrschaft der Zeit in Wissenschaft, Technik und Religion

Eingeleitet und herausgegeben von Kurt Weis

Deutscher Taschenbuch Verlag

Von Kurt Weis ebenfalls im Deutschen Taschenbuch Verlag erschienen:
Was ist Zeit? (30525)

Der vorliegenden Taschenbuchausgabe liegt die bearbeitete
und wesentlich erweiterte Ausgabe
des zuerst 1996 in der Reihe Faktum, Bd. 12, der Technischen
Universität München veröffentlichten Bandes zugrunde.

Für die Fee

Mai 1998
Deutscher Taschenbuch Verlag GmbH & Co. KG,
München
Alle Rechte vorbehalten
Erstveröffentlichung unter dem Titel ›Was ist Zeit? Teil Zwei‹
in der Reihe ›Faktum‹ der Technischen Universität München,
Akademischer Verlag, München 1996
Umschlagkonzept: Balk & Brumshagen
Umschlagbild: © Douglas Struthers/TONY STONE
Druck und Bindung: C. H. Beck'sche Buchdruckerei,
Nördlingen
Gedruckt auf säurefreiem, chlorfrei gebleichtem Papier
Printed in Germany · ISBN 3-423-33021-X

INHALT

Zeitordnungen als Ordnung der Geschlechter

Zeit als Machtfaktor. Stabilität und Erosion der unterschiedlichen
Zeitmuster von Frauen und Männern im Alltag.

Zeit als Maß für Reife und Strafe

Zeit im Recht und Menschen hinter Mauern:
Fristen, Gefängnisse und Klöster als Verdeutlichungsagenten
menschlicher Zeitbewertung. Warum aber sammelt
der Häftling Frust und der Mönch Kraft in der Zelle?

Zeit als Waffe im Wettbewerb

Zeitmanagement im Geschäftsprozeß. Zeitfallen und Zeittreiber.
Die Bedeutung der Zeitreduzierung und Zeiteffizienz
für die Logistik in Unternehmen

Zeit als Zukunft

Die menschliche Konstruktion der Zeit. Rhythmen und Uhren,
Cyber-Medienfiktion und Technikfolgenabschätzung.
Vom Handeln im Mensch-Maschine-Tandem

Anhang

VORWORT ZUR NEUEN AUFLAGE IM DTV

Was ist Zeit? - Was treibt die Zeit? Die allumfassend klare Kürze der Fragen macht das Antworten nicht leichter. Wie die Menschen die unüberschaubare Zeit in Abschnitte einteilen, so hat auch die nicht mehr überschaubare Wissenschaft ihre Arbeitsfelder und Zuständigkeiten aufgeteilt. Aus unterschiedlichen Perspektiven und vielen Disziplinen legen hier acht Wissenschaftler Antworten vor. Zeit wird jeweils "als etwas" geschildert: als Richtungspfeil, als Maß von Gegenwart, als Träger der Erfahrung in der Quantentheorie, als Geburt aus Chaos und Raum, als Ordnung für die Geschlechter, als Maß für Reife und Strafe, als Waffe im Wettbewerb und letztlich als Zukunft.

Dieser Band ist die wesentlich, auch durch den Beitrag von Carl Friedrich von Weizsäcker und die Namens- und Sachregister, erweiterte neue Auflage des Buches, das unter dem Titel: *"Was ist Zeit? Teil Zwei"* 1996 und 1997 in zwei Auflagen im Akademischen Verlag München als Veröffentlichung der TU München erschien. Der Band versammelt Vorträge einer Ringvorlesung im Wintersemester 1994/ 1995 an der Technischen Universität München (vgl. das Programm unten S. 298f.). Er nannte sich ursprünglich *"Teil Zwei"* und trägt weiter den Untertitel: *"Entwicklung und Herrschaft der Zeit in Wissenschaft, Technik und Religion."* Der erste Teil erschien unter dem Titel *"Was ist Zeit? Zeit und Verantwortung in Wissenschaft, Technik und Religion"* und gibt die Texte der gleichnamigen ersten Ringvorlesung über die Zeit an der TU München wieder (vgl. unten S. 300 f.).

Beide Bücher fragen nach der Zeit. Der neue Band setzt die Antworten fort, mit denen sein Vorläufer begann. Beide Bücher sind getrennt lesbar, sie ergänzen sich, wiederholen sich nicht, setzten sich gegenseitig nicht voraus. Natürlich baut der hier vorgelegte Band schon insoweit auf dem ersten auf, als die erste Vortragsreihe das Interesse weckte und die Fortsetzung rechtfertigte. Der erste Zeitband erschien in der FAKTUM-Reihe der TU München von November 1994 bis April 1995 in drei Auflagen, anschließend im Deutschen Taschenbuchverlag im Oktober 1995 in erster und April 1996 in zweiter Auflage. Nun reizt den zweiten Band die Nachahmungslust.

C. F. von Weizsäcker war verhindert, als die Vorträge für dieses Buch gehalten wurden. Doch hat er uns zur Erstveröffentlichung neue Beiträge über Zeit und Quantentheorie zur Verfügung gestellt. Gern bedanke ich mich noch einmal herzlich, diese Texte und Selbstgespräche, die er 1996 und 1997 vor und nach seinem 85. Geburtstag schrieb, hier weitergeben zu können.

Mein Dank gilt den Referentinnen und Referenten, die uns nicht nur glanzvolle Vorträge hielten, sondern jede/r auf individuelle Weise auch mein kurzes erfolgreiches Bitten und gelegentlich siebzehnmonatiges unermüdliches Betteln um überarbeitete Manuskripte aushielten. Nun freue ich mich, diese Texte hier vorlegen und weitergeben zu dürfen. Mein Dank gilt den Hörerinnen und Hörern, die aus unserer Universität, von anderen Münchner Hochschulen und aus dem studiumentwöhnten Bürgertum, gelegentlich auch mit weiter Anreise, den Hörsaal immer erneut füllten und so die Atmosphäre für das Gelingen der Vortragsreihe schufen. Mein Dank gilt dem damaligen Präsidenten der TU München, Prof. Dr.-Ing. Otto Meitinger, der mich wieder zu dieser Ringvorlesung ermunterte. Mein Dank gilt der Unterstützung durch die TU, dem Akademischen Verlag München und nun dem Deutschen Taschenbuchverlag. Mein Dank gilt Claudia-Maria Mathe, Petra Schünke und Heike Wojtenek, die in verschiedenen Kalenderjahren halfen, dem Schriftbild seine Gestalt zu geben. Ich mag mir ja zu Anfang immer gar nicht vorstellen wollen, wieviele Monate an Mühe es kostet, eigentlich fertige Manuskripte zu überarbeiten, ein paar Disketten konvertierbar zu machen, Abbildungen und Lebensläufe neu zu organisieren und Texte nach allen Programmabstürzen so umzuformatieren, daß sie in ein Buch passen, das man vorzeigen und das ein Verlag auf gut Glück abdrucken kann. Auch so ein Büchlein über Zeit, dazu längere krankenhaus- und operationsbedingte Arbeitsunterbrechungen bei einem Mitautor und dem Herausgeber, fordern als Zeitenfüller ihre Eigenzeit. Gut, wenn alles zu seiner Zeit reift und dann den erwünschten Abschluß findet.

Was treibt die Zeit? Ich widme dieses Buch meiner Frau und ihrer Hoffnung, das akademische Getriebensein möge der kontemplativen Zeit und Erfahrung mehr Raum lassen.

München, Anfang Februar 1998　　　　　　　　　　　*Kurt Weis*

Kurt Weis

Zeit als Treibsand oder Treibsatz ?

Vom Strom der Zeit und von den Treibenden

Giebt es wirklich die Zeit, die zerstörende?
Wann, auf dem ruhenden Berg, zerbricht sie die Burg?
Dieses Herz, das unendlich den Göttern gehörende,
Wann vergewaltigts der Demiurg?

Sind wir wirklich so ängstlich Zerbrechliche,
wie das Schicksal uns wahr machen will?
Ist die Kindheit, die tiefe, versprechliche,
in den Wurzeln - später - still?

Ach, das Gespenst des Vergänglichen,
durch den arglos Empfänglichen
geht es, als wär es ein Rauch.

Als die, die wir sind, als die Treibenden,
gelten wir doch bei bleibenden
Kräften als göttlicher Brauch.

Rainer Maria Rilke

1. Was treibt die Zeit?

Diese so landläufig locker gestellte Frage entpuppt sich schnell als eine dreifache. An allem Anfang, von den verschiedenen alten regionalen Schöpfungsmythen bis zur jüngsten globalen Beschleunigungshysterie, steht immer auch die Frage: Was oder wer treibt die Zeit an, läßt sie entstehen und vergehen, verweilen, fließen oder rasen? Zum zweiten möchte mancher, gar als Betroffener, gern wissen, wen oder was alles die Zeit eigentlich mit ihrem Druck auf Trab und in Bewegung hält, voranpeitscht und eben (an)treibt. Schließlich mag einer auch neugierig erkunden wollen, wie es der Zeit denn so geht und was sie halt den ganzen Tag treibt. Die kleine Frage, was die Zeit treibe, fragt also nach Subjekt, Objekt und Tätigkeitsinhalt. Hat sie unlängst einen neuen Treibsatz bekommen? Wirkt sie etwa wie Treibsand, in dem wir und halt- und hilflos versinken?

Zunehmende Zeitsensibilität ist ein Symptom für das Fortschreiten unseres Zivilisationsprozesses. Vieles, vielleicht zu viel, dreht sich um die Zeit. In Phasen kulturellen Umbruchs und Übergangs wie derzeit mag Zeit zum thematischen Kern des Lebensstils werden. Dabei gehört das Fragen nach der Zeit zu den ungelösten Urfragen der Menschen. Es wird sowohl überlegt, was Zeit überhaupt sei, als auch, was wir mit ihr anfangen sollen, wie auch, was die Zeit inzwischen mit uns anstellt. Antworten auf diese Fragen sind ausschlaggebend für das Verständnis der Natur, der Technik mit ihrer Zeitmessung, unseres Alltagslebens, des Woher und Wohin und Wozu des Menschen. Was ist Zeit? Gibt es sie überhaupt, und wenn, dann seit wann? Wie spät war es am Anfang?

In unserem Kulturkreis gilt Zeit oft als lineares Ordnungsprinzip, das an der Existenz der Materie klebt. Vorstellungen von der Realität der Zeit verdanken wir den Bemühungen der Physiker. Sie haben mit ihrer wissenschaftlichen Erkenntnis die Zeit an der Materie festgefroren. Im Alltag hingegen sind Physiker wie Nicht-Physiker in etwas eingetaucht, das wir alle oder doch die meisten subjektiv als fließend empfinden und gern als Fluß der Zeit bezeichnen. Wir sind Treibende. Wir treiben im Strom, er reißt uns mit. Und wir treiben ihn an und treiben ihn weiter. Unter den Lebewesen zeichnet sich der Mensch wohl durch besonders weit entwickelte Vorstellungen von Zeitlichkeit aus. Das Denken darüber hat die Wissenschaft und unsere Vorstellungen von der Welt stark beeinflußt. Am Ende seines Buches über "Die Unsterblichkeit der Zeit" schreibt Paul Davies, der im Fortgang dieses Bandes noch häufiger erwähnt wird: "Die Mathematik und die Zeit sind die beiden großen Abstraktionen, die die Wissenschaft, wie wir sie kennen, angestoßen haben. Beide sind Erzeugnisse des höheren menschlichen Denkvermögens. Wie erstaunlich, daß diese hochgradig sekundären Vorstellungen eine so ergiebige Anwendung auf die elementaren Prozesse der Natur finden sollten."[1]

In den sprichwörtlichen Formulierungen des Alltags ist hingegen die Zeit weniger den Erkenntnissen des menschlichen Geistes unterworfen, sondern von zitierenswerter Selbständigkeit: Die Zeit ist noch nicht reif; die Zeit naht auf leisen Sohlen; die Zeit wirft ihre Schatten voraus; die Zeit geht darüber hinweg; die Zeit heilt Wunden; die Zeit bringt die Wahrheit ans Licht; die Zeit rast; die Zeit ist abgelaufen; die Zeit hat sich erfüllt und - die Zeit prägt den Menschen. Aber der Mensch prägt auch die Zeit, und er geht mit ihr um: er hat Zeit; er nimmt sich Zeit; er läßt sich Zeit; er nützt die Zeit; er genießt die Zeit; er verliert die Zeit; er vertrödelt die Zeit. Manchmal schöpft er aus ihrer Fülle; gelegentlich schlägt er sie tot; oft leidet er unter ihrem Druck.

Vielleicht ist es auch gar nicht richtig, das, was alle so verschieden bedenken, empfinden und berechnen, das, dem sie sich unterworfen fühlen, und das, was sie in Fülle haben und obendrein beherrschen möchten, nun immer mit dem gleichen Wort "Zeit" zu benennen. Wissen wir denn, ob wir wirklich vom selben reden?

Betrachten wir es aus den verschiedenen Perspektiven, die uns die Autorinnen und Autoren in diesem Buch vermitteln. Unter ihnen sind die Philosophie viermal, die Physik dreimal, Mathematik und Soziologie je zweimal, die Theologie und Ägyptenwissenschaft, die Betriebswirtschaft mit der Logistik, die Wissenschaftstheorie und die Rechtswissenschaft je einmal vertreten. Viele unserer Texte stammen von Grenzgängern, die in mehreren Disziplinen qualifiziert sind. Das Buch hat ja nur acht große Beiträge. Es gibt (noch) keine selbständige Wissenschaft von der Zeit. Das Fragen nach der Zeit schlägt Brücken, verbindet Disziplinen, schafft Kontaktstellen zwischen verschiedenen wissenschaftlichen Kulturen und hilft vielleicht auch, die in natur-, geistes- und sozialwissenschaftlichen Lagern zwei- oder dreigeteilte

---

1) Paul Davies: Die Unsterblichkeit der Zeit. Die moderne Physik zwischen Rationalität und Gott. Bern u.a.: Scherz, 2. Auflage 1995, S. 323.

wissenschaftliche Welt erneut zu verklammern. Wenige Phänomene und das ihnen entgegengebrachte menschliche Bemühen zeigen so deutlich wie die Zeit, daß wir in einer Welt leben, deren Bild erst dann durchschimmert, wenn die einzelnen Mosaiksteinchen aus den getrennten Lagern wieder gesammelt und zusammengesetzt werden.

Der diesem Buch vorauslaufende erste Band versuchte, sich dem Problem "Was ist Zeit?" mit sieben Fragen zu nähern (vgl. unten S. 300 f.). Der hier vorgelegte zweite Band versucht, die Frage "Was treibt die Zeit?" in acht weiteren Beiträgen zu beantworten, die jeweils eine bestimmte grundsätzliche problematische Eigenart der Zeit hervorkehren und also alle acht jeweils die *"Zeit als"* etwas Bestimmtes schildern - ein Buch, das angesichts der Aufsplitterung unseres Wissenschaftsbetriebes kein einzelner mehr schreiben könnte. Im Untertitel nennt das Buch Entwicklung und Herrschaft der Zeit. Zum einen geht es um die Entwicklung der menschlichen Vorstellungen von der Entwicklung der Zeit, und zum anderen um die vielleicht bedrückend zunehmende Kunst menschlicher Gesellschaften, Zeit als Mittel der Herrschaft über Menschen immer weiter auszubauen und zu verdichten. Daß der Fortschritt unseres Zivilisationsprozesses durch wachsendes Zeitbewußtsein gekennzeichnet sei, wirkt sich durchaus janusköpfig aus: Unser Wissen um die Zeit bei der Erklärung der Welt nimmt zu, und wir spüren immer sensibler die Gnadenlosigkeit des Zeitdrucks, der die Zeitmaschen im Netz des Alltags enger werden läßt. Am folgenträchtigsten ist hingegen, daß wir beim zivilisatorischen Fortschritt und der Ausbeutung von Mensch und Erde vergessen, daß Zeiten der Natur, des Lebens und der sogenannten toten Materie, eigene Faktoren für Entwicklung und Zerstörung sind.

2. Zeit in Zitaten: Der klassische Rahmen

Drei klassische Zitate über die Zeit geben dem Buch einen Rahmen, innerhalb dessen die Entwicklung und die Herrschaft der Zeit erörtert werden. Die naturwissenschaftliche Vorstellung, Zeit sei ein Maß und in Zahlen zu messen, geht auf Aristoteles (384-322 v.Chr.) zurück. Im elften Kapitel des vierten Buches seiner Physikvorlesung finden wir:

ὁ χρόνος ἀριθμός ἐστι κινήσεως
κατὰ τὸ πρότερον καὶ ὕστερον. [2]

Zeit ist die Zahl der Bewegung gemäß dem Früher und Später.

Zeit ist also nicht selbst etwas, ist auch nicht Bewegung, sondern das Maß, das Zahlmoment an der Bewegung. Das Rechnen mit der Zeit und alle Kalenderrechnungen machen es uns möglich, Vorgänge in Beziehung zu setzen. Wir nutzen Zeit als lineares Ordnungssystem und als Instrument zur Periodisierung. Zeit schafft dann Zusammenhänge, schafft Ordnung und die Möglichkeit, Menschen dieser Ordnung auch noch zu unterwerfen. Der Soziologe Norbert Elias (1897-1990) erinnert uns an diese große menschliche Syntheseleistung:

"Auf ihrem gegenwärtigen Entwicklungsstand ist die Zeit, wie man sieht, eine symbolische Synthese auf sehr hoher Ebene, eine Synthese, mit deren Hilfe Positionen im Nacheinander des physikalischen Naturgeschehens, des Gesellschaftsgeschehens und des individuellen Lebenslaufs in Beziehung gebracht werden können." [3]

Nach dem natur- und jetzt dem sozialwissenschaftlichen Zitat folgt nun das berühmteste geisteswissenschaftliche Zeit-Zitat unseres Kulturkreises. Der nordafrikanische Kirchenlehrer Augustinus von Hippo (354-430 n. Chr.) faßte seine eigenen Fragen nach dem Wesen der Zeit im elften Buch seiner "Bekenntnisse" noch einmal mit der bekannten problematischen Erfahrung zusammen:

"Quid est ergo tempus? Si nemo ex me quaerat, scio; si quaerenti explicare velim, nescio."

"Was ist denn die Zeit? Wer kann das leicht und schnell erklären? Wer kann das auch nur in Gedanken erfassen, um es dann mit Worten zu erklären? Und doch sprechen wir in unseren Alltagsreden von nichts Vertrauterem und Bekannterem als der Zeit. Wenn wir über Zeit sprechen, wissen wir, was das ist; wir wissen es auch, wenn ein anderer darüber zu uns spricht. Was also ist die Zeit? Wenn

---

2) vgl. deutsch: Aristoteles: Physikvorlesung. Übersetzt von Hans Wagner. Darmstadt: Wissenschaftliche Buchgesellschaft 1967, Buch 4, Kap. 11, 219b 1f., 220a 24f. u.a.m., S. 113 ff.

3) Norbert Elias: Über die Zeit. Frankfurt a.M.: Suhrkamp TB, 5. Aufl. 1994, S. XXIV.

mich niemand danach fragt, weiß ich es; wenn ich es jemandem auf seine Frage hin erklären will, weiß ich es nicht. Dennoch behaupte ich, dies mit Sicherheit zu wissen: ginge nichts vorüber, gäbe es keine vergangene Zeit; käme nichts auf uns zu, gäbe es keine zukünftige Zeit; wäre überhaupt nichts, gäbe es keine gegenwärtige Zeit. Aber wie existieren denn zwei von diesen Zeiten, die Vergangenheit und die Zukunft, wenn das Vergangene nicht mehr und das Zukünftige noch nicht ist? Und was die Gegenwart angeht: bliebe sie immer gegenwärtig und ginge sie nicht über in die Vergangenheit, wäre sie nicht mehr Zeit, sondern Ewigkeit. Wenn also die Ewigkeit nur dadurch Zeit ist, daß sie in die Vergangenheit übergeht, so können wir von ihr sagen, sie sei, wo doch der Grund ihres Seins der ist, daß sie nicht sein wird? Dann können wir in Wahrheit von der Zeit nur behaupten, sie sei, weil sie zum Nichtsein übergeht." [4]

In seinen Bekenntnissen versuchte Augustinus, die Geschichte seiner Bekehrung auf die Fragen auszurichten: Wer ist der Mensch? Wozu dient des Menschen Zeit? Das elfte Buch dieser Bekenntnisse, dem der vorstehende Text (aus XIV.17.) entnommen ist, gilt als der meist diskutierte Text der spätantiken Philosophie, ja überhaupt als *das* klassische Dokument zur Philosophie der Zeit. So konnte Martin Heidegger (1889-1976), dessen Lebenswerk sich wie auch sein gleichnamiges Hauptwerk besonders den Fragen von "Sein und Zeit" widmete und der sich gerade mit den drei entscheidenden Zeittheorien der europäischen Philosophie, der aristotelischen, der augustinischen und der kantischen auseinandersetzte, im Anschluß an Augustinus feststellen, der Mensch "wese" als die Zeit und die Frage, was die Zeit sei, erweise sich als die Frage, was der Mensch sei. "Heidegger sah, daß Augustins Zeittheorie keine bloße Theorie ist, sondern eine Selbstbesinnung und Neuorientierung des Lebens, die uns klar machen kann, daß *wir selbst die Zeit sind* und daß Augustin von seinem Gott dies erbittet, *daß wir uns eigentlich in sie versetzen, eigentlich zeitlich sein können.*" [5]

---

4) Kurt Flasch: Was ist Zeit? Augustinus von Hippo. Das XXI. Buch der Confessiones. Historisch-philosophische Studie. Text - Übersetzung - Kommentar. Frankfurt a.M.: Vittorio Klostermann 1993, S. 251.

5) vgl. ausführlicher Flasch a.a.O. S. 53, 58. Zitat S. 61 (Hervorheb. im Original).

Der Königsberger Philosoph Immanuel Kant (1724 - 1804) hatte zu Beginn seiner transzendentalen Elementarlehre festgehalten, daß es zwei reine Formen der Erkenntnis a priori gebe, nämlich Raum und Zeit. Raum und Zeit entdecken wir als zwei reine Formen sinnlicher Erkenntnis, wobei Kant den Raum als äußeren Sinn und die Zeit als inneren Sinn bezeichnete. Raum und Zeit seien keine Begriffe des Denkens, sondern hätten Anschauungscharakter. Zeit sei kein Begriff, sie sei eine notwendige Vorstellung, die der Wahrnehmung zugrunde liege. Der innere Sinn der Zeit sei dem äußeren Sinn des Raumes übergeordnet; denn alles Räumliche müsse zeitlich angeschaut werden: *"Die Zeit ist die formale Bedingung a priori aller Erscheinungen überhaupt."* Weiter schreibt Kant, *"alle Erscheinungen überhaupt, d.i. alle Gegenstände der Sinne, sind in der Zeit, und stehen notwendiger Weise in Verhältnissen der Zeit."* Die Zeit ist *"nichts"*, hat nur empirische, aber keine absolute Realität, sie ist *"lediglich eine subjektive Bedingung unserer (menschlichen) Anschauung."* [6]

Jean Gebser hat in seinem Werk "Ursprung und Gegenwart" fünf Entwicklungsphasen des menschlichen Denkens und Bewußtwerdens vom archaischen über das magische, das mythische und das mentale (rationale) zum integralen Denken näher beschrieben und zu analysieren gesucht. Er sah uns auf der letzten Übergangsstufe von der mental-rationalen zur integralen Struktur und erläuterte diese Stufe als den Übergang von der perspektivischen zur aperspektivischen und von der zeithaften zur zeitfreien Welt: "Der Zeitbegriff ist lediglich das Initialthema für die Bewußtwerdung der aperspektivischen Welt. Solange er Geltung hat, gilt noch das Teilende, Zerstörende, Auflösende, das aber teilend, zerstörend und auflösend den Weg für eine neue Wirklichkeit freilegt. Was aber freigelegt wird, das ist mehr als der bloße Begriff "Zeit": es ist das *Achronon, also das Frei- und Befreitsein von jeder Zeitform; es ist die Zeitfreiheit.*" [7]

---

6) Kant B 50 ff. Vgl. die Lese-Einführung von Ralf Ludwig: Kant für Anfänger. Die Kritik der reinen Vernunft. München: dtv-TB, 4. Aufl. 1996, S. 60-67

7) Jean Gebser: Ursprung und Gegenwart. München: dtv-TB, 2. Teil: Die Manifestationen der aperspektivischen Welt. 2. Aufl. 1986, S. 380. (Hervorhebung im Orig.). Rudolf Hämmerli (Hrsg.): Jean Gebser: Einbruch der Zeit. Schaffhausen: Novalis Verlag 1995, S. 82

Das hier vorgelegte Buch zeigt hingegen, daß es sich noch weitgehend auf oder vor der Schwelle dieses Überganges befindet: Es macht das in Gebsers Sinne Teilende und Zerstörende bewußt. Hier geht es um das Leitmotiv des perspektivischen Zeitalters, das uns mit seiner ins Extrem getriebenen aristotelisch-galileischen Maxime, alles Meßbare zu messen und alles noch nicht Meßbare meßbar zu machen, das - zumindest in Gebsers Terminologie - defizient mentale, rationale Bewußtsein vor Augen führt. Gebser spricht, all dies zusammenfassend, im doppelten und zweideutigen Sinne vom "Einbruch der Zeit": Die Zeit sei über uns hereingebrochen, und sie sei für unser Bewußtsein zusammengebrochen.[8] Hier ergeben sich wichtige Anregungen für reizvolle Beobachtungen. Die schnellen elektronischen Medien ändern schon jetzt unser Zeitbewußtsein, saugen alles Geschehen, so entfernt es zeitlich und räumlich auch sein mag, in das enge Sichtfenster des Momentanen und Aktuellen, vergleichzeitigen damit alles Geschehen und gewöhnen uns an Synchronizität oder zeitlose Zeitfreiheit, wie sie sonst nur Mystiker aller Weltreligionen in ihren Erlebnissen anzudeuten wußten.[9] Mit Cyber Space und Virtual Reality werden Vergangenheiten und Zukünfte durch den Computer in die Gegenwart simuliert. Die kulturgeschichtliche Leistung, Zeit als immer dichter werdenden Ordnungsraster konstruiert zu haben, endet womöglich in der Überwindung dieser Leistung.[10]

3. Zeit in diesem Buch

Den Evolutionsprozeß der Zeit (und damit auch den Prozeß der Evolution unserer Wahrnehmung von Zeit) schildert uns der Wissenschaftstheoretiker *Klaus Mainzer* in seinem Überblick über *"Die Entwicklung unumkehrbarer Zeit in Selbstorganisationsprozessen von*

---

8) Gebser aaO. 1986, S. 380, 673; Hämmerli aaO. 1995, S. 82, 135

9) Michael von Brück: "Wo endet Zeit? Erfahrungen gleichzeitiger Zeitlosigkeit in der Mystik der Weltreligionen." In: Kurt Weis (Hrsg.): Was ist Zeit? Zeit und Verantwortung in Wissenschaft, Technik und Religion. München, dtv-TB 2. Aufl. 1996, S. 207-262

10) Kurt Weis: "Zeitbild und Menschenbild. Der Mensch als Schöpfer und Opfer seiner Vorstellungen von Zeit." In: Kurt Weis: (Fn. 9), 1996, S. 23-52, 44

der kosmisch-physikalischen über die biologische bis zur sozio-kulturellen Evolution." Mainzer, als Mathematiker, Physiker und Philosoph ausgebildet, zeigt uns die Zeit als Richtungspfeil. Die Zeit der physikalischen Gesetzmäßigkeit müßte eigentlich symmetrisch in jede Richtung vor- und rückwärts fließen können, gäbe es nicht den zweiten Satz der Thermodynamik. Hier wird mit Anstrengung begründet, was uns fernab von theoretischer Physik selbstverständlich ist: daß sich Menschen nur von der Wiege bis zur Bahre, dann aber nicht mehr vom Sarg zum Mutterschoß zurück entwickeln, daß sich alles biologische Leben, überhaupt alle Entwicklungen, die wir kennen - und unter ganz bestimmten berechenbaren, aber noch nicht geklärten Bedingungen auch das ganze Universum - nur in eine Richtung entwickeln. Der Zeitfilm folgt dem Pfeil in eine Richtung und läuft nicht rückwärts.

Ebenfalls aus mathematisch-physikalisch und gleichzeitig philosophisch fachübergreifender Sicht fährt *Eva Ruhnau* fort. Unter der Überschrift: Zeit als Maß von Gegenwart berichtet sie uns *"von den acht Zeitbildern der Physik über eine kurze philosophische Geschichte des Jetzt zur Logistik und Zeitwahrnehmung des Gehirns"*. Eine derartige bildliche Zusammenschau von acht verschiedenen Zeitvorstellungen in der Physik (vgl. unten S. 84) gab es noch nie. Frau Ruhnau, langjährige Mitarbeiterin des Philosophen und Physikers C.F. von Weizsäcker und des Hirn- und Zeitforschers Ernst Pöppel, vermittelt uns so auch Einblick in ihre beiden Habilitationsschriften zum Thema Zeit für die Philosophie und für die Neurowissenschaften.

Carl Friedrich von Weizsäcker führt uns dann von der klassischen Physik in die Quantentheorie. Er versucht, die Quantentheorie und die in ihr benutzte Mathematik als Darstellung der Zeit zu beschreiben. Die Zeit dient dabei als Träger der Erfahrung. *Aus der Quantentheorie wird eine Darstellung der Zeit.* Im Zuge dieser Überlegungen treffen wir auch auf die philosophischen Grundprobleme der bislang unbeendeten Interpretationsdebatte der Quantentheorie.

Der Alttestamentler *Manfred Görg* führt uns anschließend in die Schöpfungsgeschichte zu Beginn der Bibel, die für die Anfänge unserer Zeitvorstellungen und Religionskulturen so wichtig ist. Als Theologe und Ägyptologe betont Görg im religiösen, sozialen und kulturellen Umfeld Israels besonders die altägyptischen Wurzeln. Diese findet er auch in seiner Übersetzung und Interpretation des Schöpfungsmythos. In seinem Buch "Mythos, Glaube und Geschichte" zeigte Görg, wie stark selbst die Bilder und Formulierungen der christlichen apostolischen Glaubensbekenntnisse Texte aus dem alten Ägypten wiedergeben. Auf die gleichen Quellen weisen, nicht ohne Reiz für Physikhistoriker, *die Chaoskonzepte der Schöpfungsgeschichte: die Geburt der Zeit*. Da Görg seinen Vortrag gerade vor Weihnachten hielt, erläutert er die altägyptischen Wurzeln auch für die biblischen Vorstellungen von der Erschaffung des Menschen und der Geburt des Gottessohnes aus mythischer Jungfrauengeburt.

Zeit wird von Frauen und Männern verschieden wahrgenommen, sie verdeutlicht die Ordnungen und Machtspiele der Geschlechter. *Karin Jurczyk*, langjährige soziologische Mitarbeiterin am Sonderforschungbereich 333 in München über "Entwicklungsperspektiven von Arbeit", habilitiert sich mit einer Arbeit über moderne Lebensführung und den Umgang mit der Zeit. Mit Fallbeispielen erläutert sie uns *"Zeitordnungen als Ordnung der Geschlechter"* und die langsame Auflösung alter Zeit- und Geschlechterordungen.

Von der *"Zeit im Recht und Menschen hinter Mauern"* berichtet als gelernter Jurist und Kriminologe der Sozialwissenschaftler *Kurt Weis*. Zeit entwickelte sich im Zivilrecht als Maß für Reife und im Strafrecht als Maß für Strafe. Mit fortschreitendem Zivilisationsprozeß wurden Menschen nicht mehr mit körperlichen Züchtigungen, sondern mit Zeit bestraft. "Zeitliche" Strafen in Gefängnissen sind erst eine moderne Errungenschaft. Die Frage nach der Wirkung und sinnvollen Länge dieser Strafen, in jüngster Zeit verschärft diskutiert, kontrastiert der Autor mit mönchischen Einsiedlerkulturen, in denen die langfristige Beschränkung als Quelle besonderer Kraft und Einsicht genutzt wird. Am Beispiel von zwei Friedensnobelpreisträgern, die als lange inhaftierte Freiheitskämpfer im Gefängnis dem Nachdenken und der Besinnung nicht entfliehen konnten, wird Zeit, auch und gerade die Zeit hinter Gittern, als weitgehend das geschildert, was man selbst daraus macht: Zeit als soziales Konstrukt der Menschen und die Menschen als Unterworfene ihrer Zeitvorstellungen.

Kann man Zeit verkürzen? Kann man lernen, Zeit intensiver zu nutzen? Kann man Zeit gar als Waffe gebrauchen? Der Betriebswirtschaftslehrer *Horst Wildemann* zeigt uns in seinem Beitrag über *"Zeit als Waffe im Wettbewerb"*, wie wichtig verbessertes Zeitmanagement für Geschäft und Unternehmen ist. Es geht um die Befolgung von *Just-in-Time*-Prinzipien und um eine allgemein bessere Nutzung der Zeit. Die richtigen Dinge zu tun, die verfügbaren Kapazitäten effizient zu nutzen und die Dinge richtig zu tun, verbessert das Zeitmanagement sicher nicht nur im Geschäftsprozeß, sondern auch im Lebensalltag. Je schnellebiger und wandlungsbereiter sich unsere Welt darstellt, desto dringlicher ist die Verbesserung unserer Zeitstrategien.

Die bevorzugte Zeitform ist die Zukunft, erläutert uns *Walther Ch. Zimmerli* in seinem abschließenden Beitrag. Der Technikphilosph Zimmerli schildert uns als zeitreflexive Wesen, die mit subjektivem Zeitempfinden und objektiver Zeitmessung (das Frühstücksei braucht "ewig" oder "vier Minuten") Zeit produzieren und sich so reflexiv vergewissern, daß Mögliches wirklich werden kann. Beim technologischen Fortschritt geht es immer stärker auch um die Abschätzung unerwünschter Folgen. *"Zeit als Zukunft"* bedeutet Management des Nichtwissens - eine Aufgabe, der wir uns angesichts der geänderten Bilder von Mensch und Welt bewußter stellen müssen.

4. Zeit im Kalender: Keine Angst vor der Jahrtausendwende

Das Jahr 2000, ein Jahr der Gnade, *Annus Mirabilis*, wirft eschatologische Schatten voraus. Viele erwarten Krisen und Katastrophen. Eschatologisches Denken (also die Lehre von den letzten Dingen, vom Ende der Geschichte, auch von der Auferstehung der Toten und vom Jüngsten Gericht) hat jüdisches Leben zumindest seit dem 2. Jahrhundert v.Chr. und christliches Leben, dieser jüdischen Tradition folgend, von Anbeginn begleitet und teilweise geprägt. Dabei geht es religionsgeschichtlich sowohl um Glaubensvorstellungen, die das Endschicksal des Einzelmenschen betreffen, als auch um die endzeitliche Entwicklung des Weltganzen. Ganz Unterschiedliches soll nun zur Jahrtausendwende erlebt werden. Reiseveranstalter bieten Flüge an, mit denen man die Silvesterparty in Sydney und Hawaii durch Kreuzen der Datumslinie gleich an zwei Tagen hintereinander feiern kann. Dagegen planen einige fundamentalistische amerikanische Gruppen, die zur Jahrtausendwende Pilgerreisen nach Jerusalem vorbereiten, in Erwartung umstürzender religiöser Ereignisse im Heiligen Land keine Rückreise mehr und kaufen nur ein One-Way-Ticket.

Der amerikanische Historiker und Milleniumsforscher Hillel Schwartz beschreibt, wie "im Lauf der Jahre die westliche Kultur zahlenabhängig und chronokratisch geworden ist, abhängig von der Zeit auf dem Kalender und von der Uhrzeit." Mit unseren Jahrhunderten, so meint er, würden wir uns identifizieren, sie nicht nur als Marksteine der Geschichte, sondern auch für Prophezeiungen nutzen und besonders das Jahr 2000 als bisherigen traditionellen Zielpunkt aller Prophezeiungen erleben.[11]

Nun ist die menschliche Festlegung der Zeit in zählbare Einheiten wie Wochen, Monate, Jahre und Jahrtausende nicht einheitlich. Die Sieben-Tage-Woche etwa ist von den Babyloniern auf dem Weg über die Juden in das römische Reich, in das Christentum und dann flächendeckend über die Erde gekommen. Andere Kulturen kannten andere Zahlen für die Tage der Woche oder die Abstände zwischen Märkten. In Westafrika nutzten einige Stämme einen Vier-Tage-Rythmus. In einigen Gegenden Zentralasiens waren fünf Tage üblich. Die Assyrer zählten sechs Tage, die Babylonier sieben, das antike Rom acht Tage. Das antike Ägypten hatte eine Zehn-Tage-Woche, genau wie der neue Republikanische Kalender der Französischen Revolution, der sich aber nicht durchsetzen konnte und nur 1793 - 1805 im offiziellen Gebrauch war.

Viel problematischer und folgenreicher als die Festlegung der Tage pro Woche ist die Festlegung der Tage pro Jahr. Die den Religionskulturen entstammenden Kalender richten sich nach den Gestirnen und waren anfangs wohl alle mondorientiert. Der Mond braucht ungefähr 29,5 Tage, um einen Zyklus seiner Phasen zu durchlaufen. 12 genauer gerechnete Monate dauern 354,36706 Tage. Das tropische

---

[11] Hillel Schwartz: Zeitenwende - Weltenende? Visionen beim Wechsel der Jahrhunderte von 990 - 1990. Braunschweig: Georg Westermann Verlag 1992, S. 395 f.

Jahr der Sonne dauert fast 11 Tage länger, nämlich 365,242199 durchschnittliche Solartage. Das definiert *unsere* Jahreslänge. Nicht alle nutzen diesen unseren Kalender mit knapp 365 1/4 Tagen. Der islamische Kalender z.b. ist ein reiner Mondkalender, mit seinen 354 (in Schaltjahren 355) Tagen verschiebt er sich alljährlich um etwa 11 Tage gegenüber unserem Kalender. Der Fastenmonat Ramadan wandert so einfach durch alle Jahreszeiten. Der jüdische Kalender ist demgegenüber mit seinen 352, 354 oder 355 Tagen im Normaljahr und 383, 384 oder 385 Tagen in Schaltjahren schon rechnerisch besonders kompliziert.

Vollends unterschiedlich sind die Ausgangsdaten und Jahreszahlen der Kalender. In unserer multikulturell verquickten Welt gibt es neben der jüdisch-christlichen Kulturtradition und der christlichen Zeitrechnung noch manch andere. Wenn sich auch politisch und wirtschaftlich weltweit die christliche Zeitrechnung mit den ehemaligen Kolonialmächten durchgesetzt hat, so gelten doch zumindest für gesellschaftliche und religiöse Ereignisse vielerorts völlig andere Kalender mit anderen Tages-, Monats- und Jahresrechnungen. Die Tageszeitung Jerusalem Post bringt schon in ihrer Datumszeile in gleichberechtigter Größe nebeneinander das christliche, das jüdische und das islamische Datum. Wer den Verunsicherungen unserer Jahrtausendwende entgehen möchte, sollte sich zur fraglichen Zeit vielleicht fremde Zeitungen kaufen. Am 1. Januar 2000 n.Chr. zeigt der jüdische Kalender das Datum des 23. Tevet im Jahre 5760, die Muslime haben dann den 24. Ramadan 1420, der äthiopische Kalender schreibt den 23. Takhsas 1993. Die alte indische Saka Zeit nennt den 11. Pausa 1921, die koptische Zeitrechnung den 22. Kiyahk 1716, die persische den 11. Dey 1378. Die Japaner werden am 1.1.2000 den 1. Tag des 1. Monats im Jahre 12 der Heisei Epoche feiern. Ganz unterschiedliche buddhistische Kalendersysteme werden in verschiedenen Ländern zu unserer Jahrtausendwendfeier die Jahreszahl 2000 längst um Jahrhunderte überstiegen haben.

Der Blick auf eine derartige Kalenderzusammenstellung relativiert nicht nur die Monopolansprüche unseres eigenen Kalenders. Er müßte auch eschatologische und apokalyptische Ängste dämpfen, die mancher mit einer (seiner!) Jahrtausendwende verknüpft.

5. Zeit im Zug: Es wird höchste Eisenbahn

Zeit hat sich also nicht selbst entwickelt. Zeit ist eher ein Wahrneh-
mungsaspekt aller Existenz von der Urmaterie bis zu den hochent-
wickelten Lebewesen. Entwickelt hat sich die Zeit erst mit all diesen
Existenzen, da Zeit selbst nichts Absolutes ist und es sie also nicht
ohne Existenz und Materie gibt. Entwickelt - und davon handelt
dieses Buch - haben sich die Vorstellungen und das Bewußtsein der
Menschen von der Zeit. Entwickelt hat sich insbesondere die
menschliche Kunst, Zeit in Zeitabschnitte einzuteilen. Wenn es auch
vielleicht keine Geschichte der Zeit gibt, so gibt es doch eine
Geschichte der Zeitabschnitte. In seinem Buch über "Die Geschichte
der Stunde" beschreibt Dohrn-van Rossum, wie sich unsere
Zeitvorstellungen präzisiert haben. Von Sonnenuhren über Wasser-
uhren über das liturgische Läuten der Kirchen- und Klosterglocken
ging der Weg im 14. Jahrhundert zur mechanischen Schlagwerkuhr,
die als überall gehörter Zeitgeber das Leben zu rhythmisieren begann.
Die Folgen dieser Revolution spüren wir immer wieder. Das
Abendland hatte sich ein mächtiges und zuverlässiges Instrument
geschaffen, das den stürmischen Modernisierungsprozeß im Alltag
regulieren konnte. "Die Gesellschaft wurde durch die Schlüssel-
maschine Uhr in den Gleichtakt gebracht, der unsere Existenz bis
heute bestimmt: als zuverlässiges Maß, aber auch als Diktat und als
Disziplinierung des öffentlichen wie privaten Lebens: bis hin zu
unserer von Weltzeit, Atomuhren, Zeitkontrolle und überall ablesba-
ren öffentlichen Uhren bestimmten Gegenwart." Das Arbeiten mit
zunehmend genaueren Zeitabschnitten entwickelte sich, um den
Verkehr und Austausch von Gütern, Menschen und Informationen
besser koordinieren zu können. Die Kursbücher der Eisenbahn sind
Kultbücher dieser Entwicklung. Eisenbahn stand einmal für Zeit-
präzision. "Es ist allerhöchste Eisenbahn" ist den älteren unter uns
noch als Zeitangabe geläufig. Anfänglich fuhren die Bahnen ja nicht
nach mitteleuropäischer Zeit, sondern nach den Ortszeiten ihrer regionalen Hauptstädte. "In Bayern rechnete man rechts des Rheins nach
Münchener, links des Rheins nach Ludwigshafener Zeit, in Württem-
berg nach Stuttgarter, in Baden nach Karlsruher Zeit. Noch 1874

wurde in Deutschland nach den mittleren Zeiten von Berlin, Köln, Königsberg, Lübeck, Oldenburg, Elmshorn, Gießen, Frankfurt/M., Leipzig, München, Stuttgart usw. gerechnet. In diesem Jahr wurde wenigstens für die norddeutschen Eisenbahnen die Berliner Zeit für den inneren Dienst vorgeschrieben. Eisenbahnen wirkten wie 'große Nationaluhren'." [12]

Inzwischen haben sich - ganz metaphorisch - die Zeit und die Eisenbahn verselbständigt und Eigendynamik entwickelt. Trefflich schreibt Robert Musil: "Der Zug der Zeit ist ein Zug, der seine Schienen vor sich herrollt." [13] Hinter sich läßt er sie wohl verrotten. Er hat kein Gespür für seinen Gleiskörper. "Der Zeitzug der Industriegesellschaft kennt seine Schienen nicht - außer für den Moment, in dem er darüber hinwegrast. Der 'Zug der Zeit' weiß um seine künftigen Grundlagen so wenig wie um die den Spuren, die er hinterläßt. Er scheint sich aus sich selbst heraus zu erneuern - ja, er kennt nichts als sich selbst.,, Der Zeitzug der Industriemoderne frißt gleichsam die zurückgelegten wie die vor ihm liegenden Strecken, und er wird dabei immer schneller - schneller, wie der von ihm in Gang gesetzte Prozeß der Vernichtung von Vergangenheit und Zukünften zugunsten eines Moments von Gegenwart, den er kaum noch bemerkt - ja, dem er gar zu entfliehen sucht..." [14] Dieser Zug hält alle Zeit für linear. Daß alles Leben aus systemischen Eigenzeiten und Rhythmen zusammengesetzt ist, weiß er nicht. Manchmal entgleisen seine letzten Wagen auf den Weichen für diese Zeitrhythmen.

Auf dem Weg in die Zeitverdichtung und pausenfreie Non-Stop-Gesellschaft wird nämlich gelegentlich vergessen, daß wir hier verschiedene Systeme wie in einem einheitlichen Zeitgefängnis unter dem Diktat der inhaltsunabhängig gleichmachenden Uhr verkoppeln.

---

12) Gerhard Dorn-van Rossum: Die Geschichte der Stunde. Uhren und moderne Zeitordnungen. München: Hanser 1992, S. 319.

13) Robert Musil: Der Mann ohne Eigenschaften. Rowohlt: Reinbek bei Hamburg, Band 1, 1988, S. 445.

14) Sabine Hofmeister: "Zeit der Erneuerung - Zur Verbindung von Zeitpolitik und Stoffökonomie im Begriff der Reproduktion." In: Barbara Adam, Karlheinz A. Geißler, Martin Held (Hrsg.): Die Nonstop-Gesellschaft und ihr Preis - Vom Zeitmißbrauch zur Zeitkultur. Stuttgart: Hirtzel 1998, 185-200, 186

Das kann unerwartet hohe Kosten mit sich bringen. Verschiedene
Systeme haben ihre eigenen Systemzeiten. Das gilt für die sogenannte
tote wie für die lebende Natur. Es ist ja nicht nur schwierig, das
Sonnenjahr und das Mondjahr über Uhr und Kalender mit all den
herausspringenden beweglichen Feiertagen zu koordinieren. Alles
Leben lebt in systembedingt eigenen Rhythmen, nicht in monotonen
Abläufen auf einem immer gleichschnellen Zeitpfeil. Nicht nur Sonne
und Mond, Sommer und Winter, Ebbe und Flut, Pflanzen und Tiere
wie auch die Zyklen von Wirtschaft und Börse leben im *eigen-artigen*
Kommen und Gehen. Auch der Mensch, den wir an vielerlei Mensch-
Maschine-(oder Mensch-Computer-)Schnittstellen an unsere neuesten
techn(olog)ischen Errungenschaften ankoppeln, lebt in vielen *eigen-
artigen* Rhythmen und Eigenzeiten. Uhren und Computer beziehen
ihre Technologien aus der Zeitvorstellung der sinnentleerten Wiederholung des Gleichen. Eine derartige Zeitlogik schenkt uns die Illusion
von Präzision, Wiederholbarkeit und Planungskontrolle. Beim Menschen etwa sind aber Kreativität, Reaktionsschnelligkeit, Kraft,
verläßliche Aufmerksamkeit, Leistungstiefs, Schlafbedürfnis, Verdau-
ungsvorgänge, Körpertemperatur, subjektive Zeiteinschätzung usw.
keineswegs gleichmäßig über die Lebenszeit, über die Jahreszeiten
und über den 24-Stunden-Tag verteilt. Viele Einzelvorgänge, die wir
als Wachheit bündeln, finden ihren Tiefpunkt in ihren biologischen
Zeitprogrammen in den frühen Morgenstunden nach Mitternacht.
(Nacht-)Schicht-Arbeiter haben nicht nur überdurchschnittlich häufig
Störungen im Magen-Darm-Trakt und im Herz-Kreislauf-System.
Wenn die immer gleichwertig-geldwerte rhythmenfreie eindimensionale Zeit der menschlichen Symphonie verschiedener Rhythmen
und Zeitinhalte übergestülpt wird, steigt die relative Häufigkeit von
Arbeitsfehlern: Der Zeitzug entgleist.

    Die Unfälle sind uns gut bekannt, sogar als GAU. Die Tages-
und Uhrzeiten übersehen wird, die Folgen lasten wir ungern der
zuverlässigen Technik, sondern lieber einem offensichtlich weniger
beunruhigenden sogenannten "menschlichen Versagen" an: Das Tan-
kerunglück der Exxon Valdez, das 1989 die Küste Alaskas verseuch-
te, die Chemiekatastrophe im indischen Bhopal mit Tausenden von
Toten, die Atomreaktorunfälle im amerikanischen Three Mile Island

1979 und im ukrainischen Tschernobyl 1986 fanden alle in den frühmorgendlichen Stunden der größten Verschlafenheit der Wachmannschaften statt. [15]

Früher stellte sich Zeit für viele als eher theoretisches Problem auf dem Weg zur besseren menschlichen Selbsterkenntnis dar, sie bot auch mancherlei Anregung für intellektuelle Glasperlenspiele. Heute ist die Frage, wie der Mensch mit der Zeit umgeht, wie er auf die Zeitengeflechte von Natur und Umwelt, seiner eigenen organischen Biologie und der irdischen Ökologie einwirkt, eine ganz ärgerlich praktische Frage unseres Überlebens geworden. Eine neue Ökologie der Zeit und ein kreativerer Umgang mit der Zeit tun not.[16]

Da Zeit als kostbar gilt - nicht um sie genußvoll auszukosten, sondern um sie eilig zu nutzen und zu sparen - soll alles beschleunigt werden. Pausen als Leerlauf oder Selbstzweck gelten als Verlust. Nonstop wollen wir fliegen, nonstop sollen die Maschinen laufen, nonstop sollen wir erreichbar sein. Dies alles gilt als Fortschritt. Zeit wird nach der Gleichung "Zeit ist Geld" als ausbeutbare Ressource genutzt. Dabei setzt das Nonstop-Prinzip "unsere naturverbundenen und unsere sozialen Balancesysteme außer Kraft." [17] Immer mehr Inhalt und Vorgang wird in immer weniger Zeit gequetscht. Das gilt nicht nur für das gehetzte Leben zwischen Wiege und Bahre, sondern auch schon für die natürlichsten Wege in die Wiege und aus der Bahre. Die Entbindung, der menschliche Geburtsvorgang, ist in diesem Jahrhundert um viele Stunden verkürzt worden. Jüngste Lehrbücher der Geburtshilfe schwärmen, ganz im allgemeinen Trend, von der neuen Kürze der "erreichbaren Geburtsdauer".[18] Um nun auch

---

15) Für weitere Fälle übermüdungsbedingter Fehler vgl. Jürgen Zulley: "Menschliche Rhythmen und der Preis ihres Mißbrauchs." In: B. Adam u.a. (Hrsg.): Die Nonstop-Gesellschaft und ihr Preis (oben Fn. 14), 1998, S. 107-119

16) Vgl. Martin Held, Karlheinz Geißler (Hrsg.): Ökologie der Zeit. Vom Finden der rechten Zeitmaße. Stuttgart: Hirtzel Wissenschaftliche Verlagsgesellschaft 1993, und dies. (Hrsg.): Von Rhythmen und Eigenzeiten. Perspektiven einer Ökologie der Zeit. Stuttgart: Hirzel Wissenschaftl. Verlagsgesellsch. 1995

17) Karlheinz Geißler und Barbara Adam: "Alles zu jeder Zeit und überall." In: B. Adam u.a. (Hrsg.): Die Nonstop-Gesellschaft (Fn. 14) 1998, S. 11-29, 11

18) Beate A. Schücking: Unveröff. Ms. eines Vortrags vor dem Hebammenschülerinnenkongreß in Bonn am 11.1.1992 (mit ausführlichen Nachweisen)

das Ausrangieren zu beschleunigen, hat in Deutschland "ein dynamischer Unternehmer ein 'Beton-Grabkammer-System' auf den Markt
gebracht. Es fördert den Verwesungsprozeß des Leichnams."[19]

Wo die Rhythmen nicht mehr herrschen dürfen, bleibt das Leben
auf der Strecke. Für das täglich neue Erwachen betonte Antoine de
Saint-Exupéry, ein Meister eigeninitiierter Erlebnispädagogik, "Leben
heißt langsam geboren werden." Und der schon erwähnte Jean Gebser
erkannte die Sätze *"ich habe keine Zeit"*, *"ich habe keine Seele"* und
"ich habe kein Leben" als inhaltlich gleich an. [20]

6. Treiben wir uns in die Enge?

Risiken werden inzwischen als "Zeitprobleme" definiert.[21] Risiken -
in Gegensatz zu Gefahren, denen man nur entrinnen will - nimmt eine
Gesellschaft bewußt auf sich. Unsere Weltrisikogesellschaft schafft
sich neue Bedrohungen: Sie kann durch ihre weltweite technische
Aufrüstung in Fabriken und Häusern, auf Straßen und Meeren, mit all
ihren Abfällen und Immissionen, und durch neue, zumeist großtech-
nologische Entwicklungen im atomaren, gentechnischen und chemischen Bereich die Grundlagen unseres Weiterlebens (den Boden zur
Nahrungsgewinnung, die Luft zum Atmen, das Wasser zum Trinken,
die Ozonschicht zum Schutz vor kosmischen Strahlen, das Klima, die
Höhe des Meeresspiegels usw.) gefährden. Zunehmend längerfristige
Zukunftsfolgen unseres Handelns in der Gegenwart müssen zu einer
neuen Wahrnehmung von Zeit und Verantwortung führen. Der
Zeitfaktor ist ausschlaggebend bei der Frage, ob ein hochkomplexes
System wie die Natur bei besonderer Beanspruchung instabil wird.
Nicht einzelne massive Eingriffe, sondern die Beschleunigung bei
Zeit und Umfang der Eingriffe könnte das Ökosystem in einen ande-
ren Fließgewichtszustand bringen und damit die Lebensbedingungen

---

19) Fritz Reheis: Die Kreativität der Langsamkeit. Darmstadt: Wissenschaftliche
    Buchgesellschaft 1996, S. XI mit weit. Nachw.

20) Jean Gebser: Ursprung und Gegenwart, 2. Teil. München: dtv-TB 2. Aufl.
    1986, S. 387

21) Armin Nassehi: Die Zeit der Gesellschaft. Auf dem Weg zu einer soziolo-
    gischen Theorie der Zeit. Opladen: Westdeutscher Verlag 1993, S. 370

radikal ändern. Dazu gehören in der Biosphäre neben den lebens-sichernden Strömen von Energie und Wärme die vielerlei fein austarierten Kreisläufe (z.B. Kohlenstoff, Sauerstoff, Stickstoff, Wasser vom Regen bis zum Niño und anderen Meeresströmungen) von jeweils ganz unterschiedlicher Zeitlänge. Auch hier handelt es sich um Eigenrhythmen mit "Eigenzeiten".

Die größte Gefährdung des globalen Ökosystems ergibt sich aus der derzeitigen Beschleunigung im Wachstum der Menschheit: Die verschiedenen Szenarien für die weitere Entwicklung gehen davon aus, daß die Menschheit von jetzt knapp sechs Milliarden bis zur Mitte des nächsten Jahrhunderts in jedem Fall auf über zehn Milliar-den anwachsen wird. Unter Berücksichtigung aller Geburten und Sterberaten steigt die Weltbevölkerung derzeit pro Minute um einhundertneunzig Menschen, pro Stunde um über elftausend, pro Tag um über 270 000, pro Jahr um 100 Millionen, in 10-12 Jahren um etwa eine Milliarde Bewohner. Mit dieser Zeitspanne bis zum Errei-chen der nächsten Milliarde ist vorerst die Spitze der Beschleuni-gungsspirale erreicht. Ihr Ende ist - noch - nicht abzusehen. Es wird für uns alle enger. Und die Immissionen werden steigen, selbst wenn sie pro Kopf sinken. Es ist höchste Eisenbahn aufzuschauen.

Menschen denken, schon berufsbedingt, in verschiedenen, aber meist recht kurzen Zeiträumen. Bei Klimaforschern sind die zu berücksichtigenden Zeiträume länger als bei Abfallwissenschaftlern. Forstleute und Bodenexperten beobachten längerfristige Entwicklun-gen als Lehrer, die ihre Erfahrungen aus den Zyklen sich ablösender Schülergenerationen sammeln. Politikern kommt bei der Frage nach der Zeit schnell die nur vierjährige Wahlperiode ins Bewußtsein. Das strukturiert ihr Planen und Handeln. Wirtschaftler beachten einzelne Haushaltsjahre. Börsenmakler rechnen schon eher in vierteljährlichen Perioden oder im Alltag der Börsenhektik ganz kurzfristig. Rund-funkmoderatoren sollen sich zwischen Musiktiteln, Werbeblöcken und Worteinspielungen an einen Rhythmus von gut drei Minuten halten. Bei der Abmoderation müssen sie darauf achten, daß die Zeit zu Beginn der Nachrichten auf die Zehntelsekunde genau angesagt werden kann. Das Interesse gilt der Gegenwart, nicht der Zukunft. - Will keiner mehr wissen, wohin wir treiben?

7. *Wir sind die Treibenden*

Diese Einführung begann mit dem Sonett Nr. XXVII aus dem zweiten Teil der Sonette an Orpheus, die Rainer Maria Rilke im Februar 1922 auf Schloß Muzot schrieb. Das Sonett fragte zu Beginn, ob es die Zeit, die zerstörende, wirklich gebe, und erinnerte in der vierten Strophe daran, daß wir doch die Treibenden seien. Treibend ist in seiner Täter- und Opferrolle ein trefflich doppelsinniges Wort. Im XXII. Sonett aus dem ersten Teil des gleichen Zyklus beginnt Rilke[22] schon mit der Antwort: Wir sind die Treibenden:

> *Wir sind die Treibenden.*
> *Aber der Schritt der Zeit,*
> *nehmt ihn als Kleinigkeit*
> *im immer Bleibenden.*
>
> *Alles das Eilende*
> *wird schon vorübersein;*
> *denn das Verweilende*
> *erst weiht uns ein.*
>
> *Knaben, o werft den Mut*
> *nicht in die Schnelligkeit,*
> *nicht in den Flugversuch.*
>
> *Alles ist ausgeruht:*
> *Dunkel und Helligkeit,*
> *Blume und Buch.*

---

22) Rainer Maria Rilke: Duineser Elegien. Die Sonette an Orpheus. Insel TB, 11. Aufl. 1994, S. 65 und S. 88f. Im darauffolgenden Sonett XXIII spürt Rilke, wie sich der Flieger in der Technik verhalten soll, hier aber rät er vom schnelligkeitssüchtigen Flugversuch ab und glaubt an das Rhythmische und - oh hätte er recht! - an das Ausgeruhtsein im Buch.

KLAUS MAINZER

Zeit als Richtungspfeil

Die Entwicklung unumkehrbarer Zeit in Selbstorganisationsprozessen von der kosmisch-physikalischen über die biologische bis zur soziokulturellen Evolution

1. Einführung

Am Anfang dieser Vorlesungsreihe 'Was ist Zeit?' spreche ich über einen Aspekt von Zeit, den wir alle erleben: Wir werden geboren, wachsen, altern und sterben. Unsere Lebenszeit hat eine Richtung. Aber auch in unseren Kulturen und Zivilisationen scheinen Ordnungen von Staaten und Gesellschaften ebenso zu entstehen, zu reifen und zu zerfallen wie in der Natur. Dabei ist der Zeitpfeil keineswegs auf die biologische Evolution beschränkt. Im folgenden werde ich ein komplexes Netzwerk von Zeitrhythmen aufzeigen, in dem sich physikalische, biologische, psychologische, technische und soziale Prozesse überlagern und beeinflussen.

Die Entwicklung unumkehrbarer Zeit zeigt sich in Selbstorganisationsprozessen von der kosmisch-physikalischen über die biologische bis zur soziokulturellen Evolution. Eine wichtige Methode zur Modellierung dieser Prozesse bietet die Theorie komplexer nicht-linearer Systeme, die heute auf computertechnische Simulation zurückgreifen kann. Jedenfalls ist die Zeit, so lautet die These des Vor-

trags, nach unserem heutigen Wissen ein fachübergreifender Begriff,
für dessen adäquate Behandlung Natur-, Technik- und Kulturwissen-
schaften aufeinander verwiesen sind.

Ich beginne im zweiten Abschnitt mit der Frage, wie sich der
Zeitpfeil mit der Symmetrievorstellung physikalischer Gesetze ver-
trägt, nach denen Zeit sowohl vorwärts als auch rückwärts fließen
könnte. Dabei geht es zunächst um Newtons Begriff absoluter Zeit,
Einsteins Begriff relativer Eigenzeiten und das Zeitkonzept relativistischer Modelle der Kosmologie. Obwohl die Bewegungsgleichungen
der Quantenmechanik wie der klassischen Mechanik zeitsymmetrisch
sind, treten beim Meßprozeß und den Quantenfeldtheorien (z.B. PCT-
Theorem, Singularitäten) erste Hinweise auf nicht umkehrbare ('irreversible') Zeitentwicklungen auf. Irreversible Prozesse in Zusammenhang mit dem 2. Hauptsatz der Thermodynamik werden im dritten
Abschnitt erörtert.

Die Evolution des Lebens von den Organismen bis zu Öko-
systemen erweist sich als irreversible Zeitentwicklung komplexer
('dissipativer') Systeme fern des thermischen Gleichgewichts (4. Abschnitt). Dabei sind viele biologische Zeitrhythmen zu unterscheiden,
die sich im Laufe der Evolution in komplexen Zeithierarchien überla-
gerten. Im fünften Abschnitt 'Zeitpfeil und die Evolution des Menschen' geht es u.a. um Zeitrhythmen des Gehirns, Zeiterlebnis des Bewußtseins und Computerzeit der Künstlichen Intelligenz. Im letzten
Abschnitt 'Zeitpfeil und die Evolution von Kultur und Technik' werden Veränderungen des Zeitbegriffs von den historischen zu den tech-
nisch-industriellen Kulturen aufgezeigt. Damit stellt sich die Frage
nach dem Zeithorizont in einer sich immer stärker vernetzenden technisch-wissenschaftlichen Welt.

2. Zeitsymmetrie und Gesetze der Physik

Nach der Evolution eines Zeitbewußtseins bei den Hominiden und ersten Zeitortientierungen früher Jäger- und Bauernkulturen erfolgen erste astronomische Zeitbestimmungen in den alten Hochkulturen und
Stadtstaaten. Vorsokratische Naturphilosophen wie Parmenides und
Heraklit formulieren erstmals Grundfragen, die bis heute die Zeitdis-

Fig. 1: *F. Quarles (1632): 'Tempus erit'*

kussion beeinflußt haben. Ist die Welt, wie Heraklit glaubt, in ständigem Werden begriffen und Zeit ein irreversibler Ablauf wie der Strom eines Flusses, oder ist jede Veränderung, wie Parmenides glaubt, nur scheinbar und Zeit ein reversibler Parameter einer an sich unveränderlichen Welt? Daran schließen sich Zenons berühmtes Paradoxon vom Zeitpfeil und die aristotelische Kontinuumstheorie an, die bis in die Neuzeit die Grundlagendiskussion beherrschten. Daß Zeit entstehen kann, wird erstmals von Augustinus formuliert, indem er platonische Naturphilosophie mit christlicher Schöpfungstheologie verbindet. Die Auffassung von Zeit an der Wende vom Mittelalter zur Neuzeit hält eine Allegorie von F. Quarles (1632) fest: Tempus erit (Fig. 1). Vater Zeit hält eine Sanduhr und sagt dem Tod, wann er das Lebenslicht eines Menschen auslöschen soll. Der Tod hält in der Hand einen Pfeil.

In der klassischen Physik wird Zeit zu einer meß- und berechenbaren Größe. Die neuzeitliche Feinmechanik ermöglichte den Bau genauerer Chronometer und Uhren. Bedeutend sind Galileis Überlegungen zur Zeitmessung. Seine Vorschläge für eine Pendeluhr, mit der Schwingungen gezählt werden sollen, werden von C. Huygens (1629 - 1695) verbessert und präzisiert. Die Einführung einer Zeitkoordinate, d.h. die mathematische Darstellung von Zeitabschnitten durch geometrische Strecken, geht auf Nikolaus Oresme zurück. Isaac Barrow, der Lehrer von Newton, spricht erstmals von Zeit als universeller und in diesem Sinn "absoluter" Grundgröße der Natur, die unabhängig von unseren verschiedenen Beobachtungs- und Meßverfahren sei und mathematisch durch eine geometrische Gerade dargestellt werde. Diese Auffassung führt zu Newtons berühmter Unterscheidung von absoluter und relativer Zeit, die er seiner Mechanik ('Philosophiae naturalis principia mathematica') voranstellt. Weiter stellt Newton fest, daß es möglicherweise keine gleichförmige Bewegung gibt, mit der die Zeit genau gemessen werden könnte, da alle Bewegungen tatsächlich beschleunigt oder verzögert wären. Newton führt also die absolute Zeit, wie die moderne Wissenschaftstheorie sagt, als theoretische Größe ein, die im Rahmen der klassischen Mechanik wohldefiniert ist, obgleich ihr keine direkte Erfahrung entspricht. Alle Vorgänge der Natur können nach dieser Annahme auf eine universelle Zeit bezogen werden, deren topologische Struktur (d.h. zeitliche Reihenfolge von Ereignissen) und deren metrische Struktur (d.h. das Zeitmaß) im Prinzip feststehen. Es ist die Aufgabe der fortschreitenden Wissenschaft, wie Newton betont, die praktischen Verfahren der Zeitmessung laufend zu verbessern.

Unter dem Einfluß des Cambridger Neuplatonikers Henry More hat Newton zwar seine Annahme eines absoluten Raumes und einer absoluten Zeit mit metaphysischen Deutungen von der Allgegenwart Gottes verbunden. Das physikalische Konzept der absoluten Zeit ist jedoch davon unabhängig und mit grundlegenden physikalischen Konsequenzen verbunden, die sich bei einer mathematische Präzisierung zeigen. So ist die Annahme grundlegend, daß es für zwei Ereignisse objektiv entscheidbar sei, ob sie gleichzeitig und ob sie am selben Ort stattfinden.

Ist aber dazu die Annahme eines absoluten und ruhenden Raumes notwendig? Tatsächlich läßt sich ein absoluter Ruhepol im Universum durch keine Beobachtung und durch kein Experiment entscheiden. Leonard Euler ging davon aus, daß ohne Newtons absoluten Raum sein Trägheitsgesetz nicht zu formulieren wäre. Danach bewegt sich ja ein Körper gleichförmig und geradlinig, solange keine äußere Kraft auf ihn einwirkt. Die Annahme eines absoluten Raumes erweist sich nach Ludwig Langes Einführung von Trägheits- bzw. Inertialsystemen (1885) als überflüssig. Relativ zu solchen "Trägheitssystemen" behält nach Lange das Trägheitsgesetz auch ohne die Annahme eines absoluten Raumes seine physikalische Bedeutung. Man definiert meistens kurz: Das Trägheitssystem ist ein Koordinatensystem, in dem Newtons Trägheitsgesetz gültig ist. Wie technisch-empirisch solche Trägheitssysteme ausgewiesen werden können (z.B. astronomisches Fundamentalsystem), ist eine andere Frage.

Im Unterschied zum absoluten Raum gibt es allerdings in der klassischen Mechanik eine für alle Inertialsysteme einheitliche und daher absolute Zeit. Ein Inertialsystem läßt sich nämlich zunächst in einheitlicher Weise in allen seinen Punkten synchron mit demselben Zeitmaß ausstatten. Schließlich läßt sich einrichten, daß der Uhrengang in den verschiedenen Inertialsystemen nach richtiger Wahl der Einheit und des Nullpunkts übereinstimmt. Durch die Annahme der

absoluten Zeit wird es in der klassischen Physik möglich, von einer
vom jeweiligen Intertialsystem unabhängigen universellen Gleichzeitigkeit zu sprechen.

Zentral ist die Zeitsymmetrie der klassischen Mechanik.
Newtons Axiom für mechanische Bewegungsgesetze bestimmt die
Beschleunigung als 2. Ableitung des Ortes eines Körpers nach der
Zeit. Mathematisch tritt daher die Zeit in einem Bewegungsgesetz als
2. Potenz bzw. quadriert auf. Wenn also die vorwärtslaufende Zeit t
mit positiven (reellen) Werten durch eine rückwärtslaufende Zeit -t
mit negativen Werten ersetzt wird, dann bleibt die Form des Gesetzes
unverändert. Bekanntlich ist ja das Quadrat von positiven wie von
negativen Zahlen positiv. Die Gesetze der Mechanik sind, wie man
sagt, gegenüber der Symmetrietransformation t → -t invariant. In der
klassischen Mechanik kann also nicht zwischen den beiden Zeitrich-
tungen unterschieden werden. Jeder Lösung einer Bewegungsgleichung mit einer positiven Zeitrichtung entspricht auch eine solche
mit einer negativen Richtung.

Anschaulich kann man sich einen Bewegungsablauf als einen
Film vorstellen, der die Zustandsentwicklung eines Systems in der
Zeit festhält. Die Zeitsymmetrie der Mechanik besagt dann, daß die
Gesetze der Mechanik sowohl den vorwärts- als auch den gespiegel-
ten rückwärtslaufenden Film zulassen und bestimmen: Nach den Pla-
netengesetzen kann ein Planet sowohl vorwärts als auch rückwärts die
Sonne umlaufen. Aufgrund der Zeitsymmetrie der Mechanikgesetze
sind also mechanische Prozesse im Prinzip reversibel (Fig. 2).

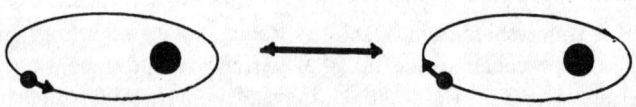

Fig. 2: *Zeitsymmetrie der Mechanikgesetze (z.B. Planeten)*

Faktisch laufen sie aber in einer Richtung ab. Von vielen Prozessen wurde die Umkehrung sogar nie beobachtet: Ein Glas fällt zu Boden und zerspringt in viele Scherben. Ein Baum wächst aus einem Samen zur vollen Baumkrone. Ein Mensch wird geboren, wird älter und stirbt. Irreversible Prozesse können also durch die Mechanik nicht erklärt werden. Die Zeitsymmetrie der Mechanik scheint also eher der unveränderlichen Welt des Parmenides zu entsprechen, während irreversible Prozesse an Heraklit erinnern.

Die Newtonschen Gleichungen der Mechanik gelten unabhängig von besonderen Inertialsystemen, sofern ihre Raum- und Zeitkoordinaten mit den Transformationen der Galilei-Gruppe umgerechnet werden. Im Sinne von Newtons Forschungsprogramm wurde daher erwartet, daß auch die Maxwellschen Gleichungen der Elektrodynamik galilei-invariant sind. Nach H. Hertz hat man sich Licht als elektromagnetische Wellen vorzustellen. Eine einfache Rechnung zeigt aber, daß die Wellengleichung des Lichtes nicht galilei-invariant ist.

Wenn die Gleichungen der Elektrodynamik aufgrund ihrer überwältigenden experimentellen Bestätigung (z.B. Elektrotechnik) als korrekt akzeptiert werden müssen, bleiben nur folgende Möglichkeiten:

1) Die Mechanik ist galilei-invariant. Die Elektrodynamik hat ein ausgezeichnetes Bezugssystem, in dem der Äther als Träger elektromagnetischer Wellen ruht.

2) Es gibt ein Invarianzprinzip ('Relativititätsprinzip') für Mechanik und Elektrodynamik. Das kann nicht das Galileische Relativitätsprinzip sein. Eine Änderung der Mechanikgesetze wird erforderlich.

Der gesuchte Effekt zum Nachweis der Existenz des ruhenden Äthers blieb jedoch aus. Einstein votierte daher für ein gemeinsames Relativitätsprinzip von Mechanik und Elektrodynamik. In seiner berühmten Arbeit vom 30.6.1905 über die Elektrodynamik bewegter Körper stellt Einstein zwei Postulate an den Anfang:

1. Spezielles Relativitätspostulat: Alle gleichförmig geradlinig zueinander bewegten Inertialsysteme sind physikalisch gleichwertig.

2. Postulat der Konstanz der Lichtgeschwindigkeit: Die Lichtge-
    schwindigkeit ist in (wenigstens) einem Inertialsystem konstant
    unabhängig vom Bewegungszustand der Lichtquelle.

Die Raum-Zeit-Struktur, die sich aus Einsteins Prinzipien ergibt,
wird durch eine passende Transformationsgruppe für Inertialsysteme
festgelegt. Das kräftefreie Punktteilchen soll sich nach wie vor bei
Bezug auf ein Inertialsystem geradlinig gleichförmig bewegen. Zusätzlich soll aber in jedem Inertialsystem in Übereinstimmung mit
den Maxwellschen Gleichungen die Lichtgeschwindigkeit denselben
konstanten Wert c aufweisen. Die so charakterisierten Inertialsysteme
heißen Lorentz-Systeme.

Nach den neuen Zeittransformationen wird die Zeitmessung
('Uhr') wegabhängig (wegen der zusätzlichen Abhängigkeit von
Raumkoordinaten). Eine Veranschaulichung dieser Konsequenz ist
das unterschiedliche Altern von gegeneinander bewegten Zwillingen:
Zwei (gleichaltrige) Zwillinge trennen sich. Der erste bleibt in Ruhe
in Bezug auf ein Lorentz-System, der zweite reist davon, kehrt aber
nach einiger Zeit an den Ort des Bruders zurück. Dann ist im
Augenblick ihres Zusammentreffens der erste Zwilling älter als der
zweite Zwilling, der die Reise unternommen hat. Dieser an Elementarteilchen mit hoher Geschwindigkeit (nahe der Lichtgeschwindigkeit) nachgewiesene Effekt zeigt, daß jeder seine eigene Zeit
('Eigenzeit') hat.

Allerdings muß an dieser Stelle betont werden, daß auch die Gesetze der Speziellen Relativitätstheorie wie der klassischen Mechanik
zeitinvariant bzw. zeitsymmetrisch sind. Mit der Speziellen Relativitätstheorie wäre daher auch die Vorstellung verträglich, daß die Zwillinge im Laufe ihrer Trennungszeit jünger geworden wären und der
reiselustige Zwilling stärker verjüngt von seiner Reise zurückgekehrt
wäre (Fig. 3). Nur aufgrund der Erfahrung, daß alle Lebewesen altern,
wird diese Möglichkeit ausgeschlossen. Der zeitgerichtete und irreversible Alterungsprozeß wird also durch die Spezielle Relativitätstheorie nicht erklärt.

Um auch die Gravitationsgleichung der Newtonschen Physik zu
erfassen, muß die Spezielle zur Allgemeinen Relativitätstheorie er-

weitert werden. Als Einstein seine Untersuchung zur Raum-Zeit 1907 auf beschleunigte Bezugssysteme ausweitete, setzte er voraus, daß die Beschleunigungswirkung eines Bezugssystems nicht von der Wirkung eines Gravitationsfeldes unterschieden werden kann. Anders ausgedrückt: Durch Bezug auf ein frei fallendes Bezugssystem (z.B. Raumkapsel im Orbit) lassen sich alle Auswirkungen eines homogenen Gravitationsfeldes eliminieren, d.h. es herrscht Schwerelosigkeit.

Frei fallende Körper in inhomogenen Gravitationsfeldern weisen Relativbeschleunigungen untereinander auf. Bei Abwesenheit von Gravitation bewegen sich freie Punktteilchen und Lichtstrahlen mit konstanter Geschwindigkeit auf geraden Linien, also ohne Relativbeschleunigung untereinander. Wird ein Gravitationsfeld eingeschaltet, indem z.B. eine große Masse in die Nähe gebracht wird, so wer-

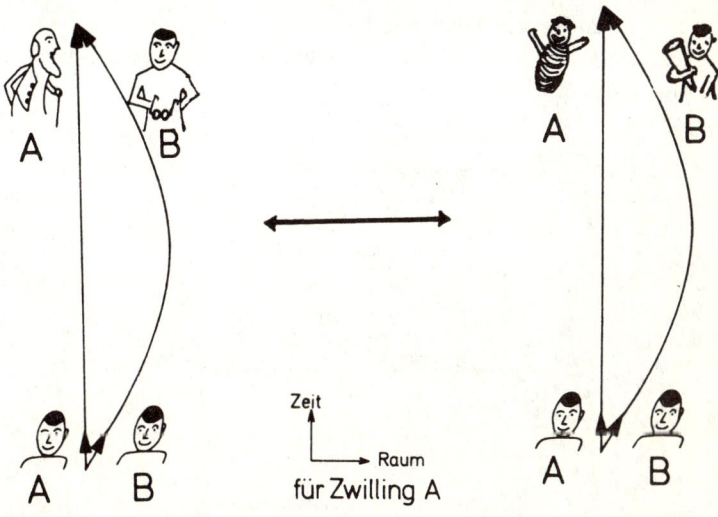

Fig. 3: *Zeitsymmetrie und Zwillingsparadoxon*
(nach Audretsch/Mainzer [2]1994, 60)

den diese Bahnen verbogen bzw. weisen Relativbeschleunigungen auf. Gravitationswirkung entspricht also geometrisch Bahnkrümmung. In diesem Sinn entspricht einem inhomogenen Gravitationsfeld global eine gekrümmte Raum-Zeit.

Empirische Bestätigungen von Einsteins Gravitationsgleichung lieferten Lichtablenkung, Laufzeitverzögerung und Periheldrehung. Für unseren Zusammenhang ist die Zeitdehnung durch Gravitation von großem Interesse. Uhren, die dem Erdmittelpunkt näher und damit tiefer im Gravitationsfeld der Erde stehen, laufen, wenn auch minimal, aber nachweislich langsamer (Fig. 4). Auch diese gravitative Zeitdehnung nach der Allgemeinen Relativitätstheorie läßt sich wieder durch ein Gedankenexperiment von Zwillingen veranschaulichen. Ein Zwilling, der auf der Oberfläche eines sehr dichten Himmelskörpers (z.B. Neutronenstern) starker Gravitation ausgesetzt war, wird nach Rückkehr auf die Erde deutlich jünger als sein Zwillingsbruder auf der Erde sein. Gleichwohl wird auch in der Allgemeinen wie in der Speziellen Relativitätstheorie keine Zeitrichtung ("Älterwerden") ausgezeichnet, sondern als bisher unerklärte Erfahrungstatsache angenommen.

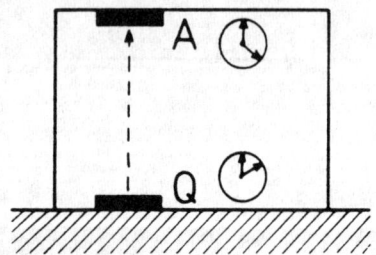

Fig. 4: *Gravitative Zeitdehnung*:
Der gravitativen Rotverschiebung des emittierten Lichts bei A,
die durch größere Entfernung zur Gravitationsquelle entsteht,
entspricht ein schnellerer Zeitlauf bei A bzw.
Zeitdehnung bei Q
(nach Audretsch/Mainzer [2]1994, 75)

Nach den Singularitätssätzen von R. Penrose (1965) und S. Hawking (1970) folgt aus der Allgemeinen Relativitätstheorie auch, daß die kosmischen Standardmodelle eine anfängliche Raum-Zeit-Singularität mit unendlicher Krümmung haben müssen. Kosmologisch wird sie als "Urknall" ("Big Bang") des Universums gedeutet. Danach expandiert das Universum zunächst sehr schnell ("inflationäres Universum"), um dann langsamer zu werden. Im Standardmodell mit positiver Krümmung kehrt sich die Expansion zu einem Kollaps um, der eine neue Singularität darstellt. Man spricht dann von einem geschlossenen Universum. Für die beiden anderen Standardmodelle mit flacher und negativer Krümmung setzt sich die Expansion unbegrenzt mit jeweils mehr oder weniger großer Schnelligkeit fort. Man spricht dann auch von offenen Universen.

An dieser Stelle ist es wichtig, sich über den mathematischen Charakter einer Raum-Zeit-Singularität wie dem 'Big Bang' klar zu werden. Singularitäten haben den Nachteil, daß an Raum-Zeit-Stellen mit unendlicher Krümmung die physikalischen Gesetze nicht definiert und daher keine Prognosen über das physikalische Geschehen möglich ist. Damit ist aus der Relativitätstheorie zwingend eine interne Grenze ihres Erklärungspotentials abgeleitet. Im Rahmen der Friedmann-Modelle kann daher ohne Erklärung nur festgestellt werden, daß Zeit mit der Anfangssingularität beginnt. Im Rahmen der relativistischen Kosmologie ist Zeit nur eine reelle Koordinate, um Ereignisse zu markieren. Die Frage, was "vor" der Anfangssingularität war, ist mathematisch nicht definiert und daher sinnlos. Auch die Rede von einer "Schöpfung" der Zeit ist mathematisch im Rahmen der Relativitätstheorie nicht definiert. Wir müssen streng zwischen den definierten Begriffen einer physikalischen Theorie und unverbindlichen weltanschaulichen Interpretationen unterscheiden.

Die Singularitätssätze sagen auch die Möglichkeit von sehr kleinen Gebieten der relativistischen Raum-Zeit voraus, in denen sich die Raum-Zeit extrem krümmen und daher die Gravitation unendlich groß werden kann. Astrophysikalisch werden diese Singularitäten als "Schwarze Löcher" gedeutet, denen der Tod eines Sterns durch Gravitationskollaps vorausging. Dazu wird eine 3-dimensionale raum-zeitliche Oberfläche ("absoluter Ereignishorizont") angenommen, der alle von außen einfallenden Signale "verschluckt" und keine Signale oder Partikel nach außen läßt. Im Zentrum dieses absoluten Ereignishorizontes wird die raum-zeitliche Singularität angenommen, in der die Krümmung der Raum-Zeit unendlich wird. Es handelt sich also um einen absoluten Endpunkt für kausale Zeitsignale.

Nun sind aber die Allgemeine ebenso wie die Spezielle Relativitätstheorie und klassische Mechanik eine zeitsymmetrische Theorie. Ihre Gesetze bleiben also unverändert, wenn wir die Zeit rückwärts laufen lassen bzw. die Zeitkoordinate t durch -t ersetzen. Daher sagt die Allgemeine Relativitätstheorie auch das zeitlich spiegelbildliche Verhalten eines Schwarzen Lochs voraus, d.h. unendlich dichte Materiepunkte, aus denen Lichtsignale explodieren ('Weiße Löcher'). Diese mathematische Konsequenz einer zeitsymmetrischen Theorie gilt jedoch als physikalisch unwahrscheinlich und wurde von R. Penrose durch eine Ad-hoc-Hypothese ('Kosmische Zensur') ausgeschlossen. Damit werden erneut interne Grenzen und Erklärungsdefizite der relativistischen Kosmologie deutlich (Fig. 5). Offenbar reicht die Relativitätstheorie nicht mehr aus. Die moderne Kosmogonie verschmilzt daher mit Quantenmechanik und Elementarteilchenphysik zu einem Forschungsprogramm, in dem die zeitliche Evolution des Universums erklärt werden soll.

Trotz Unschärfen und statistischer Berechnung von Meßgrößen in der Quantenmechanik bleibt die Zeit nur der Parameter einer deterministischen Bewegungsgleichung ('Schrödinger-Gleichung'), die wie in der klassischen und relativistischen Mechanik zeitsymmetrisch ist. Auch die Quantenwelt scheint danach zunächst vom Typ einer unveränderlichen Parmenideswelt ohne Auszeichnung einer Zeitrichtung zu sein. Im quantenmechanischen Meßprozeß begegnen wir jedoch einem irreversiblen Vorgang. Auch in den Quantenfeldtheorien, die Wechselwirkungen von Elementarteilchen beschreiben, zeichnen sich mögliche Verletzungen der Zeitsymmetrie ab. Es stellt sich schließlich die Frage, ob irreversible Prozesse im Rahmen der kosmischen Evolution erklärt werden können, wenn eine Vereinigung von Allgemeiner Relativitätstheorie mit Quantenmechanik gelingt. Viele aktuelle Fragen der Forschung vom quantenmechanischen Meßprozeß über die Schwarzen Löcher der Astrophysik bis zum anthropischen

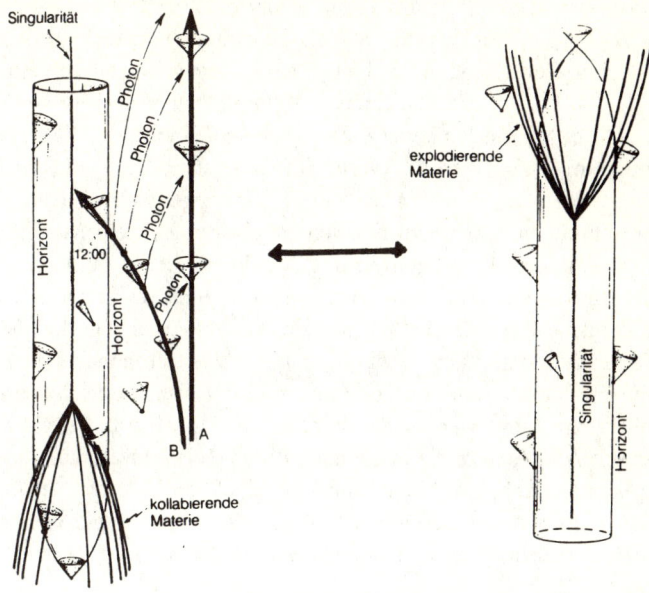

Fig. 5: *Zeitsymmetrie von Schwarzen und Weißen Löchern*
(nach Penrose 1989, 333)

Prinzip hängen, so wird vermutet, mit dieser erkenntnistheoretischen Diskussion der Zeit unmittelbar zusammen.

Der Zeitbeginn ist in den relativistischen Standardmodellen der Kosmologie eine Singularität, die nicht erklärt werden kann. In einer Vereinigungstheorie von relativistischer Gravitationstheorie und Quantenmechanik eröffnet die Heisenbergsche Unschärferelation eine Erklärungsmöglichkeit. Die Unschärferelation verbindet Zeit und Energie so, daß das Produkt der Meßstreuungen von Energie und Zeit nicht kleiner als das Plancksche Wirkungsquantum werden kann. Je kürzer das Zeitintervall bestimmt wird, um so größer wird die Meß- streuung der Energie. Für sehr kurze Zeitintervalle wird daher die Aufhebung der Energieerhaltung möglich. Solche zufälligen quan- tenmechanischen Fluktuationen könnten also die anfängliche Symmetriebrechung ausgelöst haben, die zu einer schnellen Expansion im Rahmen des inflationären Universums führte.

Von J. B. Hartle und S. W. Hawking (Fig. 6) wurde ein singularitätsfreies Modell des Universums vorgeschlagen, in dem die Quantentheorie mit der Allgemeinen Relativitätstheorie vereinigt und die reelle durch eine imaginäre Zeitachse (im Sinne der reellen bzw. imaginären Zahlen) ersetzt wird. Im Unterschied zur klassischen Theorie Einsteins bilden in Hawkings Vereinigungstheorie die drei Raumrichtungen zusammen mit der imaginären Zeit ein Modell des Universums, das ohne Grenzen und Ränder in sich geschlossen ist. Diese Raum-Zeit hätte nicht nur immer bestanden, sondern jedes physikalische Geschehen wäre gesetzmäßig erklärbar. Die historisch tradierten Vorstellungen, daß etwas irgendwie "anfangen" oder irgendwann "geschaffen" werden muß, sind dafür methodisch schlicht unangemessen und werden als menschliche Anschauungen entlarvt, die durch Adaption an die begrenzten Raum-Zeit-Ausschnitte unserer alltäglichen Erlebniswelt entstanden sind. Allerdings ist Hawkings Modell bisher weder bestätigt noch widerlegt. Die Frage nach dem kosmischen Anfang der Zeit ist nach wie vor offen.

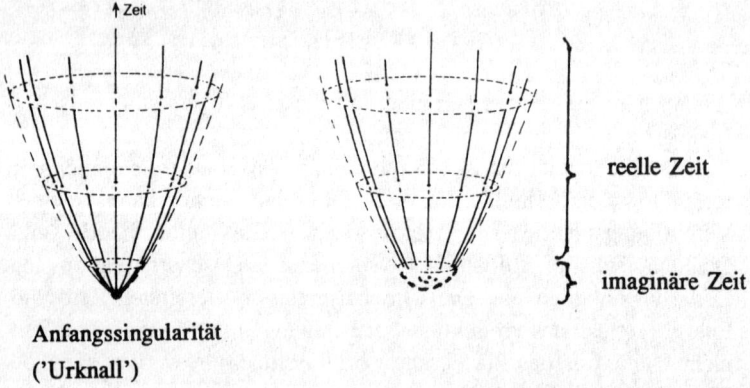

Fig. 6: *Kosmische Raum-Zeit-Modelle mit und ohne Anfangssingularität*

3. Zeitpfeil und Evolution des Kosmos

Unser Alltag scheint durch eine grundlegende Asymmetrie bestimmt: Zukunft und Vergangenheit sind nicht vertauschbar, die Jugend kommt nicht wieder, die Toten werden nicht mehr lebendig. Die erlebte Zeit scheint eine Richtung auszuzeichnen und damit auf eine grundlegende Asymmetrie der Natur hinzuweisen.

Unsere physikalischen Beobachtungen scheinen die Zeitpfeile in der Natur zu bestätigen (Fig. 7). Ein mechanisches Uhrwerk, das zu Boden fällt, zerspringt in seine Einzelteile. Die zeitliche Umkehr dieses mechanischen Vorgangs, daß nämlich Schrauben, Federn und Zahnräder sich spontan zu einer laufenden Uhr zusammensetzen, wurde bisher nicht beobachtet. Auch die beobachteten Beispiele der Elektrodynamik scheinen zeitliche Umkehr auszuschließen. So strahlen Sterne und Radiostationen zwar kugelförmige elektromagnetische Wellen aus. Die Umkehr jedoch, daß sie Strahlung von allen Seiten aus den Weiten des Universums konzentrisch auffangen, wurde bisher nicht beobachtet.

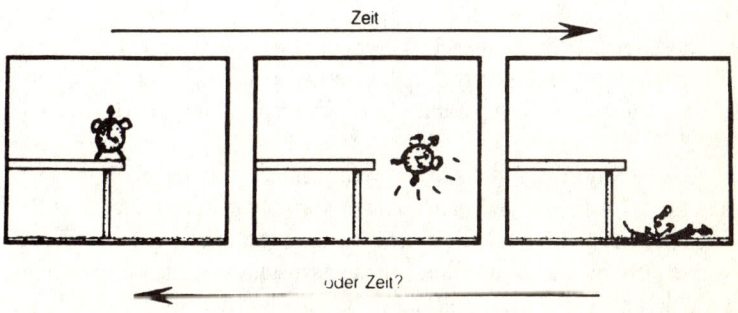

Fig. 7: *Zeitpfeil und Zeitsymmetrie*

Auch das Verhalten der Wärme zeichnet im Sinne der Thermodynamik eine Zeitrichtung aus. Nach dem 2. Hauptsatz verteilt sich Wärme in einem abgeschlossenen System immer so, daß eine bestimmte Zustandsgröße ("Entropie") niemals abnimmt, sondern zunimmt oder konstant bleibt. Die Entropie wird als Maß der Unordnung im System interpretiert. Ein wohlgeordneter Zustand hat eine niedrigere Entropie als ein chaotischer. Eine Kanne mit warmem Kaffee kühlt spontan auf die sie umgebende Zimmertemperatur ab. Der umgekehrte Vorgang einer spontanen Mehrerwärmung gegenüber der Zimmertemperatur wurde bisher nicht beobachtet. Wärme fließt so lange, bis sie überall gleich verteilt ist und kein Temperaturgefälle im System mehr existiert. Erst im Endzustand des thermischen Gleichgewichts ist der Zeitgipfel erreicht.

Ein System ist im thermodynamischen Gleichgewicht mit seiner Umgebung, wenn makroskopische und kollektive Eigenschaften wie z.B. Druck und Temperatur, die das System als Ganzes beschreiben, völlig mit der Umgebung übereinstimmen. Als Beispiel betrachten wir eine Schicht Flüssigkeit zwischen zwei horizontalen und parallelen Platten (Fig. 8). Die Flüssigkeit strebt sich selbst überlassen in das thermodynamische Gleichgewicht, d.h. einen homogenen Zustand, in dem statistisch die Moleküle bzw. Flüssigkeitsteilchen nicht unterscheidbar sind. Es ist ein Systemzustand vollkommener Symmetrie, in dem keine makroskopischen Veränderungen stattfinden und keine Temperaturunterschiede zur Außenwelt bestehen, d.h. für Temperatur T_1 der oberen und Temperatur T_2 der unteren Platte gilt $\Delta T = T_2 - T_1 = 0$.

Eine Störung liegt dann vor, wenn eine der Platten erwärmt wird, so daß $\Delta T > 0$. Bei geringen Temperaturunterschieden kehrt das System selbstständig zum Gleichgewichtszustand zurück. Wird ΔT aber weiter erhöht und vom Gleichgewichtszustand weggetrieben, treten plötzlich neue makroskopische Formen in der Flüssigkeit auf, d.h. sie organisiert sich in kleinen regelmäßigen Zellen, in denen Flüssigkeitsschichten rotieren ("Bénard-Konvektion"). Ursache ist eine auf- und absteigende Strömung, die durch verschiedene Dichten der Teilchen in der Nähe der unterschiedlich erwärmten Platten eingeleitet wird. Dabei findet insofern eine echte Symmetriebrechung statt, als sich die Flüssigkeit in den Konvektionszellen abwechselnd nach links oder rechts dreht und damit jeweils eine Richtung auszeichnet.

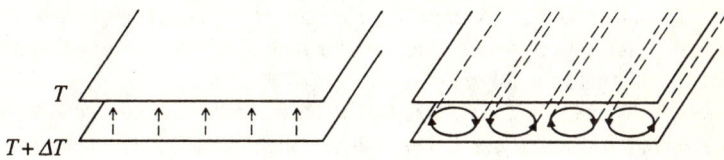

Fig. 8: *Entstehung von Ordnung fern des thermischen Gleichgewichts im Bénard-Experiment* (nach Haken [2]1983, 8)

Solche Nichtgleichgewichtzustände treten in der Natur massiv auf. Ein Beispiel ist die Biosphäre, die einem Energiefluß ausgesetzt ist, der durch den Strahlungsausgleich zwischen Sonne und Erde zustande kommt. Komplexe Systeme fernab des thermischen Gleichgewichts bilden spontan neue Formen und Eigenschaften. Sie besitzen also die Fähigkeit zur Emergenz. Um die zeitliche Entwicklung von komplexen Systemen jenseits von Schwellenwerten geometrisch zu veranschaulichen, werden Bifurkationsdiagramme verwendet, bei denen die Zustandsvariable z des Systems in Abhängigkeit zum Kontrollparameter λ betrachtet wird (Fig. 9). Die Abzweigungen (Bifurkationen) neuer Lösungszweige sind die geometrische Veranschaulichung von Symmetriebrüchen, die für komplexe dynamische Systeme charakteristisch sind.

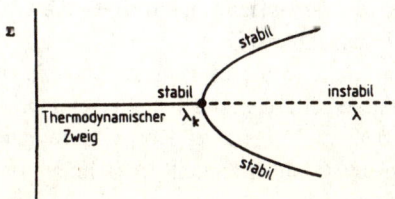

Fig. 9: *Zeitpfeil und Bifurkationsschema* (nach Mainzer 1995, 81)

Die zeitliche Dynamik der Zustände eines komplexen Systems wird durch eine nichtlineare Differential- bzw. Differenzgleichung in Abhängigkeit von Kontrollparametern beschrieben. Nichtlinearität bezieht sich dabei auf die Form der Gleichung wie Potenzfunktion, trigonometrische Funktion etc. Eine nichtlineare Zeitdynamik kann zu neuen Ordnungsstrukuren wie im Beispiel der Bénard-Konvektion, aber auch zu Chaos führen.

Nichtlineare Systeme mit chaotischen Zuständen können dissipativ und konservativ sein. Dissipativ heißen solche dynamische Systeme, die Materie, Energie oder menschliche Arbeit verbrauchen und als Wärme an ihre Umwelt abgeben. Insbesondere Lebewesen sind also offene "dissipative" Systeme, die im Stoff- und Energieaustausch mit ihrer Umwelt neue Formen und Strukturen ausbilden. Die komplexe Wechselwirkung ihrer Systemteile führt zu synergetischen Effekten, die in Selbstorganisationsprozessen ("Phasenübergängen") Formen und Gestalten, aber auch Chaos als Attraktoren anstreben.

Dynamische Systeme heißen konservativ, wenn sie gegenüber ihrer Umwelt abgeschlossen sind. Sie umfassen praktisch alle (idealisierten) Systeme ohne Reibungsverluste in der klassischen Mechanik. Dort tritt nur ein Austausch von Energien in abgeschlossenen Systemen auf. Das Wechselspiel von kinetischer und potentieller Energie eines idealen Pendels oder einer idealen Planetenbewegung ohne Reibung ist ein typisches Beispiel. Leibniz, Newton und Einstein stimmten darin überein, daß in solchen Systemen Ursachen und Wirkungen nicht nur eindeutig miteinander verknüpft, sondern prinzipiell mit beliebiger Genauigkeit berechenbar seien. Der Glaube des deterministischen Weltbildes bestand darin, daß mit Hilfe mechanischer Bewegungsgleichungen einerseits und hinreichender Information über das betreffende System andererseits die Zukunft beliebig lange und exakt vorhersagbar sei.

Heute wissen wir, daß dieses Prinzip selbst in der klassischen Mechanik keine universelle Geltung hat. Ein einfaches Wechselwirkungsschema, in dem mehr als zwei Körper aufeinander einwirken, kann nämlich eine starke Abhängigkeit der Bahnen von den Anfangsbedingungen erzeugen. Eine winzige Abweichung, z.B. beim Stoß einer Billardkugel, eine sehr kleine Störung von Planetenbahnen durch einen Kometen, von der man vermutete, sie sei zunächst vernachlässigbar, kann sich chaotisch aufschaukeln und Imponderabilien ins Spiel bringen, die nicht mehr berechenbar sind. H. Poincaré stieß Ende des letzten Jahrhunderts bereits auf das chaotische Verhalten deterministischer Gesetze in der Astronomie. Mathematisch zeigt Poincaré, daß das 3-Körper-Problem der Astronomie nicht integrierbar ist und zu völlig chaotischen Bahnen führen kann.

Nichtlineare Zeitentwicklungen dynamischer Systeme kann nicht nur zu Chaos, sondern auch zur Selbstorganisation neuer Ordnungsstrukturen führen. Danach sind viele Phänomene, wie z.B. Selbstorganisation, Metabolismus, Spontaneität, Emergenz, neue Eigenschaften, Gestalt usw., die historisch als irreduzible Eigenschaften lebender Organismen angeführt wurden, bereits auf physikalischer und chemischer Ebene nachweisbar und erklärbar. Fern des thermischen Gleichgewichts entstehen neue Ordnungszustände dadurch, daß bestimmte äußere Kontrollparameter (Temperatur, Energiezufuhr) verändert werden, bis der alte Zustand instabil wird und in einen neuen Zustand umschlägt. Diese Phasenübergänge lassen sich also als Symmetriebrechung von Gleichgewichtszuständen verstehen. Bei kritischen Werten entstehen spontan makroskopische Ordnungsstrukturen, die sich durch kollektive (synergetische) Kooperation mikroskopischer Systemteilchen durchsetzen. Die Entstehung von Ordnung (Emergenz) ist also keineswegs unwahrscheinlich und zufällig, sondern findet unter bestimmten Nebenbedingungen gesetzmäßig statt.

Als Beispiel betrachte man die Strömungsmuster in einem Fluß hinter einem Hindernis (z.B. Brückenpfeiler) in Abhängigkeit von der Strömungsgeschwindigkeit. Zunächst besitzt der Fluß ein homgenes Strömungsbild hinter dem Hindernis. Er strebt einem homogenen Gleichgewichtszustand als Fixpunkt zu. Bei Erhöhung der Strömungsgeschwindigkeit kommt es zur Wirbelbildung. Physikalisch treten zunächst periodische Bifurkationsbildungen auf, dann quasiperiodische Wirbelbildungen, die schließlich in ein chaotisches und fraktales Wirbelbild übergehen. Auf der Mikroebene haben Wechselwirkungen der Flüsssigkeitsmoleküle in Abhängigkeit vom Kontrollparameter der Strömungsgeschwindigkeit zu neuen makroskopischen Strömungsbildern geführt.

Ein berühmtes Beispiel für einen solchen Phasenübergang ist das
Laserlicht, das spontan durch Koordinierung zunächst ungeordneter
Photonen entsteht, wenn die äußere Energiezufuhr des Lasersystems
einen bestimmten hohen kritischen Wert erreicht hat. In der Metereo-
logie läßt sich das spontane Entstehen von Wolkenmustern als Phasenübergang beschreiben, der bei bestimmten kritischen Temperatur-
werten und Umweltbedingungen eintritt. Aus der Chemie sind Mu-
sterbildungen von Flüssigkeiten (dissipative Strukturen) bekannt, die
durch Zufuhr energiereicher Substanzen zu dem jeweiligen Gemisch
entstehen und als periodische Pulsationen (chemische Uhr) aufrecht-
erhalten werden können. In diesen Fällen sind Kooperationseffekte
von unzähligen Molekülen für den Phasenübergang neuer Ordnungszustände verantwortlich.

In der Zhabotinsky-Reaktion bilden sich spontan Ringwellen an
der Oberfläche des chemischen Gemischs. Sie brechen in Spiralwel-
len auf, die allmählich alle Ringwellen verdrängen. Nach dem Super-
positionsprinzip müßten sich solche Ringwellen ungestört durchdringen. Die Nichtlinearität komplexer Systemdynamik bzw. die Einschränkung des Superpositionsprinzips wird hier unmittelbar anschaulich.

In der Kosmologie erläutern Chaos und Selbstorganisationstheorie, wie sich kleine Schwankungen in der Materieverteilung im
Laufe der Zeit immer mehr verstärken, so daß anfänglich gleichförmige kosmische Gaswolken aufbrechen, sich galaktische Inseln bilden und schließlich die Milliarden von einzelnen Sternen entstehen.
Der kosmische Anfang war durch ein hohes Maß an Symmetrie und
Ordnung und damit geringer Entropie ausgezeichnet. Der 2. Hauptsatz sagt bei kosmologischer Verallgemeinerung für das Universum
eine Zunahme an Entropie voraus, die schließlich im Wärmetod
größtmöglicher Unordnung endet. Diese Vorstellung ist mit den relativistischen Standardmodellen verträglich, die eine unbegrenzte Ausdehnung vorausagen. Nach dem sphärischen Modell übersteigt aber
die Gravitation zu einem bestimmten Zeitpunkt die Expansionskraft
und läßt die Entwicklung des Universums wieder rückwärts auf die
Endsingularität des großen kosmischen Kollaps zulaufen. Tatsächlich
laufen aber nicht alle Prozesse von diesem Schwellenwert an rück-

wärts. Die Entropie nimmt vielmehr auch bei der Entwicklung auf den großen Kollaps hin weiter zu, so daß der 2. Hauptsatz weiterhin gültig bleibt. Die Zeit ist offenbar nicht mit der Entropieentwicklung identisch. Die Anfangs- und Endsingularität dieses Modells sind also keinesfalls symmetrisch. Dann stellt sich aber die Frage, wie die zeitliche Asymmetrie und Irreversibilität der kosmischen Evolution mit ständig wachsenden Unregelmäßigkeiten wie z.B. Schwarze Löcher von einer Anfangssingularität mit geringer Entropie zu einer Endsingularität mit hoher Entropie zu erklären sei (Fig. 10).

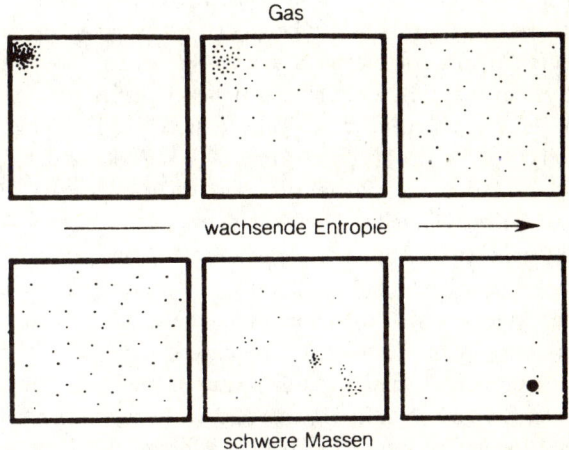

Gas

wachsende Entropie

schwere Massen

Fig. 10: *Zeitpfeil und Entropie:*
Bei einem gewöhnlichen Gas führt wachsende Entropie zur
molekularen Gleichverteilung. Bei einem System gravitierender Körper
erhöht die Zusammenballung aufgrund der Schwerkraft die
Entropie - bis zum Schwarzen Loch
(nach Penrose 1989, 338)

Um die zeitlich asymmetrische Entwicklung von Zuständen dynamischer Systeme im Rahmen der Thermodynamik zu erfassen, hat Prigogine die reversible 'äußere' Zeit eines Systems von seiner irreversiblen 'inneren' Zeit bzw. seinem 'Alter' unterschieden. Während die 'äußere Zeit' der übliche reelle Zeitparameter t bzw. die Uhrzeit ist, wird die 'innere' Zeit als Operator definiert, der die irreversible Veränderung der Systemzustände berücksichtigt. Die äußere Zeit als reeller Parameter tritt nur als Index einer einzelnen Trajektorie (in der klassischen Mechanik) oder einer Wellenfunktion (in der Quantenmechanik) auf. Die innere Zeit als Zeitoperator erlaubt Aussagen über die zeitliche Entwicklung von komplexen Bündeln von Trajektorien oder Verteilungsfunktionen, die mathematisch als Eigenfunktionen des Zeitoperators fungieren. Der Zusammenhang mit der äußeren Zeit beruht darauf, daß die Eigenwerte des Zeitoperators reelle Zeitwerte sind, die auf einer üblichen Uhr abgelesen werden können. Die Verteilungen entsprechen anschaulich den verschiedenen inneren "Altersstufen" eines komplexen Systems. So werden in einem komplexen System wie z.B. dem menschlichen Organismus oder einer Maschine einzelne Organe bzw. Teile unterschiedlich "altern" und "verschleißen". Der Zeitoperator ordnet jedem Zustand des Systems eine "mittleres Alter" zu, das im gleichen Maße wächst wie die verstreichende äußere Uhrzeit.

Philosophiehistorisch ist an Aristoteles zu erinnern, der Zeit als "Bewegung" (kinesis) und Zeit als "Entstehung und Verfall" (metabole) unterschied. Prigogine bringt diese Unterscheidung mit der reversiblen Zeitauffassung der Mechanik und der irreversiblen Zeitauffassung der Thermodynamik in Zusammenhang. Die irreversiblen Prozesse nach dem 2. Hauptsatz der Thermodynamik werden durch eine innere Symmetriebrechung (aufgrund der Zeitoperators) erklärt, bei der die Zeitumkehrsymmetrie verletzt wird. Eine bemerkenswerte Eigenschaft von Prigogines Zeitoperator besteht darin, daß der Übergang von der Vergangenheit zur Zukunft durch ein Intervall getrennt ist, das durch eine charakteristische Zeit gemessen werden kann. Traditionell wird die Gegenwart als Punkt auf der Zeitgerade dargestellt, in dem Vergangenheit und Zukunft unendlich nahekommen. Prigogine spricht daher von einer "Dauer" der Gegenwart, die er philosophiehistorisch mit Bergsons Begriff der Dauer vergleicht. Allerdings ist der Zeitoperator eine mathematisch definierte Systemgröße, die nicht mit einem subjektiven Zeiterlebnis verwechselt werden darf.

4. Zeitpfeil und die Evolution des Lebens

Der Zeitbegriff der Thermodynamik erhält bei der Diskussion von Lebensprozessen unmittelbar Anwendung. In Darwins und Spencers Evolutionstheorie wird Wachstum und Leben erstmals mit der Entwicklung von Komplexität verbunden. Darwins Lehre von der Entwicklung der biologischen Arten durch natürliche Zuchtauswahl schien die Annahme von zielgerichteten (teleologischen) Kräften der belebten Natur überflüssig zu machen. Um die Jahrhundertwende entwarf L. Boltzmann ein reduktionistisches Gesamtbild des Lebens, das auf der Evolutionstheorie, der Thermodynamik und dem übrigen physikalischen und chemischen Wissen des 19. Jhs. gründet und in vielem bereits unser heutiges naturwissenschaftliches Bild des Lebens vorwegnimmt. Wie ist es möglich, daß eine Natur, die nach dem 2. Hauptsatz der Thermodynamik auf Unordnung, Tod und Zerfall programmiert scheint, die Evolution des Lebens, zu immer komplexeren Ordnungs- und Lebenssystemen stürmt?

Im Sinne der Thermodynamik des Gleichgewichts stellt sich daher die Entwicklung des Lebens als ein Schwimmen gegen den Strom der Entropie dar, der alle Ordnung fortzureißen sucht, wenn Energie nicht seinem Treiben entgegenwirkt. Eine andere Möglichkeit, nämlich das spontane Entstehen von Ordnung ohne äußeren Einfluß und Energieaufwand, würde dem 2. Hauptsatz widersprechen und "dämonische" Kräfte erfordern.

Die Fiktion eines solchen Dämons, der die nach dem 2. Hauptsatz irreversible Entropiezunahme in einem (abgeschlossenen) System ohne äußeren Einfluß umkehren und damit als "Perpetuum mobile" der 2. Art auftreten kann, geht auf J. C. Maxwell zurück. Strenggenommen ist der 2. Hauptsatz der Thermodynamik jedoch auf Lebensprozesse nicht anwendbar. Lebende Systeme sind nämlich Beispiele für offene Systeme, die sich durch ständigen Stoff- und Energieaustausch mit ihrer Umgebung (Metabolismus) vom thermischen Gleichgewicht und dem damit verbundenen Verfall möglichst fern halten. Die Thermodynamik nach Boltzmann ist auf solche Gleichgewichtssituationen fixiert. Leben vollzieht sich aber offenbar fern des thermischen Gleichgewichts. Eine mathematische und physikalische Theorie des Nicht-Gleichgewichts liegt erst seit einigen Jahren vor (I. Prigogine, H. Haken u.a.). Sie macht Maxwellsche Dämonen als Ordnungsstifter überflüssig.

Nichtlineare Rückkopplungen erlauben einen Fluß von Energie und Materie, um funktionale und strukturale Ordnungen aufzubauen und zu erhalten. In dem Zusammenhang treten dissipative und konservative Strukturen als Ergebnisse dissipativer und konservativer Selbstorganisation auf. Als irreversible Prozesse repräsentieren sie zugleich die innere Zeit der Evolution. In diesem Sinn ist Leben die Folge einer zeitlichen Symmetriebrechung (Fig. 11).

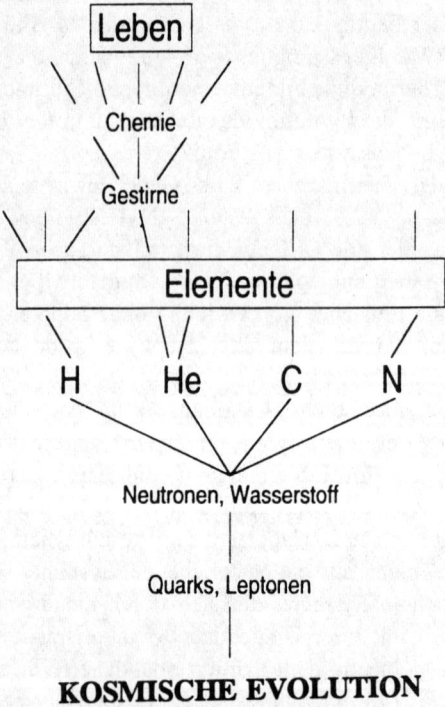

Fig. 11: *Zeitpfeil und Selbstorganisation des Lebens* (nach Cramer 1993, 129)

Auffallend ist die Analogie von Grundbegriffen der biologischen Evolution mit der Thermodynamik des Nicht-Gleichgewichts. Die Emergenz neuer biologischer Formen tritt analog zum thermischen Gleichgewicht auf. Mutanten entsprechen Fluktuationen. Die Suche eines komplexen dynamischen Systems nach Stabilität wird in der biologischen Selektion realisiert. Die Verzweigungen der Bifurkationsdiagramme erinnern an Stammbäume der biologischen Evolution. In den bisher betrachteten komplexen Systemen der Physik und Chemie setzte die Selbstorganisation, die in Phasenübergängen an Bifurkationspunkten auftritt, Selektion voraus. Wenn z.B. der Laserblitz abgesendet wird, haben die unterschiedlichen Lichtwellenzüge der einzelnen angeregten Atome ihre Konkurrenz eingestellt und zeichnen spontan eine Richtung aus. In diesem Sinn bedeutet also Selektion auch Symmetriebrechung.

Für den Übergang von der unbelebten zur belebten Natur gibt es bereits Vorschläge für mathematische Evolutionsgleichungen, mit denen die Entwicklung von Biomolekülen durch Selbstorganisation beschrieben wird. In der sukzessiven Selbstoptimierung der Molekülsysteme kann nur der Gradient der Evolutionsrichtung als mathematischer Ausdruck des Zeitpfeils festgestellt, aber keineswegs jedes zukünftige Evolutionsereignis vorausgesagt werden. Rückwirkend ist jedoch eine genaue Analyse zeitlicher Bifurkationsdiagramme möglich. Zunächst einmal lassen sich durch biochemische Analyse der Molekülsequenzen, die in den Genen der einzelnen Arten vorkommen, Rückschlüsse auf die Verwandtschaft und historische Evolution der Organismen ziehen. Neben den traditionellen Methoden der Paläontologie und vergleichender Morphologie, wie sie nach Darwin verwendet wurden, liegen nun wesentlich präzisere Prüfverfahren der Evolutionstheorie auf molekularer Grundlage vor. Für verwandte Gene lassen sich aus den Vorgängern jeweils "Urgene" berechnen und Stammbäume der molekularen Evolution aufstellen (Fig. 12). Wir haben gewissermaßen eine genetische Uhr, bei der die Mutationen einen Maßstab der Altersmessung bilden. Von den Bakterien bis zu den Primaten kann die Evolution von Organismen in zeitlichen Bifurkationsdiagrammen nachgezeichnet werden.

Über Biomoleküle gelangt man durch Zelldifferenzierung zum

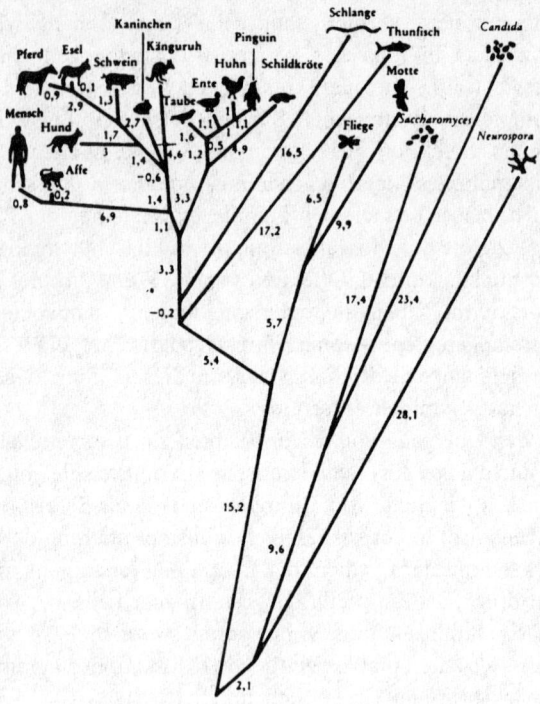

Fig. 12: *Zeitpfeil und genetische Sequenzanalyse:*
An den Entwicklungsästen ist die minimale Zahl der Nukleotidsubstitutionen in
der DNS der Gene angegeben, mit der sich die empirisch ermittelten Unterschiede
in der Aminosäurensequenz des Cytochroms c erklären lassen.
Das so entstehende Bifurkationsschema stimmt nahezu
mit Darwins Evolutionsbaum überein
(nach Ayala 1978, 48)

Organismus. Für die Entwicklung dieser neuen Formen liegen mittlerweile mathematische Simulationsmodelle vor: Im Anfangszustand
sind in einem Zellverband Anregungs- und Hemmstoffe für die
Formbildung gleichmäßig verteilt. Es kommt dann zu Interaktionen
der Zellen, bei denen durch chemische Reaktions- und Diffussions-
vorgänge ein kritischer Punkt für die Produktionsrate z. B. des Anre-

gungsstoffes erreicht wird. Es entsteht dann ein chemisches Muster, dessen Dichtegefälle die Zellgene zur Ausbildung unterschiedlicher Funktionen anregt.

Auch auf der Stufe der Systeme von Organismen, also Populationen von Pflanzen, Bakterien, Tieren etc. sind analoge Modelle der Systemtheorie anwendbar. Nichtlineare Gleichungen werden bereits im 19. Jh. für biologische Populationsmodelle verwendet. Die aktuelle Rede von "Naturkatastrophen" oder dem "ökologischen Gleichgewicht" erhält hier einen mathematisch präzisierbaren Sinn. So stellte P. F. Verhulst 1845 eine nichtlineare Gleichung vom Typ der Lasergleichung auf, um Wachstumsschwankungen konkurrierender Fischpopulationen zu untersuchen. Ökologisch herrscht eine ungeheuer komplizierte Vernetzung von Pflanzen- und Tierpopulationen mit der biochemischen Umwelt, in der geringe Veränderungen von Gleichgewichten Naturkatastrophen (Symmetriebrechungen) auslösen können. Kann sich das Gesamtsystem an diesen kritischen Werten selber nach einem bestimmten makroskopischen Muster regenerieren, war die "Katastrophe" der Population reversibel. Von großer Aktualität sind heute aber die irreversiblen Symmetriebrechungen, die vor allem durch die Eingriffe des Menschen in das komplizierte Vernetzungssystem der Natur entstehen. Die Populationsdynamik läßt sich am Schema der offenen Systeme fernab des thermischen Gleichgewichts beschreiben, die bei Verlust von Gleichgewichtslagen ("Symmetriebrechungen") spontan makroskopische Ordnungsstrukturen erzeugen.

5. Zeitpfeil und die Evolution des Menschen

Neben den unwiderruflichen ('irreversiblen') Entwicklungen von der Geburt bis zum Tod gehören die sich wiederholenden ('reversiblen') Zyklen wie Tag und Nacht, die Jahreszeiten u.ä. zu den frühesten Erfahrungen des Menschen. Seit ihren Anfängen benutzen Menschen diese Zyklen zur zeitlichen Orientierung. Biochemie, Medizin und Evolutionsbiologie haben mittlerweile unterschiedliche Zeitrhythmen auf allen Organisationsstufen des Lebens aufgezeigt. Vernetzte Interaktionen sind Kennzeichen eines hohen Grades der Komplexität und bestehen im Organismus auf der Ebene der Organe, Zellen und im subzellulären Bereich. Die biochemischen Reaktionen, die in einem Organ wie z.B. der Leber ablaufen, bilden eine nahezu unübersehbare Zahl von Reaktionsfolgen. Sie münden in einen komplexen Stoffwechselweg oder zweigen von ihm ab, wobei diese Reaktionsfolgen wiederum untereinander vernetzt sind. Komplexe Stoffwechselprozesse mit überraschenden und früher nicht verstandenen Reaktionen lassen sich heute Dank der Theorie komplexer dynamischer Systeme und der modernene Computertechnik analysieren. Organe müssen nach Art nichtlinearer Systeme flexibel auf Umstände reagieren, die sich schnell und unerwartet verändern. So darf der Herzschlag oder Atemrhythmus nicht auf strenges periodisches Verhalten eines mechanischen Modells wie z.B. eine Penduluhr fixiert sein (Fig. 13). Der Gesamtorganismus des menschlichen Körpers selber ist ein komplexes System, in dem lokal ein ständiger Auf- und Abbau von Substanzen, also Sterben und Vergehen stattfindet. Chaos und Selbstorganisation gehören zusammen, und erst im Zustand ihrer prästabilierten Harmonie herrscht Leben und Gesundheit.

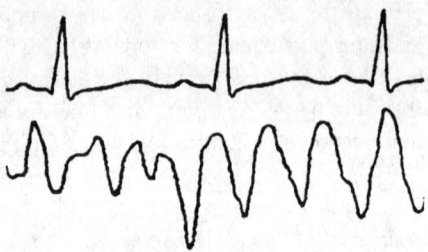

Fig. 13: *Organische Rhythmen.*
Beispiel: Regelmäßiger Herzschlag (oben)
und Herzflimmern (unten)

Viele tausend Zyklen von der molekular-biochemischen Ebene bis zu den physiologischen Prozessen der Organe halten die Lebensfunktionen des Organismus aufrecht. Jeder dieser Zyklen repräsentiert einen eigenen zeitlichen Ablauf. Die innere Zeit eines Organismus resultiert also aus den großen lebenserhaltenden Zeitrhythmen wie

Herzschlag, Hormonzyklus, Menstruationszyklus, Wach-Schlaf-Rhythmus u.a. auf seinen verschiedenen Systemstufen. Sie ist in die großen biologischen und ökologischen Rhythmen der Natur, aber mittlerweile auch der menschlichen Zivilisation miteingebunden und von ihnen abhängig.

Damit werden auch neue Krankheitsbilder sichtbar, die auf Störungen der inneren Zeit aufgrund vielfältiger Körperrhythmen zurückzuführen sind. Bekannte Beispiele sind epileptische Anfälle, Atmungsrhythmien und Herzanfälle. Psychosomatische Schwankungen gehören ebenso dazu wie Veränderungen in den komplexen Vernetzungen des Immun- oder Hormonsystems.

Unter den Rahmenbedingungen biologischer innerer Zeiten wird sicher auch ein Umdenken in der klinisch-medizinischen Behandlung neurologischer und psychischer Krankheiten erforderlich werden. Chaos ist schlechterdings kein Krankheitszustand, sondern ein komplexer Attraktor. So finden sich bei der Messung von Gehirnströmen im Elektro-Enzyphalogramm bei gesunden Menschen chaotisch gezackte Kurven, während bei Epileptikern auffallend gleichmäßige und geordnete EEG-Kurven vorliegen. Schließlich kann bei der medikamentösen Behandlung ein neues Grundverständnis des zu behandelnden Organs als komplexes dynamisches System grundlegend sein, dessen Sensibilität bei geringsten Veränderungen zu berücksichtigen ist.

Bei den physiologischen Koordinierungsabläufen im menschlichen Gehirn lassen sich verschiedene Zeitrhythmen unterscheiden. Das Phänomen des Zeitbewußtseins hängt eng mit der Dynamik von Bewußtseinszuständen des Gehirns zusammen. Im Rahmen der Theorie komplexer Systeme fern des thermischen Gleichgewichts werden Vorschläge zur Erklärung der Emergenz von Bewußtsein gemacht. Bewußtsein wird danach als globaler makroskopischer Ordnungszustand von neuronalen Verschaltungsmustern verstanden, die durch lokale mikroskopische Wechselwirkungen in komplexen Neuronennetzen des Gehirns entstehen. Das Zeitbewußtsein steht also nicht im Gegensatz zur Physik, sondern wird als Ergebnis eines komplexen neuronalen Wechselwirkungsprozesses erklärbar.

Ein bemerkenswerter Hinweis für die aktuelle Diskussion findet sich bei G. W. Leibniz. Wenn wir uns, so argumentiert er, das Gehirn wie ein mechanisches Uhrwerk so vergrößert vorstellen, daß wir es wie eine Mühle betreten können, so werden wir nur wechselwirkende Zahnräder, aber keine Gedanken und Gefühle finden. Sie sind als Funktionen des Gesamtmechanismus zu verstehen, so wie z.B. die mechanischen Einzelteile einer Uhr und ihre lokalen Wechselwirkungen insgesamt die Uhrzeit anzeigen.

Nun ist das Gehirn keine "tote" mechanische Uhr, sondern ein lebendes System fern des thermischen Gleichgewichts. Im Rahmen der Theorie komplexer Systeme läßt sich das Gehirn als eine komplexe Population von Nervenzellen auffassen, die sich in Phasenübergängen vernetzen und neue Muster durch Selbstorganisation erzeugen. Die makroskopischen Verschaltungsmuster können äußeren Wahrnehmungen, emotionalen Erregungszuständen, Gedanken und auch, wie wir sehen werden, Zeitbewußtsein entsprechen (Fig. 14). So handelt es sich bei der Wahrnehmung um keine starre und isomorphe Abbildung der Außenwelt, sondern um einen Lernvorgang, in dem schrittweise und unter ständigen Korrekturen ein Bild der Außenwelt entsteht.

Historisch hatte H. Bergson (1859-1941) die Zeit in diesem Sinn als "reine Dauer" herausgestellt, "eine reine Intuition, verstanden als Schau des Menschen in sein eigenes Inneres". Gemeint ist die intuitiv "gelebte Zeit" als kontinuierliche Dauer, die nicht zerlegbar sei. Kritisch wendet sich Bergson gegen den Zeitbegriff der (klassischen) Physik, die die Zeit geometrisch als Gerade darstellt, von Zeitpunkten spricht und Dauer als Zeitabstand mißt. Tatsächlich wird Zeit in der klassischen Mechanik, Relativitätstheorie und Quantenmechanik mathematisch als reeller Parameter benützt. Die Gesetze dieser physikalischen Theorien sind zeitsymmetrisch, so wie eine Gerade am Nullpunkt spiegelungssymmetrisch ist.

In der subjektiv erfahrenen Zeit kann die Gegenwart eine Ewigkeit dauern, zäh dahinfließen oder sich augenblicklich verflüchtigen. Die Relativitätstheorie spricht zwar von der Eigenzeit jedes Bezugssystem, die aber gleichwohl mathematisch präzisiert und objektiv meßbar ist. Letzlich erfahren wir aber nach Bergson in der Intuition der Dauer unsere eigene Person in ihrem Verlauf durch die Zeit: "Es

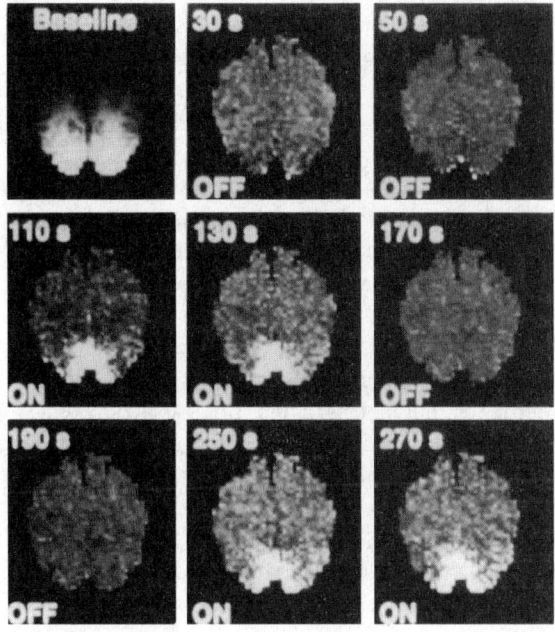

Fig. 14: *Komplexe neuronale Verschaltungsmuster des Gehirns in Echtzeit-Visualisierung* (nach Bothe/Samii/Eckmiller 1993, 365)

ist unser Ich, das dauert". An dieser Intuition der Dauer läßt sich nach Bergson abstrakt eine Vielheit von sukzessiven Bewußtseinszuständen unterscheiden, aber andererseits auch eine Einheit feststellen, die sie wieder verbindet.

Bergson ist sicher zuzustimmen, daß Zeitempfinden ebenso wie andere Empfindungen nur subjektiv erfahren werden kann. Kein anderer als sein Landsmann M. Proust hat in seinem großen Roman "Auf der Suche nach der verlorenen Zeit" die subjektiven "Eigenzeiten" individueller Lebensvollzüge und den Verlust einer globalen Zeit gemeinsamen Erlebens besser nachempfunden. Dennoch kann die Dynamik der Zeitempfindungen ebenso Gegenstand wissenschaftlicher Beobachtung und Analyse sein wie die Dynamik anderer Empfindungen, auch wenn wir uns nicht in den anderen identisch hineinversetzen können und wollen. Ziel ist vielmehr, wie bereits betont, die physiologischen und psychologischen Bedingungen dieser Zustände besser zu verstehen, um daraus gegebenenfalls Konsequenzen für medizinische, psychiatrische und psychologische Diagnosen und Therapien zu ziehen.

So stellt E. Pöppel Wahrnehmungs- und Bewußtseinsprozesse in informationsverarbeitenden Systemen dar, deren Funktionen zeitlich synchronisiert sind. Durch zeitliche Integration ist es möglich, Ereignisse bis zu einer bestimmten zeitlichen Grenze als Wahrnehmungs- und Empfindungsgestalten zusammenzufassen. Die zeitliche Integrationskraft ist auf drei Sekunden begrenzt, so daß die subjektive Gegenwart bzw. Jetzt-Empfindung maximal diesem Zeitintervall entspricht. Zeitfehler durch Über- und Unterschätzung eines "Augenblicks", die etwa zwischen zwei und drei Sekunden schwanken, werden als zeitliche Begrenztheit der integrativen Leistung des Gehirns interpretiert.

Jedenfalls wird nach diesem Ansatz "bewußt" als ein Zustand definiert, bei dem für jeweils wenige Sekunden aufgrund einer neuronal bedingten Integration mentale Funktionen repräsentiert werden bzw. im Fokus der Aufmerksamkeit stehen. Nach dieser Analyse ist also die Empfindung eines kontinuierlichen Zeitstroms eine Illusion, die sich aus der Verknüpfung aufeinanderfolgender Bewußtseinszustände in ca. Drei-Sekunden-Einheiten ergibt. Bewußtsein, ob als Selbst- oder Zeitbewußtsein, ist demnach keine elementare Kontrolleinheit, keine ontologische Substanz, kein geheimnisvoller und nicht weiter analysierbarer Erlebnisstrom. Mit Bewußtsein wird ein makroskopischer Zustand bezeichnet, den neuronale Netze unter bestimmten Nebenbedingungen in dissipativer Selbstorganistion erzeugen.

6. Zeitpfeil und die Evolution von Technik und Kultur

Historische Kulturen entwickelten ebenso wie Individuen unterschiedliche innere Zeiten ihrer Entwicklung. Daher wurden von Geschichtsphilosophen unterschiedliche Zeitmodelle diskutiert, um Geburt und Untergang historischer Kulturen zu erklären. Die Theorie

komplexer Systeme erlaubt auch die Modellierung der Entwicklungs-
dynamik sozialer und ökonomischer Systeme. Damit werden wenigstens Aspekte von irreversiblen Zeitentwicklungen menschlicher Gesellschaften mit analogen Methoden analysierbar wie physikalische
und biologische Prozesse. Das bedeutet jedoch keinen naturalisti-
schen Reduktionismus. Die Zeit in historischen und technisch-indu-
striellen Kulturen erweist sich als neue Emergenzstufe der biologischen und soziokulturellen Evolution (Fig. 15).

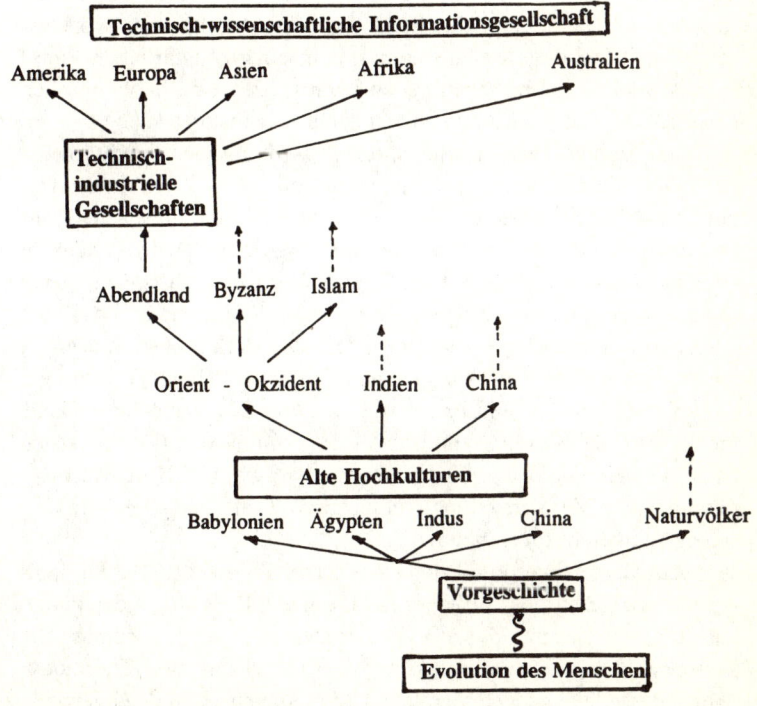

Fig. 15: *Zeitpfeil und die komplexe Dynamik menschlicher Kulturen*

Wie kann die zeitliche Entstehung von politischen, sozialen und ökonomischen Ordnungen menschlicher Gesellschaft erklärt werden? Historisch wurden dazu Zeitvorstellungen aus der Natur oder Technik übernommen. So werden die liberalen Staats- und Wirtschaftsideen eines Locke, Hume und Smith auf dem Hintergrund von Zeitvorstellungen der Newtonschen Physik entworfen. Im Unterschied zur Cartesischen Stoß- und Zahnradmechanik, die bei den Physiokraten Pate stand, sieht Newton in seiner Gravitationstheorie Fernkräfte vor, nach denen sich frei schwebende Himmelskörper bei ihren Wechselwirkungen in einem Gleichgewichtszustand einrichten. Ebenso wie die unsichtbare Gravitation in der Physik sollte nach Adam Smith eine "unsichtbare Hand" (invisible hand) das Marktgleichgewicht von Angebot und Nachfrage organisieren, das in einem "natürlichen Preis" zum Ausdruck kommt. Smith setzt voraus, daß seine ökonomischen Agenten von Natur aus ihren Nutzen zu maximisieren suchen.

Der zeitliche Entwicklungsprozeß wird in einer freien Marktwirtschaft nicht von einer zentralen Kontrollinstanz determiniert. Dabei ist Smith's 'unsichtbare Hand' ebensowenig eine mystische Kraft wie die unsichtbare Gravitation Newtons, die das Planetensystem im Gleichgewicht hält. In der Theorie komplexer dynamischer Systeme repräsentieren die natürlichen Preise von Smith einen absoluten Gleichgewichtszustand ('Attraktor'), dem das Marktsystem in der Zeit durch lokale Wechselwirkungen seiner Agenten ('Handel') nach dem Gesetz von Angebot und Nachfrage zustrebt. Die 'unsichtbare Hand' meint also Selbstorganisation in einem komplexen ökonomischen System. Wie in der Newtonschen Physik wird bei Smith eine absolute ökonomische Zeitvorstellung vorausgesetzt, auf die alle ökonomischen Agenten bezogen bleiben.

Auf dem Hintergrund der klassischen Physik des 19. Jahrhunderts propagierte die Lausanner Schule wie z.B. Walras oder Pareto das Studium linearer dynamischer Systeme in der Ökonomie. Die Zeitvorstellungen waren der klassischen Mechanik und Thermodynamik des Gleichgewichts entlehnt. Man sprach von Gleichgewicht, Stabilität, Elastizität, Expansion, Zeitfluß, Druck, Widerstand, Reibung etc. Das individuelle menschliche Verhalten wird als rational und zeitlich voraussagbar ('homo oeconomicus') unterstellt.

Das zeitliche Gesamtverhalten der Gesellschaft schließt bei linearen Modellen Nichtlinearitäten, Chaos und synergetische Effekte aus. Fixiert auf lineare Gleichgewichtsmodelle werden sie von den ökonomischen Klassikern sogar verdrängt. So wie Laplace am Himmel unterstellen sie eine ökonomische Wirklichkeit mit einer langfristig berechenbaren Zeitentwicklung.

Als offenes System, das in ständigem Stoff- und Energieaustausch mit anderen Märkten und der Natur steht, kann Marktwirtschaft kein Gleichgewichtssystem sein. Analog wie biologische Ökosysteme wird sie in ständiger Veränderung begriffen sein und empfindlich auf geringste Veränderungen der Randbedingungen reagieren. Kurzfristige Schwankungen von Konsumentenpräferenzen, unflexibles Reagieren im Produktionsverhalten, aber auch Spekulationen auf Rohstoff- und Grundstücksmärkten liefern Beispiele für sensible Reaktionen im Wirtschaftssystem. Daß Fluktuationen im kleinen sich einerseits zu Wachstumsschüben im großen selber organisieren können (z.B. technische Innovationen wie Webstuhl und Dampfmaschine in der industriellen Revolution), andererseits aber zu chaotischem unkontrollierbaren Verhalten aufschaukeln können (z.B. Börsenkrach), ist eine historische Erfahrung der Jahrhunderte nach Adam Smith.

Tatsächlich sind also Grenzzyklen und Chaos keine Ausnahme, sondern Teile der ökonomischen Wirklichkeit. Zeitentwicklungen in komplexen dynamischen Systemen werden durch Trajektorien in Zustandsräumen dargestellt, die Attraktoren zustreben. Aus der Sicht dieser Theorie wird das zeitliche Verhalten menschlicher Gesellschaften durch die Evolution von (makroskopischen) Ordnungsparametern erklärt (z.B. ökonomische oder soziale Ordnungszustände), die durch nichtlineare Wechselwirkungen von Menschen oder Untergruppen (z.B. Firmen, Institutionen, Staaten) auf der Mikroebene verursacht werden.

Methodisch werden diese Entwicklungen in ökonomischen Zeitreihenanalysen deutlich. Zur Untersuchung chaotischer Konjunkturschwankungen, wie sie z.B. während der großen Wirtschaftsdepression Ende der 20er Jahre auftraten, wurden ursprünglich lineare Modelle benutzt. Um die irregulären Auslenkungen zu verstehen, wurden ad hoc exogene Schocks angenommen, ohne sie allerdings ökonomisch erklären zu können. Das Modell erinnert an eine lineare Saite, deren irreguläre Schwingungen durch Eingriffe von außen erklärt werden. Daß Konjunkturzyklen aber auch endogene bzw. innere Eigenschaften eines ökonomischen Systems sein können, blieb damit unverstanden.

Demgegenüber lassen nichtlineare Systeme, in denen die zeitliche Entwicklungen verschiedener wirtschaftlicher Größen nichtlinear untereinander gekoppelt sind, solche endogenen chaotisch-irregulären Zeitentwicklungen zu, deren Verlauf ebensowenig langfristig vorausberechenbar ist wie eine Planetenbahn beim Poincaréschen Dreikörperproblem.

Auch auf betrieblicher Ebene erlaubt eine Zeitreihenanalyse erstaunliche Einblicke in die Veränderungen der technisch-industrialisierten Lebenswelt. Ein deterministisch-algorithmisches Zeitkonzept nach dem Prinzip der Stechuhr, wie es in der Taylorschen Arbeitslehre entwickelt wurde, taugte ausschließlich für die Situation des angelernten Fließbandarbeiters, der bei der Entwicklung standardisierter Produkte (z.B. Autoindustrie à la Henry Ford) genormte Einzelhandlungen im vorgeschriebenen Zeittakt durchzuführen hatte. In den heute vorliegenden betrieblichen Situationen komplexer wissensbasierter Systeme wird dagegen Urteilsvermögen jedes einzelnen Mitarbeiters in bestimmten Rahmen vorausgesetzt. Selbständige Zeiteinteilung der Arbeit und Koordinierung vor Ort wird daher zu neuen, situationsangepaßten Ordnungsstrukturen führen, die sich vom Kommandosystem traditioneller Bürokratie unterscheiden.

Städte, Institutionen, Betriebe und Verwaltungen können ihre eigenen Zeitrhythmen entwickeln, die an biologische Organismen erinnern. Eine Stadt wie Brasilia ist das seltene Beispiel für eine cartesisch geplante Stadt, die in einem gemeinsamen Stil wie ein technisches System konstruiert wurde. Demgegenüber leben in einer Stadt wie Rom verschiedene Zeit- und Stilepochen mit unterschiedlichen Entwicklungsrhythmen nebeneinander. Nach physikalischen und biologischen Zeitmaßen in den Naturwissenschaften, nach psychischem Zeitbewußtsein von Individuen und sozialen Zielvorstellungen von Gruppen können auch die 'Eigenzeiten' von Städten und Staaten, politischen und wirtschaftlichen Systemen und Institutionen unterschieden werden.

Gemeint ist, daß es heute im Bereich der Politik und Wirtschaft keinen universalen Zeitmaßstab mehr gibt, sondern viele politische Teilsysteme wie z.b. Parlamente, Verwaltungen und Regierungen eigene Zeitperioden ausbilden, die sich mit individuellen Zeitvorstellungen von z.b. handelnden Politikern, aber auch mit Zeitrhythmen der Umwelt (z.b. Kreislauf der Natur), Konjunkturzyklen der Wirtschaft etc. überlagern. Im Detail haben z.b. plebiszitäre und repräsentative, parlamentarische und präsidiale Systeme der Demokratie eigene Zeitstrukturen entwickelt. Empirisch-vergleichende Studien zwischen historisch gewachsenen Regierungssystemen wie Frankreich, England, USA, Schweiz u.a. weisen entsprechende Differenzen auf. Praktische Konsequenzen z.b. beim europäischen Einigungsprozeß liegen auf der Hand.

Politik selber meint in der Demokratie Herrschaft auf Zeit, die sich in Legislaturperioden und Amtszeiten, in Wahlkampfzeiten, in Zeiten der Regierungsbildung, Tagesordnungen etc. strukturiert. Auch in antiken Kulturen und vorindustriellen Gesellschaften wurde Zeitbestimmung zur politischen Autoritätsbegründung benutzt, die allerdings von universalen Zeitvorstellungen (z.b. astronomische Zeit in Ägypten und Babylonien, Schöpfungsplan im Mittelalter) ausgeht. Kalenderreformen dienten historisch der Herrschaftsformierung, wie die Beispiele römischer Caesaren und Päpste, französischer und russischer Revolutionäre zeigen.

Die Parallele politischer Zeitanalyse mit Begriffen der Physik ist auffallend. Vom 17. bis 19. Jahrhundert ging die Klassische Physik Newtons noch von einer absoluten Zeit des Universums aus, auf die alle Uhren im Prinzip mit absoluter Gleichzeitigkeit eingestellt werden könnten. Nach Newtonscher Deutung war die absolute Zeit ebenso die Zeit Gottes, mit der er die Herrschaft in seiner Schöpfung manifestierte. Nach Einstein gibt es jedoch nur die relativen Eigenzeiten der physikalischen Bezugssysteme, für die wegen der Endlichkeit jeder Signalübertragung keine absolute Gleichzeitigkeit bestimmt werden kann. Die Annahme einer universalen Zeit erweist sich als Illusion.

Die Rede von der 'Eigenzeit' politischer Systeme und Institutionen ist zunächst nur eine Analogie zwischen der Terminologie der Politikwissenschaft und Soziologie mit der Relativitätstheorie. Die physikalischen Eigenzeiten im Sinne der Relativitätstheorie werden bei der "Langsamkeit" der betrachteten politischen Systeme auf unserer Erde kaum zu Buch schlagen. Gemeint ist die jeweilige innere Systemzeit, die sich in den je unterschiedlichen irreversiblen Phasenübergängen der Systemevolution zeigt. Die Zeitrhythmen in lebenden Systemen sind dafür nur Beispiele. Jedenfalls wird dadurch deutlich, daß die Rede von den Eigenzeiten bzw. inneren Zeiten politischer und sozialer Systeme und die Kritik universaler Zeitmaßstäbe kein postmoderner Relativismus ist, sondern durch verschiedene Einzelwissenschaften nahegelegt wird.

Die soziokulturelle Evolution führte zur technisch-wissenschaftlichen Welt der Gegenwart. Welcher gemeinsame Zeithorizont gehört zu dieser entstehenden wissenschaftlich-gestützten Weltzivilisation? Er wird heute möglich durch ein erdumspannendes Informationsnetz, in dem der einzelne Mensch mit seinem Bewußtsein Teil eines globalen Kommunikationsmediums ist (Fig. 16). Geht das Bewußtsein des Einzelnen, wie H. Marshall McLuhan Ende der 70er Jahre prophezeite, in einer Art Weltgehirn mit gemeinsamem Zeitbewußtsein auf? Aus der Verbindung von Rechner- und Telekommunkationstechnologie zeichnet sich mittlerweile eine elektronische Infrastruktur ab, die weitreichende Folgen für Wirtschaft und Gesellschaft nach sich zieht. Der heute viel diskutierte Übergang von der Industriegesellschaft, die vorwiegend auf materielle Ressourcen baute, zur Informationsgesellschaft, in der ein immaterieller Wert wie die Information zum knappen Gut von Anbieter und Verbraucher wird, ist eine Folge dieser technologischen Innovation. Auffallend ist, daß die Entwicklung keineswegs zentral gesteuert abläuft. Vielmehr bilden sich Ordnungsstrukturen quasi durch Selbstorganisation in einem scheinbaren Chaos von Informationsträgern aus.

Offensichtlich besitzen Computer- und Informationsnetze Eigenschaften sozialer und biologischer Organisationen. Es sind offene komplexe Systeme, deren nichtlineare Wechselwirkungen unterschiedliche Gleichgewichtssituationen ansteuern. Sie reichen von

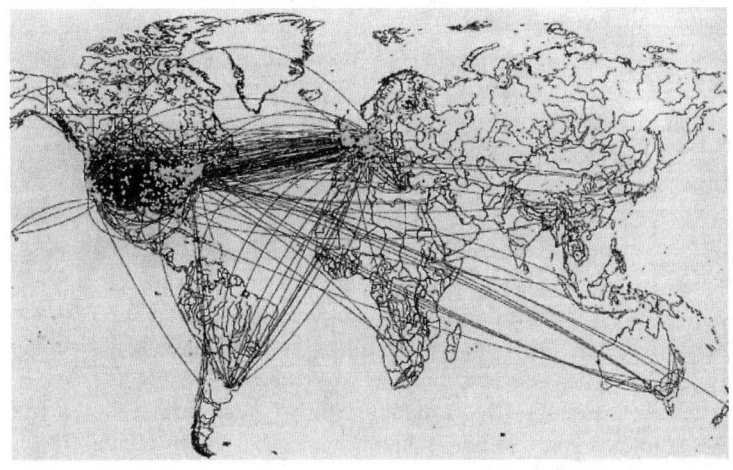

Fig. 16: *Zeithorizont der technisch-wissenschaftlichen Welt*
durch globale Informationsnetze

homogenen Endzuständen über oszillierende Schwankungen und
fraktale Wechselwirkungen bis zum Informationschaos. Der Wettbewerb von Informationseinheiten scheint durch sich selbst organisie-
rende Marktmechanismen bestimmt, die an ökonomische Systeme
erinnern. Während die biologische Evolution vergleichsweise langsam aufgrund von biochemischen Zufallsmutationen abläuft, können
Veränderungen von technik- und wissengestützten Kulturen des Menschen rasch durch unverhoffte Ideen und Innovationen eingeleitet
werden.

Kulturen und ihre Institutionen haben offenbar ihre eigenen
inneren Systemzeiten, die von der Lebenszeit und dem Zeitbewußtsein einzelner Menschen unabhängig sind. Nachdem die biologische
Evolution in den letzten zehntausend Jahren auf die Veränderung des
menschlichen Genpools nahzu folgenlos geblieben ist, veränderte

Kultur und Technik die menschliche Denk-, Handlungs- und Gefühlswelt in umfassender Weise. Schon spricht man davon, daß die herkömmliche biologische Evolution mit dem Menschen an ihre Grenzen gestoßen sei und sich ein "postbiologisches" Zeitalter technischer Kulturen abzeichne, die sich ihre Zeiten und ihren Zeitdruck technisch selber schaffen.

Zeit wäre dann eine technische Konstruktion. Andererseits verweisen unsere Zeittheorien über das menschliche Bewußtsein und seine technischen Kulturen hinaus. Sie entwerfen nämlich eine kosmische, physikalische und biologische Evolution mit je charakteristischen inneren Zeitentwicklungen, mit denen das Auftreten unseres Zeitbewußtseins, die Zeit unserer Kulturen und unserer Technik erst möglich wurde. Der Zeitpfeil war also schon vor der Zeit, als sich die ersten Menschen seiner in ihrer Lebenszeit bewußt wurden.

Das war ein Überblick darüber, was wir heute vom Zeitpfeil wissen können - von den unterschiedlichen Systemen aus Natur-, Technik-, Sozial- und Geisteswissenschaften mit ihrer je unterschiedlichen Dynamik und den damit verbundenen Zeitbegriffen (Tabelle 1). Nach einer berühmten Unterscheidung Kants hat es aber die Philosophie nicht nur mit der erkenntnistheoretischen Frage *'Was kann ich wissen?'* zu tun, sondern auch mit den beiden Fragen *'Was soll ich tun?'* und *'Was darf ich hoffen?'*.

Zur ethischen Frage *'Was sollen wir tun?'* läßt sich unter den Bedingungen des Zeitpfeils sicher soviel sagen: Angesichts komplexer, nichtlinearer, ja chaotischer Selbstorganisationsprozesse in Natur und Gesellschaft wäre die Vorstellung omnipotenter Plan- und Berechenbarkeit unseres Handelns naiv, ein Relikt linearen Denkens des Laplaceschen Geistes im 19. Jh. Angesichts labiler und komplexer Gleichgewichtsverhältnisse in Natur und Gesellschaft wäre zudem Überreagieren gefährlich und könnte uns von einem labilen in den nächsten vielleicht chaotischen und unkontrollierbaren Zustand stoßen. Aber nichts zu tun ist auch keine Alternative. Schon Heraklit wußte, daß es keinen Stillstand gibt. Wer glaubt verharren zu können, wurde und wird von der komplexen Eigendynamik in Natur und Gesellschaft überrollt. Die Theorie nichtlinearer komplexer System rät uns also zu einem sensiblen Agieren und Reagieren in labilen und

Disziplin	System	Elemente	Dynamik	Zeit
Klassische Mechanik	Massensystem	Massen	Mechanikgesetze	Absolute Zeit
Spez. Relativ. Theorie	Licht	Photonen	Relativ. Mechanikgesetze	Eigenzeit
Allgem. Relativ. Theorie	Massensystem	Massen	Relativ. Gravitationsgleichung	Zeitdehnung
Quantenmechanik	Quantensysteme	Atome, Elektronen etc.	Schrödingergleichung	Unitäre Zeit
Statistische Mechanik	Konservative Systeme (z.B. Ferromagnet)	Dipole	Konservativer Phasenübergang	Konservative Systemzeit
	Dissipative Systeme (z.B. Bénard-Konvektion)	Moleküle	Dissipativer Phasenübergang	Dissipative Systemzeit
Chemie	Chem. Reaktionen	Moleküle	Reaktionsmechanismus	Reaktionszeiten
Biologie	Organismen	Zellen	Metabolismus, Mutation, Selektion	Biologische Rhythmen
Ökologie	Populationen	Organismen	Symbiose, Konkurrenz	Ökologische Reaktionszeiten
Medizin	Organismus	Organe, Zellen etc.	Stoffwechsel, Funktionsabläufe	Medizinische Reaktionszeiten
Neurologie	Gehirn	Neuronen	Synaptische Verschaltung	Gehirnrhythmen
Psychologie	Bewußtsein	Mentale Erlebnisse	Zeitliche Integration	Zeiterlebnis
Soziologie	Gesellschaftssysteme	Mensch, Institutionen etc.	Gesellschaftliche Interaktions- und Kommunikationsformen	Soziale Zeiten
Ökonomie	Märkte	Produzenten, Konsumenten etc.	Marktmechanismen (Angebot u. Nachfrage)	Ökonomische Zeiten
Technologie	Technologische Netze (z.B. Informations-Computerverbund)	Technische Geräte, Ingenieure, Benutzer etc.	Technische Interaktions- und Kommunikationsformen	Technische Zeiten

Tabelle 1: Fachübergreifende Übersicht zum Zeitpfeil komplexer Systeme

empfindlichen Gleichgewichtszuständen, zu Sensibilität und Mut, um den Zeitpfeil auf wünschenswerte Ziele in Natur und Gesellschaft zu lenken.

Die religionsphilosophische Frage Kants *'Was dürfen wir hoffen?'* angesichts des Zeitpfeils lenkt uns buchstäblich zurück auf das erste Bild von Quarles 'Tempus erit': Vater Zeit hält eine Sanduhr und sagt dem Tod, wann er das Lebenslicht eines Menschen auslöschen soll. Der Tod hält in der Hand einen Pfeil. Was helfen uns angesichts dieser alten Erfahrung der Menschen die neuerlichen Unsterblichkeitsträume eines Physikers? Was helfen uns dann die Hinweise auf mögliche Endsingularitäten, Schwarze Löcher, den endgültigen Kollaps des Universums oder Pascals großes Schweigen der unendlichen Räume eines in die Leere expandierenden Universums? Bei der letzten Frage Kants 'Was dürfen wird hoffen? ' wird eine andere Hoffnung fundamental, an der sich unsere Vorfahren bereits in einer langen Kultur- und Religionsgeschichte orientiert haben - wenigstens die Hoffnung auf ein menschenwürdiges Leben und einen menschenwürdigen Tod. Diese Menschenwürde, so denke ich, gibt unserem Zeitpfeil einen Sinn, den wir in einer fortfahrenden Evolution wachsender Komplexität zu verteidigen haben.

Literatur

Audretsch, J.; K. Mainzer (Hrsg.), Vom Anfang der Welt. Wissenschaft, Philosophie, Religion, Mythos, München [2]1990

Audretsch, J.; K. Mainzer (Hrsg.), Philosophie und Physik der Raum-Zeit, Mannheim/Wien/Zürich [2]1994

Ayala, F., The Mechanism of Evolution, in: Scientific American 239, Sept. 1978, 48

Bothe, H.W.; M. Samii; R. Eckmiller (Hrsg.), Neurobionics. An Interdisciplinary Approach to Substitute Impaired Functions of the Human Nervous System, Amsterdam 1993

Haken, H., Synergetik. Nichtgleichgewichts-Phasenübergänge und Selbstorganisation in Physik, Chemie und Biologie, Berlin/Heidelberg/New York/Tokyo [2]1983

Kramer, F., Der Zeitbaum. Grundlegung einer allgemeinen Zeittheorie, Frankfurt/Leipzig 1993

Mainzer, K., Thinking in Complexity. The Complex Dynamics of Matter, Mind and Mankind, Berlin/Heidelberg/New York/Tokyo [2]1995

Mainzer, K., Zeit. Von der Urzeit zur Computerzeit, München 1995

Mainzer, K.; W. Schirmacher (Hrsg.), Quanten, Chaos und Dämonen. Erkenntnistheoretische Aspekte der modernen Physik, Mannheim/Leipzig/Wien/Zürich 1994

Penrose, R., The Emperor's New Mind, Oxford/New York/Melbourne 1989

Prigogine, I., From Being to Becoming. Time and Complexity in Physical Sciences, San Francisco 1978

Weis, K. (Hrsg.), Was ist Zeit? Zeit und Verantwortung in Wissenschaft, Technik und Religion, München [3]1995

EVA RUHNAU

Zeit als Maß von Gegenwart

Von den acht Zeitbildern der Physik über eine kurze philosophische Geschichte des Jetzt zur Logistik und Zeitwahrnehmung des Gehirns. - Oder: Wie ist Gegenwart?

> *"Die Zeit ist ein Strom, der dich mitreißt, aber du bist der Strom; sie ist ein Tiger, der dich zerfleischt, aber du bist der Tiger; sie ist ein Feuer, das dich verzehrt, aber du bist das Feuer." (Jorge Louis Borges)*

1. Einleitung

Die Zeit - ein Strom. Folgen wir diesem Strom - stromaufwärts. Eine Expedition zur Quelle der Zeit. Die Zeit erscheint dabei als Spiel dreier Formen:

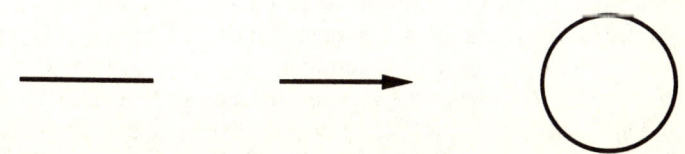

Ein japanisches Sprichwort lautet: "Die Wahrheit hat viele Masken, aber nur ein Gesicht." Vielleicht zeigt uns auch die "Zeit" viele Masken, viele Verzweigungen des Stroms. Können wir durch diese Masken hindurch, im Wechsel dieser Masken ein Gesicht, die Quelle entdecken?

Zu Beginn einige erkenntnistheoretische Vorbemerkungen: Erleben wir zur Zeit - wie vielfach beschworen - tatsächlich einen *Paradigmenwechsel* unserer wissenschaftlichen Welterkenntnis? Läßt sich solch ein Wechsel als Übergang von einer mechanistischen Naturauffassung hin zum Chaos rückgekoppelter dynamischer Systeme beschreiben? Die Notwendigkeit eines Paradigmenwechsels scheint unbestreitbar: "Eine Naturwissenschaft, die die Natur zerstört, kann nicht wahr sein" (Georg Picht).

Die Newtonsche Zeit, unberührt von den in ihr enthaltenen Ereignissen und Formen, soll abgelöst werden von den Eigenzeiten dynamischer Systeme und Organismen. Doch ist dies tatsächlich der angemessene Paradigmenwechsel? Im folgenden möchte ich anhand des Zeitbegriffs explizieren, daß der einfache Wechsel eines Weltbildes uns heute kein neues Paradigma eröffnet. Ein Schritt in Richtung eines tatsächlich neuen Paradigmas wäre die Anerkennung und formale Beschreibung der *Komplementarität* von Weltbildern. In anderen Worten, die Ausblendung von Wirklichkeit, die die Einordnung unserer Naturerkenntnis in *ein* Weltbild zwingend mit sich bringt, sollte abgelöst werden durch das Erscheinen von Ganzheit durch Komplementarität. Ich zitiere nochmals Picht: "Wahrheit ist die Erscheinung der Einheit der Zeit".

Wie erscheint uns nun die Zeit? Ist sie absolut vorgegeben, ist sie an einen Beobachter und dessen Analyse gebunden, wird sie erzeugt? Einerseits glauben die meisten von uns, daß Zeit stetig und unabhängig von allen Ereignissen vergeht. Diese Auffassung ist auch Basis der Newtonschen Zeitauffassung und damit Grundlage der gesamten klassischen Physik. Andererseits ist unsere Erfahrung, daß unser inneres Zeiterleben keineswegs immer mit dem Zeitverlauf einer Uhr korreliert ist. Zwischen physikalischer und psychologischer Zeit gibt es in Bezug auf Zeitdauer und Zeitordnung keine einfache und eindeutige Abbildung. Physikalische Zeitdauer kann über- oder unterschätzt werden, und die physikalisch gegebene Zeitrichtung von Ereignissen muß sich in der Wahrnehmung keinesfalls wiederfinden. Die Zeit der Physik wird als kontinuierlicher Parameterwert behandelt; die Natur der zeitlichen Organisation menschlicher Wahrnehmung dagegen weist wesentlich diskontinuierliche Züge auf.

Nun zeigt sich die Zeit in der Physik zwar nicht als eine einheitliche Struktur, sondern hat seit Beginn dieses Jahrhunderts mehrere Modifikationen durchlaufen. Die hier zu gebende Darstellung der physikalischen Zeit spannt den Bogen von klassischer Mechanik zur Quantengravitation und mag einen Hinweis darauf geben, daß auch gegenwärtige Grundlagenprobleme der modernen Physik vielleicht von einem inadäquaten Zeitverständnis herrühren, insbesondere von einer Überbetonung des *Kontinuums*.

Es gibt traditioneller Weise zwei Wege, sich dem Rätsel der Zeit anzunähern: die Zeit als Eigenschaft oder gar als Schöpfung des menschlichen Geistes anzusehen - oder sie als einen äußeren Ordnungsrahmen für Ereignisse und Objekte zu betrachten, d.h. sie in *mentale* und *physikalische* Zeit zu trennen. Diese Haltung ist ein Erbe Descartes': Alles, was existiert, ist entweder *res cogitans* oder *res extensa*, erkennend oder ausgedehnt. Die Frage, die sich damit jedoch sofort stellt, ist, wie das Mentale und das Materielle miteinander wechselwirken, oder ob ein Bereich den anderen dominiert. Die erste Haltung ist eine *dualistische*, die zweite eine *monistische*. Viele Hirnforscher bezeichnen sich heute als materialistische Monisten, d.h. sie vertreten die Ansicht, daß die materiellen Hirnzustände die mentalen Zustände nicht nur bestimmen, sondern bereits damit identisch sind. Weder eine dualistische noch eine monistische Sicht ist jedoch hinreichend für ein adäquates Verständnis der Zeit. Behauptet sei hier stattdessen, daß - um sich einem solchen Verständnis anzunähern - die Art unserer Begriffsbildung und Begriffssetzung in sehr fundamentaler Weise überdacht werden muß.

Dazu zunächst eine Bemerkung zu unserem wissenschaftlichen Vorgehen. Was tun wir, wenn wir Wissenschaft machen? Wir *teilen* die Welt in Beobachter und Beobachtetes, in Subjekt und Objekt des Wissens, und sammeln Daten über die Objekte. Denkt man über dieses Vorgehen jedoch genauer nach, so erkennt man, daß wir keineswegs reine Daten/Rohdaten der Objekte erhalten, sondern daß all diese Daten bereits theoriebestimmt sind. Der Beobachter setzt eine Theorie, ein Weltbild - und dieses Weltbild definiert, *was* beobachtet wird. Die Entscheidung, *wie* die Welt in Beobachter und Beobachtetes getrennt wird, diese Teilung der Welt in Subjekt und Objekt ist Basis der wissenschaftlichen Methode. Diese Trennung ist ein *Akt*, der normalerweise vergessen wird. Man könnte die klassischen Wissenschaften geradezu als die Menge all jener Theorien kennzeichnen, in denen gerade das Vergessen dieses Aktes wesentlich für den Erfolg der Theorien ist. Verbunden mit diesem Akt der Subjekt-Objekt-Trennung ist - wie eben gesagt - die Setzung eines Weltbildes oder eines Diskursuniversums; eine Sprache wird definiert. Innerhalb dieser Sprache ist der Akt der Sprachsetzung nicht mehr einholbar; jedoch ist die Beschreibung von Objekten mit Hilfe dieser Sprache, dieser Theorie normalerweise unproblematisch. Dies ist gerade der Bereich der klassischen Wissenschaften.

Nun korrigiert uns z. B. im Bereich der Physik die Quantentheorie dieses einfache Bild. Der Akt der Trennung in Beobachter und Beobachtetes ist nicht zu verdrängen, er wird wesentlich und beeinflußt die Beobachtungsergebnisse. Damit wird aber auch die Beschreibung abgegrenzter Objekte im Rahmen dieser Theorie zum Problem. Dies ist ein Ausdruck des berühmten Meßproblems der Quantentheorie. Und fragt man weiter, ob man die Theorie auf den Beobachter selbst anwenden kann, fragt man damit gewissermaßen, ob der, der den Maßstab setzt, mit diesem Maßstab selbst gemessen werden kann, so führt dies in den Bereich der Selbstbezüglichkeit, der Selbstreferentialität.

Was bedeutet das nun für die Zeit, für die Bildung einer adäquaten Begrifflichkeit der Zeit? Das übliche paradigmatische Basiskonzept ist der Begriff des Zustandes. Die Zeit ist ein Parameter, der die Entwicklung von Zuständen kennzeichnet. Dies steht, so sei hier behauptet, im Zusammenhang mit einem philosophischen Vorurteil, das die Begriffsbildung seit Beginn der westlichen Philosophie beherrscht. Es ist die Vorherrschaft des unzerstörbaren ewigen Seins über die Einheit der Gegensätze und den permanenten dialektischen Prozeß des Wandels, die Entscheidung für Parmenides und gegen

Heraklit. Dieses herrschende Paradigma bringt mit sich eine Unterordnung des Begriffs der Zeit unter *objektive Seinskategorien*. Und dies mag der wesentlich dynamischen Natur der Zeit unangemessen sein.

Wenn wir über die Zeit nachdenken, so denken wir *über* die Zeit *in* der Zeit. Wir scheinen keine geeigneten Beobachter zu sein, die Zeit von außen zu betrachten. Die reflexive Natur des (Selbst-) Bewußtseins ist jedoch mit einem ständigen Wechsel zwischen Subjekt und Objekt des Bewußtseins verbunden. In dem Bereich des Mentalen liegt daher vielleicht die Chance, eine Dynamik zu entdecken und zu erforschen, deren Repräsentation durch eine pure Abfolge von Zuständen ungenügend ist. Doch wenden wir uns zunächst der Physik zu. Im folgenden werden die Konzepte von Zeit in acht physikalischen Theorien dargestellt. Wie erscheint die Zeit in den entsprechenden Kontexten?

2. Zeit in der Physik

Die moderne Naturwissenschaft beginnt mit einem Konflikt. Physikalische Theorien beschreiben Beziehungen zwischen Ereignissen. Wie aber verhalten sich Ereignisse und Raum und Zeit zueinander? Ist die Raum-Zeit ein Container, der alle Ereignisse umfaßt (Newton), oder entsteht die Raum-Zeit als Folge der Wechselwirkungen von Ereignissen (Leibniz)? Die klassische Mechanik geht von der Newtonschen Sichtweise aus, deshalb zu Beginn die

2.1. Newton-Galilei Raum-Zeit:

Die Newtonsche Raum-Zeit ist gekennzeichnet durch einen absoluten Raum, eine absolute Zeit und Gravitation als universaler, zeitunabhängiger Kraft. Zeit ist als *Absolutum* definiert. Jedes Ereignis ist eindeutig bestimmt durch seine Position im absoluten Raum und sein Erscheinen in der absoluten Zeit. Es ist jedoch innerhalb der Newtonschen Theorie nicht möglich, zwei Beobachter zu unterscheiden, die sich in geradlinig gleichförmiger Bewegung in Bezug zueinander befinden. Solche geradlinig gleichförmig bewegten Bezugssyteme heißen Inertialsysteme. Der absolute Raum hat keine physikalische Bedeutung, er muß durch *Inertialsysteme* ersetzt werden. Die räumliche Position eines Ereignisses ist damit vom Bezugssystem abhängig, die Zeit behält jedoch ihre absolute Bedeutung.

> *Universum des Diskurses I*
> Es gibt eine absolute Zeit, die die Kohärenz von
> Ereignissen definiert.

Die nächste, geschlossene physikalische Theorie, die Elektrodynamik, sagt Unabhängigkeit der Lichtgeschwindigkeit von der Bewegung der Lichtquelle voraus. Das aber hat zur Folge, daß die übliche Addition von Geschwindigkeiten (also Geschwindigkeit des Trägers plus Geschwindigkeit des emittierten Lichtes) nicht auf die Lichtgeschwindigkeit anzuwenden ist. Entweder zeichnet die Elektrodynamik ein Bezugssystem (Äther) aus - diese Ätherhypothese wird jedoch durch Experimente nicht verifiziert - oder man folgt dem Relativitätspostulat, welches besagt, daß die Naturgesetze für alle Beobachter, unabhängig von ihrer Geschwindigkeit, gleich sind. Dies hat drastische Konsequenzen, insbesondere in Bezug auf die Zeit, und führt an die

2.2. Spezielle Relativitätstheorie:

Die Spezielle Relativitätstheorie beruht auf einem *neuen Absolutum*, der Lichtgeschwindigkeit. Die Lichtgeschwindigkeit ist Grenz- oder Maximalgeschwindigkeit für alle Wirkungsausbreitungen. Dies impliziert die Gültigkeit eines lokalen Kausalitätsprinzips, d.h. zu jedem Raum-Zeit-Punkt p gehört ein Licht- oder Kausalitätskegel, der Ereignisse in drei Klassen teilt: vergangene Ereignisse, d.h. Ereignisse, die p prinzipiell beeinflussen konnten, zukünftige Ereignisse, d.h. Ereignisse, die von p beeinflußt werden können, und Ereignisse, die in keiner kausalen Beziehung zu p stehen. Die Zeit verliert ihre absolute Bedeutung, stattdessen sind nun Gleichzeitigkeit von Ereignissen und Zeitmaß von der Relativgeschwindigkeit des Beobachters abhängig. Jedes Inertialsystem mißt seine *Eigenzeit*. Die Uhren von Beobachtern gehen mit zunehmender Geschwindigkeit langsamer; für Teilchen (mit Ruhmasse Null), die sich mit Lichtgeschwindigkeit bewegen, gibt es kein Vergehen von Zeit.

Universum des Diskurses II
Es gibt keine absolute Zeit; Kohärenz der Eigenzeiten ist
durch die absolute Lichtgeschwindigkeit gegeben.

Gravitation ist in der Newtonschen Theorie eine Kraft zwischen Körpern, die in einer nichtgekrümmten (flachen) Raum-Zeit eingebettet sind. Wandelt man die voneinander unabhängige Existenz von Gravitation und Raum-Zeit-Hintergrund in eine dynamische Interaktion um, d.h. betrachtet man die Krümmung der Raum-Zeit als Ursache der Gravitation und umgekehrt, so führt dies zu

2.3. Allgemeine Relativitätstheorie:

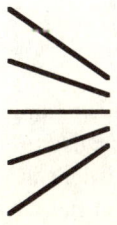

Die Äquivalenz von Raum-Zeit-Krümmung und Materie wird durch die nichtlinearen Einsteinschen Feldgleichungen ausgedrückt. In der Allgemeinen Relativitätstheorie gilt lokal die Spezielle Relativitätstheorie; die Lichtgeschwindigkeit bleibt als absolute Wirkungsgeschwindigkeit erhalten, Gleichzeitigkeit und Zeitmetrik hängen von der Geschwindigkeit des Beobachters ab. Gravitation wirkt jedoch auch auf Licht und damit auf die Kausalkegel von Ereignissen. In dieser Weise werden globale und lokale Aspekte miteinander verknüpft. Die Eigenzeiten sind nun auch vom Materieinhalt der Umgebung abhängig, Zeit vergeht desto langsamer, je mehr Materie vorhanden ist.

Universum des Diskurses III
Es gibt keine absolute Zeit; Kohärenz der
Eigenzeiten ist durch die absolute Lichtgeschwindigkeit
und die Gravitation gegeben.

Bis jetzt gibt es keine ausgezeichnete Richtung der Zeit. Jeder Raum-Zeit-Punkt besitzt seine eigene Zeitskala; es existiert kein ausgezeichnetes Bezugssystem, das eine global gültige Zeitrichtung definieren könnte. Nun können die Lösungen der Einsteinschen Feldgleichungen zum Beispiel das Gravitationsfeld eines Sternes beschreiben, man kann aber auch das gesamte Universum als Lösung der Feldgleichungen behandeln. Damit gelangt man zu

2.4. Kosmologie:

Die beobachtete Materieverteilung des interstellaren Raumes ist homogen und isotrop. Mathematische Formulierung dieser Beobachtung und Lösung der Feldgleichungen unter diesen Bedingungen ergeben ein Universum, das nicht statisch sein kann, sondern expandieren muß. Eine solche Expansion wurde 1920 von Hubble experimentell verifiziert. Diese Expansion bedeutet die Rückkehr einer globalen, kosmischen Zeit, die dadurch definiert ist, daß in jedem Raum-Zeit-Punkt in einem ausgezeichneten Bezugssystem die Expansion des Universums isotrop erscheint.

Universum des Diskurses = Universum
Es gibt eine kosmologische Zeit. Kohärenz der
Eigenzeiten ist durch die absolute Lichtgeschwindigkeit
und durch die Gravitation gegeben. Der kosmologische
Zeitpfeil definiert eine ausgezeichnete
Richtung der Zeit.

Nach den vier Raum-Zeit-Theorien nun die

2.5. Thermodynamik:

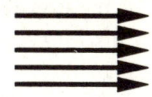

Jeder von uns ist mit der Tatsache vertraut, daß Wärme stets vom wärmeren zum kälteren Körper fließt und nicht in umgekehrter Richtung. Eine Verallgemeinerung dieser Dissipation von Energie führt zum Konzept der Entropie, die ein Maß für die Qualität der Energie ist, d.h. Entropie mißt den Teil der Energie, der nicht in Arbeit umgewandelt werden kann.

Der Zweite Hauptsatz der Thermodynamik besagt nun, daß in geschlossenen Systemen die Entropie nur zu- und nicht abnehmen kann, bis sie ihr Maximum im thermodynamischen Gleichgewicht erreicht. Die Richtung der Entropiezunahme definiert damit eine Richtung der Zeit, den thermodynamischen Zeitpfeil. Dieser Zeitpfeil wird auch mit der Umwandlung von Ordnung in Unordnung verknüpft. Dies wird in der statistischen Thermodynamik präzisiert, wobei die

Entropie bezogen wird auf die Gesamtanzahl mikroskopisch verschiedener aber makroskopisch äquivalenter Zustände eines Systems.
Entropiezuwachs ist verbunden mit dem Übergang vom unwahr-
scheinlicheren zum wahrscheinlicheren Zustand, und natürlich existieren mehr ungeordnete als geordnete Zustände (man denke zum
Beispiel an ein Puzzle).

Der Ursprung dieser thermodynamischen Richtung der Zeit ist
ein Problem, da alle elementaren Prozesse, auf denen die Theorie basiert, reversibel sind. Es gibt Hypothesen, daß diese Asymmetrie in
der Zeit durch Anfangsbedingungen kosmologischen Ursprungs verursacht ist. Man kann das Problem jedoch auch umkehren, indem
man die Asymmetrie in der Zeit als notwendige Bedingung von Erfahrung überhaupt ansieht, d.h. Zeitasymmetrie als fundamental und
Symmetrie oder Reversibilität als erklärungsbedürftig betrachtet.

Universum des Diskurses V
Es gibt keine absolute Zeit, es gibt keine Eigenzeiten,
die Zeit wird mathematisch als reellwertiger Parameter beschrieben.
Der thermodynamische Zeitpfeil definiert
eine ausgezeichnete Richtung der Zeit.
Die Theorie gründet sich auf Reversibilität,
bezogen auf die Mikroebene, und
Irreversibilität, bezogen auf
die Makroebene.

Faßt man Leben als Zunahme von Ordnung auf, so stellt sich die
Frage: Widerspricht die Evolution von Leben dem Zweiten Hauptsatz
der Thermodynamik? Die Antwort ist nein und beruht auf dem Phänomen der Selbstorganisation. Bei Selbstorganisation oder dissipati-
ven Strukturen wird ein Teil der dem System verfügbaren Energie in
geordnetes Verhalten transformiert (Beispiele sind chemische Uhren
wie die Belousov-Zabotinsky Reaktion oder thermische Konvektion).

2.6. Dissipative Strukturen:

Dissipative Strukturen sind offene Systeme, die Energie und Materie mit ihrer Umgebung austauschen; ihre innere Entropieproduktion kann durch ihre Oberfläche an die Umgebung abgegeben werden. Sie werfen gewissermaßen ihren "Entropiedreck" nach draußen. Die Entwicklungsgleichungen dieser Systeme sind nichtlinear. Starke Abweichungen vom thermodynamischen Gleichgewicht setzen mit Hilfe von Fluktuationen, die durch die Nichtlinearität der Entwicklungsgleichungen verstärkt werden, die verborgenen Möglichkeiten dieser Gleichungen frei, nämlich die Existenz mehrerer Lösungen zum selben Parameterwert. Irreversibilität tritt dann auf, wenn als Lösungen asymptotisch stabile Attraktoren existieren. Sind solche asymptotisch stabilen Attraktoren periodisch, so läßt sich die Situation wie folgt darstellen: Im Gleichgewicht kennt das System keine Zeit. Fern vom Gleichgewicht entdeckt es Zeit mittels Symmetriebruch durch Oszillationen, die das dissipative System kennzeichnen.

Universum des Diskurses VI
Selbststrukturierung von Zeit durch Brechen von Symmetrie,
Irreversibilität durch asymptotisch stabile Attraktoren.

Das durch die dargestellten sechs Universen gezeichnete Bild ist noch unvollständig ohne

2.7. *Quantentheorie:*

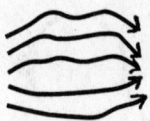

Die Quantentheorie beschreibt isolierte Systeme, die durch Wechselwirkung mit einem Meßapparat beobachtet werden. Der Quantenzustand (Wellenfunktion) umfaßt alle (kontingenten) Aussagen über das Objekt, die zu einem Zeitpunkt t wahr sind. Physikalische Größen (wie z.B. Ort, Impuls, Energie) werden durch Operatoren, die auf den Zuständen wirken, dargestellt. Die Zeit bildet dabei eine Ausnahme, die Zeit ist kein Operator, sondern ein reellwertiger Parameter. Die Zeitentwicklung eines Quantenzustandes ist durch die lineare Schrödinger-Gleichung gegeben. Dies ist eine Zeitentwicklung der Superposition möglicher Meßzustände.

Soweit der deterministische und lineare Teil der Quantentheorie. Die Theorie umfaßt jedoch auch einen nichtlinearen Teil, den sogenannten Kollaps der Wellenfunktion. Der nichtlineare Meßprozeß

potentieller Quantenzustand → aktualer Quantenzustand

ist eines der meistdiskutierten Probleme in der Physik. Ein enger Zusammenhang besteht dabei mit den Problemen von Zeit und Logik. Potentielle Quantenzustände können als futurische Zustände aufgefaßt werden, für die das "tertium non datur" der klassischen Logik nicht gilt, während ihm aktuale (faktische) Zustände genügen. Andere Vorschläge sind:

- den potentiell-aktual Transfer als neues Postulat in die Physik einzuführen;
- den Kollaps der Wellenfunktion als durch das Bewußtsein verursacht zu verstehen;

- Nichtstattfinden des Kollapses, stattdessen bei jedem Meßprozeß die Verzweigung in nicht miteinander kommunizierende Universen;
- Gravitation als Ursache des Kollapses.

Die Quantentheorie weist noch weitaus mehr Resultate auf, die unser normales, klassisches Weltverständnis in Frage stellen. Das Einstein-Podolsky-Rosen Phänomen besagt, daß Teile eines Quantensystems ohne direkte Wechselwirkung über makroskopische Distanzen miteinander korreliert sind, d.h. die Quantentheorie ist eine nichtlokale Theorie. Man kann die Quantentheorie mathematisch als holistische Theorie formulieren. In dieser Formulierung existieren jedoch keine beobachtbaren Phänomene oder Objekte. Objekte werden durch Bruch der holistischen Symmetrie erzeugt, in anderen Worten durch Wahl eines Kontextes oder Weltbildes.

Universum des Diskurses VII ⊃ Universen des Diskurses
Die Zeit ist ein reellwertiger Parameter. Die Zeitentwicklung eines
Quantenzustandes ist reversibel, der Übergang
Möglichkeiten → Fakten
ist ein irreversibler Akt.

Man erhofft sich heute die Lösung vieler Probleme der gegenwärtigen Physik durch eine neue Theorie, die Quantentheorie und Allgemeine Relativitätstheorie umfassen sollte. Es gibt viele (bisher nicht erfolgreiche) Versuche, eine derartige Theorie zu konstruieren. Hier kurz ein Vorschlag von Hawking.

2.8. Quantengravitation:

Von der Allgemeinen Relativitätstheorie soll die Äquivalenz von Gravitation und Raum-Zeit-Krümmung, von der Quantentheorie der holistische Aspekt erhalten bleiben. Dies führt jedoch zu mathematischen Divergenzen der Vereinigten Theorie. Eine Lösung dieses Divergenzproblems besteht in der Transformation des reellwertigen Zeitparameters in einen imaginären Zeitparameter. Durch diese mathematische Operation verschwindet gewissermaßen die Unterscheidung von Raum und Zeit. Die Geschichte eines Teilchens repräsentiert eine vollständige Raum-Zeit und ist äquivalent zur Geschichte des gesamten Universums. Die Raum-Zeit ist ohne Grenze und ohne Anfangssingularität. Man erhält ein vollständig geschlossenes Universum.

Universum des Diskurses VIII
Die Zeit ist ein imaginärer Parameter.

Zusammenfassend seien alle acht Universen des Diskurses in einem Bild dargestellt:

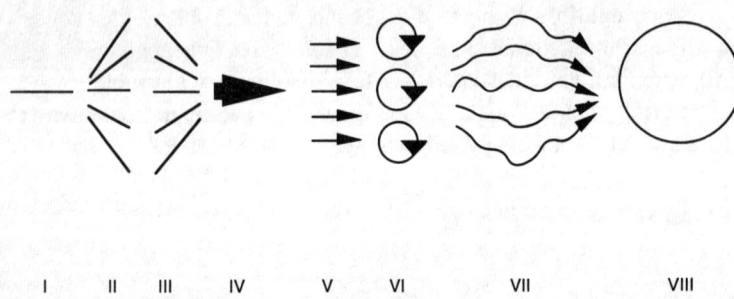

| I | II | III | IV | V | VI | VII | VIII |

Das Theorienband, das sich zwischen Linie und Kreis spannt, zeigt nicht *die* Zeit, sondern theorienabhängige Zeiten. Etwas fehlt jedoch in diesem Bild, das Jetzt. In der Physik wird das Jetzt nur als Übergangspunkt zwischen Vergangenheit und Zukunft behandelt; im mentalen Bereich dagegen ist das Jetzt selbst vorübergehend. Diese Merkwürdigkeit des Jetzt innerhalb der Zeitstruktur war Gegenstand einer Diskussion mit Carnap in Einstein's letztem Lebensjahr:

"Einstein said that the problem of the Now worried him seriously. He explained that the experience of the Now means something special for man, something essentially different from the past and the future, but that this important difference does not and cannot occur within physics. That this experience cannot be grasped by science seemed to him a matter of painful but inevitable resignation."

Wie so oft hatte Einstein eine ungeheuer gute Intuition, jedoch war vielleicht seine Resignation verfrüht. Dieses Jetzt, das in der Physik nicht vorkommt - bisher zumindest -, wird im folgenden genauer betrachtet.

3. Eine kurze philosophische Geschichte des Jetzt

Beginnen wir mit Aristoteles. In seinen Betrachtungen über die Zeit *bedingen* die Zeit und das *Jetzt* einander. Es gäbe keine Zeit ohne Jetzt - und kein Jetzt ohne Zeit. Für ihn ist wesentlich, daß durch das Jetzt die Zeit sowohl kontinuierlich als auch geteilt ist. Das Jetzt, das Vergangenheit und Zukunft trennt, ist ein Punkt. Aber ist dieser Punkt immer derselbe - oder gibt es viele Jetztpunkte? Wäre das Jetzt nun immer dasselbe Jetzt, so gäbe es keine Zeit. Gäbe es viele Jetzte, so müßte das jeweilige Jetzt vergehen, aber wohin? Es kann als Jetzt nicht in sich selbst vergehen. Deshalb, so schließt Aristoteles, kann die Zeit nicht aus Jetztpunkten bestehen. Die Zeit ist stattdessen die *Relation*, die Beziehung solcher Jetzte zueinander. In seiner Funktion, die Kontinuität von Zeit zu gewährleisten, ist das Jetzt selbst eine Einheit. In seiner Funktion, die Zeit durch voneinander getrennte Augenblicke aufzubauen, ist das Jetzt selbst eine Verschiedenheit. Damit erzeugt das Jetzt Kontinuität und Wahrnehmbarkeit von Zeit, es ist die *Einheit einer Differenz.*

Als nächsten Philosophen erwähne ich Augustinus. Auch für ihn ist das Jetzt, die Gegenwart, nicht ausgedehnt. Wäre sie ausgedehnt, so könnte man diese Ausdehnung immer weiter in Vergangenheit und Zukunft unterteilen, ad infinitum. Dennoch gibt es für Augustinus eine Ausdehnung der Zeit - durch das Gedächtnis. Er spricht von drei Erscheinungsweisen, *drei Modalitäten* der Zeit: der Gegenwart der Vergangenheit, der Gegenwart der Gegenwart und der Gegenwart der Zukunft. Wahrgenommen werden diese drei Weisen der Zeit durch die Seele; dies erzeugt die innere Zeit. Wohingegen die äußere Zeit die Zeit der Veränderung der Dinge ist. Diese ist durch Gott geschaffen.

Ich mache nun einen großen zeitlichen Sprung und komme zu einem Philosophen, der genau diese Trennung von innen/außen thematisiert, zu Bergson. Bergson arbeitet mit dem Begriffspaar *intensiv/extensiv*. Wobei der Begriff der Intensität mit einer *Qualität* verbunden ist, der Begriff der Extensität mit einer *Quantität*. Intensive Zeit, innere reine Ausdehnung - Bergson nennt dies *durée* - ist die Einheit von Erfahrungsinhalten, die durch das Bewußtsein erzeugt wird. Diese Zeit des Bewußtseins ist die Synthese einer Vielfalt von Bewußtseinszuständen. Was jedoch als Vielfalt zählt, ist nicht die Anzahl dieser Zustände, sondern ihr qualitativer Zusammenhang. Diese innere reine Ausdehnung, die durée, kann nicht von außen beobachtet werden. Sie ist jedoch der Ursprung der homogenen, objektiven Zeit der Naturwissenschaften. Diese Zeit der Naturwissenschaften, die verräumlichte Zeit, ist für Bergson sekundär.

Auch Husserl, der Begründer der Phänomenologie, versucht, diese objektive Zeit zu hinterfragen, von ihr abzuweichen. Sein Ausgangspunkt ist die Angemessenheit der Wahrnehmung. Er konzentriert sich auf die *Wahrnehmung der Wahrnehmung* selbst und nicht auf die Wahrnehmung des Wahrgenommenen. Er versucht, die Zeit auf den Begriff zu bringen, und zwar *innerhalb* des Bewußtseins, nicht durch das Bewußtsein.

Husserl eliminiert also zunächst die objektive Zeit. Damit stellt sich die Frage, wie die Akte des Bewußtseins sich konstituieren - und zwar als *immanente* zeitliche Objekte - nicht als Objekte in der Zeit. Um dies zu beantworten, entwickelt Husserl seine Theorie der Retention, Protention und Urimpression. Eine Urimpression schwindet aus der Gegenwart in die Vergangenheit, aber behält ihre Identität und hält im Bewußtsein vor. Ohne diese Retention, diesen Nachhall im Bewußtsein, wären wir zum Beispiel nicht in der Lage, eine Melodie zu hören. Durch diese zeitliche Modifikation der Urimpression erzeugt das Bewußtsein sich durch seine eigenen Akte selbst als Einheit. Die Vergangenheit findet sich dabei nicht als Vergangenheit im Bewußtsein, sondern als modifizierte Vergangenheit, als gegenwärtige Vergangenheit. Um bewußt zu sein, braucht es einen Akt des Bewußtseins, der unmittelbare Gegenwart ist. So wie die Retention Vergangenheit konstituiert, so konstituiert die Protention Zukunft. Protentionen sind Erwartungen. In der Protention erwartet das Bewußtsein neue, gegenwärtige Akte seiner selbst.

Husserls Theorie, die Phänomenologie innerer zeitlicher Erfahrung, ist eine operationale Theorie, die auf einer unmittelbaren Gegenwart, einem unmittelbaren Jetzt beruht. Diese unmittelbare Gegenwart, die die Basis der Zeitkonstitution ist, ist nun selbst nicht durch dieselben Operationen des Bewußtseins erzeugt. Wäre dies so, so würde dies in einen unendlichen Regreß führen. Dies ist der kritische Punkt in Husserls Theorie. Um ihn, diesen unendlichen Regreß, zu vermeiden, führt er ein *absolutes Bewußtsein* ein. Über dieses absolute Bewußtsein sind nun im Rahmen der Theorie keine Aussagen möglich.

So endet dieser kurze Überblick unbefriedigend. Das Jetzt scheint allen Versuchen, es auf den Begriff zu bringen, zu widerstehen. Im Jetzt konzentriert sich, zeigt sich eine andere Dynamik von Zeit als die einfache Abfolge von Zuständen von Objekten. Doch wir haben vielleicht eine Chance, uns dieser anderen Dynamik der Zeit anzunähern, und zwar im Bereich der Dynamik des Gehirns.

4. Zeitliche Organisation menschlicher Wahrnehmung

Die Frage nach der Zeitdauer psychischer Prozesse stellt sich erst seit etwa zweihundert Jahren, da man bis zu Beginn des 19. Jahrhunderts glaubte, psychische Abläufe erfolgten mit unendlicher Geschwindigkeit. Die ersten systematischen Untersuchungen psychischer Zeit sind Reaktionszeitmessungen (Helmholtz 1850). Ein weiterer Schritt war dann die Erkenntnis, daß das "Jetzt" psychologischer Erfahrung ausgedehnt ist; dies führte zur Definition des "Moments" als kleinster subjektiver Zeiteinheit (von Baer 1864). Die zeitliche Organisation menschlicher Wahrnehmung, zumindest Teilbereiche dieser Organisation, erwiesen sich als *diskontinuierlich*. Eine systematische Untersuchung dieser Diskontinuität schloß sich an und führte über die Analyse von Periodizitäten in Reaktionszeiten zu Modellen periodischer Prozesse als Grundlage der beobachteten diskontinuierlichen Verarbeitung. Und in den letzten Jahren häufen sich elektrophysiologische Untersuchungen und Befunde von Oszillationen im Gamma-Frequenzbereich (speziell um 40 Hz). Dies führte zu verstärkter Diskussion der These, daß mittels der Erzeugung synchroner corticaler Oszillationen, also von Oszillationen von Neuronen, die Integration räumlich verteilter Information erfolgt, und hier auch möglicherweise ein erster struktureller Hinweis auf die Bildung von Bewußtsein zu finden ist.

Es werden nun Probleme zeitlicher Verarbeitung mit Konzentration auf das *Integrationsproblem* dargestellt. Dazu benötigt man zunächst eine Klassifikation mentaler Funktionen. Im folgenden wird eine von Ernst Pöppel vorgeschlagene Taxonomie verwendet.

4.1. Taxonomie mentaler Funktionen

Die neurologische und neuropsychologische Forschung hat ergeben, daß spezifische Funktionen im Gehirn *lokal* repräsentiert sind. Die vorgeschlagene Taxonomie basiert deshalb auf folgender Hypothese:

Psychische Funktionen werden durch neuronale, im Laufe der Evolution entstandene Programme bereitgestellt, deren Verfügbarkeit an die Integrität neuronaler Strukturen gebunden ist.

Lokalisation mentaler Funktionen bedeutet, daß durch neuronale Prozesse eine mentale Funktion einem wohldefinierten räumlichen Hirnareal zugeordnet ist. Mentale Funktionen liegen damit in sogenannten Modulen vor. Diese Hypothese beruht wesentlich auf Beobachtungen hirnverletzter Patienten; Teile des gesamten Repertoires mentaler Funktionen können ausfallen, wenn spezifische neuronale Algorithmen nicht mehr verfügbar sind. Bei Ausfall einer solchen Region (z.B. durch Schlaganfall) sind selektive Funktionen wie zum Beispiel Farbsehen, Gesichtererkennen oder Bewegungswahrnehmung nicht mehr verfügbar. Mit anderen Worten, daß psychische Funktionen bei Läsionen bestimmter Strukturen *inter*individuell in gleicher Weise ausfallen, ist ein Existenzbeweis dieser Funktionen.

Dieser negative Existenzbeweis bezieht sich auf den materialen und den formalen Aspekt mentaler Funktionen, auf das, *was* repräsentiert ist und *wie* repräsentiert ist. Die was-Funktionen umfassen dabei die folgenden vier Klassen:

- Reizaufnahme (Perzeption)
- Reizbearbeitung (Assoziation, Lernen und Gedächtnis)
- Reizbewertung (Emotion)
- Reizbeantwortung (Aktion und Reaktion).

Das moduläre Repräsentationsprinzip gilt dabei für alle diese Klassen.

4.2. Logistik des Gehirns

Damit eine subjektive Repräsentation eines mentalen Phänomens eintreten kann, müssen jedoch auch spezifische logistische Voraussetzungen erfüllt sein. Damit ein Gehirn funktioniert, muß ein bestimmtes Aktivationsniveau gegeben sein. Dies ist unmittelbar einleuchtend. Ferner muß eine weitere logistische Voraussetzung berücksichtigt werden, nämlich die Organisation der räumlich verteilten "was-Funktionen". Die räumliche Segregation mentaler Funktionen innerhalb des Gehirns wirft die Frage auf, wie einheitliche subjektive Erfahrungen möglich sind. Jeder mentale Akt ist durch ("gleichzeitige") Aktivitäten in verschiedenen Hirnarealen gekennzeichnet. So zeigen zum Beispiel PET (positron emission tomography) Studien, daß *mehrere* räumlich verschiedene Hirnareale höhere Aktivität bei Vorliegen bestimmter psychologischer Aufgaben (wie zum Beispiel beim Lesen) aufweisen. Allgemein gilt, daß jeder mentale Akt durch ein spezifisches Muster räumlich verteilter Aktivitäten innerhalb neuronaler Assemblies charakterisiert werden kann. Das bedeu-

tet, daß neuronale Mechanismen nötig sind, die die *Integration* verteilter Aktivitäten (dar)herstellen, damit ein subjektives Phänomen als
eines - und nicht als viele - erfahrbar ist.

Das Problem der Integration ist bereits intrasensorisch gegeben.
So sind zum Beispiel die Reaktionszeiten von den Licht- oder Ton-
intensitäten der gegebenen Reize abhängig. Wahrgenommene Objekte umfassen jedoch häufig verschiedene Helligkeits- oder Tonberei-
che. Es müssen auch verschiedene Qualitäten - zum Beispiel Farben
und Formen - zu einem wahrgenommenen Objekt verbunden werden.
Ferner ist aus Reaktionszeitexperimenten bekannt, daß einfache
auditive Reaktionszeiten erheblich kürzer als einfache visuelle Reaktionszeiten sind. Dies läßt sich auf die biophysikalisch bedingten,
unterschiedlichen Transduktionszeiten (d.h. die Zeit des Umsetzens
der Reize in Nervenimpulse) der beiden Modalitäten zurückführen.
Während die Transduktionszeit des auditiven Systems etwa 2-3 ms
(Millisekunden) beträgt, ist sie in Bezug auf das visuelle System
erheblich (etwa 20 ms) länger. Diese Differenz der Transduktionszeiten führt in der Regel zu einer unterschiedlichen zentralen zeitlichen Verfügbarkeit der Reize.

4.3. Zeitliche Aspekte der Reizwahrnehmung

Zusammenfassend bedeuten die angeführten Fakten, daß die zentrale
zeitliche Verfügbarkeit von Stimuli sich innerhalb einer Sinnes-
modalität und zwischen verschiedenen Modalitäten beständig verändert. Worauf beruht dann aber die Wahrnehmung der *Identität*
eines Objektes, weshalb zerfällt diese Identität nicht in viele Einzel-
identitäten, die den jeweiligen Wahrnehmungskontexten entsprechen? Ist vielleicht ist die "Zeit" ein Schlüssel zur Lösung dieses
Problems? Die wesentlichen zeitlichen Aspekte der Reizwahrneh-
mung seien deshalb kurz dargestellt.

Externe Anfangsbedingung sei die Darbietung zweier Reize
(Lichtblitze oder Töne) in wohldefinierter zeitlicher Ordnung mit
(externem) zeitlichem Abstand dt. Die *interne* Erfahrung eines Beobachters dieser Stimuli entfaltet eine ganze Hierarchie elementarer
zeitlicher Wahrnehmungen:

- Ist das externe zeitliche Distanzintervall der Reize kleiner als ein bestimmter Wert (Koinzidenzschwelle), dann werden beide Reize als *ein* Reiz erlebt. Die *Koinzidenzschwelle* ist für verschiedene Modalitäten verschieden und von den verschiedenen Transduktionszeiten der Sinnesmodalitäten abhängig (akustisch 1-2 Millisekunden, taktil etwa 10 msec, visuell etwa 20 msec).

- Überschreitet dt die Koinzidenzschwelle, so werden *zwei* Ereignisse beobachtet. Es ist dabei jedoch nicht möglich zu entscheiden, welches das erste und welches das zweite Ereignis ist.

- Erst bei Überschreiten einer *Ordnungsschwelle* kann eine vorher-nachher-Relation erfahren werden, kann die zeitliche Richtung beider Reize wahrgenommen werden.

Wesentlich dabei ist, daß die Größe (nämlich etwa 30 ms) der Ordnungsschwelle, definiert durch das Minimum des zeitlichen Abstandes, der gegeben sein muß, um die zeitliche Ordnung von Ereignissen zu identifizieren, modalitätsunabhängig ist. Die Wahrnehmung zeitlicher Ordnung scheint damit an einen zentralen Verarbeitungsmechanismus gekoppelt zu sein. Die Idee ist nun, daß auf dieser Ebene zeitlicher Verarbeitung bereits einer der wesentlichen formalen Mechanismen zur Lösung des Integrationsproblems aufgewiesen werden kann.

4.4. Zeitfenster und neuronale Oszillationen

Der hier vorgeschlagene Versuch einer Lösung des Integrationsproblems besteht zunächst in folgender Hypothese:

Das Gehirn schafft sich und ist strukturiert durch elementare Integrationseinheiten (EIUs)*, die adirektionale zeitliche Zonen oder Gleichzeitigkeitsfenster definieren. Alle zentral zeitlich verfügbaren Informationen, die innerhalb einer solchen zeitlich neutralen Zone liegen, werden als* gleichzeitig *bewertet. Bezogen auf die Außenzeit erscheinen solche "Zeitfenster" als Zeitquanten, deren Dauer (etwa 30-40 msec) kennzeichnend für das System ist und die auf gleicher funktionaler Ebene in der Regel nicht unterschritten werden kann.*

Das Konzept elementarer Integrationseinheiten bietet einen formalen Rahmen, innerhalb dessen die Aktivitäten der verschiedenen

Funktionseinheiten des Gehirns miteinander korreliert und Objekte identifiziert werden. Wie könnten solche elementaren Integrationseinheiten generiert werden? Zu unterscheiden sind einerseits reizunabhängige, interne Taktungen ("running clock" Modelle), andererseits eine reizbezogene, d.h. eine zeitlich stabil mit dem Reiz verknüpfte Periodik.

Das hier vertretene Modell postuliert zeitliche Organisation durch relaxierende Erregungszyklen und fällt damit in die letztgenannte Klasse. Ein auftretender und transduzierter Stimulus induziert eine neuronale Oszillation. Das zentral zeitlich zuerst verfügbare Ereignis löst die Oszillation aus. Aufeinanderfolgende Perioden der Oszillation definieren die elementaren Integrationseinheiten für die verschiedenen Modalitäten. Die Information der "zeitverzögerten" Modalität wird in das bereits definierte zeitliche Fenster integriert.

Eine große Zahl experimenteller Befunde deutet auf solche oszillatorische Phänomene im Bereich von 30-40 Hz. Die hier vertretene These ist, daß jede Periode einer solchen Oszillation einem Zeitfenster des Gehirns entspricht, innerhalb dessen die Verfügbarkeit von Information als gleichzeitig bewertet und damit intra- und intersensorische Integration erreicht wird. Innerhalb solcher elementaren Integrationseinheiten kann keine Richtung der Zeit wahrgenommen werden. Ein zeitliches Vorher-Nachher kann erst dann wahrgenommen werden, wenn wenigstens *zwei* solcher Zeitfenster gegeben sind.

4.5. Ebenen der Integration: Übergang von Diskontinuität zu Kontinuität

Für die menschliche Wahrnehmung ist weiter kennzeichnend, daß aufeinanderfolgende Ereignisse zeitlich zusammengefügt werden können und damit einen neuen Inhalt generieren, zum Beispiel ein musikalisches Thema. Genauer können im zeitlichen Bereich zwei weitere Integrationsmechanismen unterschieden werden:

  - Zeitliche Integration aufeinanderfolgender Ereignisse:
Hier weist eine Reihe experimenteller Daten auf einen Prozeß, der elementare Integrationseinheiten (von 30 msec Dauer) bis zu einer Dauer von etwa 3 sec automatisch zu Wahrnehmungseinheiten aufin-

tegriert. Ein derartiger Prozeß bietet die formale Basis des erlebten subjektiven *"Jetzt"*. Die Gegenwart ist damit kein Punkt, sondern besitzt eine Ausdehnung von etwa 3 sec. Experimente, in denen vorgegebene Zeitdauern reproduziert werden, zeigen ein Überschätzen kurzer zeitlicher Intervalle und ein Unterschätzen längerer Intervalle. Das Indifferenzintervall, d.h. diejenige Zeitdauer, die am besten reproduziert wird, liegt bei etwa 3 sec. Untersuchungen über Gedichte in verschiedenen Sprachen zeigen, daß die Dauer gesprochener Verszeilen etwa 3 sec beträgt. Das bewußte Jetzt scheint sprach- und kulturunabhängig etwa 3 sec zu betragen.

- Semantische Integration von Bewußtseinsinhalten:

Auf einer weiteren, höheren Ebene der Integration werden Bewußtseinsinhalte miteinander verbunden. Die Integrationintervalle von 3 sec dienen als formale Basis der Informationsrepräsentation. Als notwendige logistische Voraussetzung definieren sie jedoch weder, "was" repräsentiert ist, noch "wie" die repräsentierte Information zusammengefügt werden soll. Die subjektive Kontinuität der Erfahrung ist vermutlich das Resultat eines semantischen Zusammenhangs dessen, was innerhalb eines 3 sec-Fensters repräsentiert ist. Die Beobachtung des Zusammenbruchs dieser Kontinuität zum Beispiel bei Schizophrenen impliziert, daß unter normalen Bedingungen ein spezifischer neuronaler Prozeß für den semantischen Nexus verantwortlich ist.

Zusammenfassend erscheint die Zeit im Bereich der Wahrnehmung bezüglich der formalen, logistischen Ebene als diskret, bezüglich der materialen, inhaltlichen Ebene als Folge semantischen Zusammenhangs kontinuierlich. Als formale Lösung des Integrationsproblems, d.h. der Frage, durch welche operationalen Prozesse die Einheit der Wahrnehmung gewährleistet wird, wurden zwei zeitliche Mechanismen vorgeschlagen:

- *ein hochfrequenter Mechanismus, der elementare zeitliche Fenster bereitstellt; innerhalb dieser Fenster sind räumliche Bindungsoperationen implementiert;*
- *ein niederfrequenter Mechanismus, der Integrationsintervalle definiert; innerhalb dieser Intervalle wird sequentielle Information kontextunabhängig verbunden.*

5. Zeit als Maß von Gegenwart

Die Zeit - erzeugt oder beobachtbar gegeben, diskret oder kontinuier-lich? Beide Aspekte von Zeit sind zueinander *komplementär*. Auf einer formalen Ebene - verknüpft mit den Operationen des Gehirns - erscheint die Zeit als diskret, ein operationaler Abschluß konstituiert eine Diskretisierung, die als Diskontinuität ausgedehnter Zeitfenster oder als Jetzt erscheint. Auf der Ebene der Beobachtung - als Konse-quenz semantischer Bindung - erscheint die Zeit als kontinuierlich. Man kann diesen letzten Gesichtspunkt formalisieren in der Weise, daß die Kontinuität der Zeit aus der Trennung eines (abstrakt definierten) Beobachters vom Objekt der Beobachtung resultiert. Kontinuität ist dann eine Abstraktion, die Konstruktion einer Meta-ebene der Beobachtung. Bezüglich dieser Metaebene erscheinen die zugrundeliegenden Prozesse als formal und inhaltsfrei. Dies führt dann zu der Idee eines homogenen, quantifizierbaren Substrats, ge-nannt kontinuierliche Zeit, die als abstrakte Struktur unbegrenzter Beobachtbarkeit definiert werden kann. Damit wird das uns vertraute Zeitkontinuum als ein Konstrukt betrachtet. Und das Gebäude der Physik hat genau dieses Konstrukt als Grundstein; doch die Risse in diesem Bau sind langsam unübersehbar.

Zurück zur Gegenwart - und mit Gegenwart sei hier nicht die subjektive Gegenwart, das subjektive Jetzt gemeint. Dies ist nur ein Abbild. *Zeit als Maß von Gegenwart* - so der Titel. *Wie* aber wird gemessen? Etwas Diskretes trägt sein *Maß in sich*, ein Kontinuum er-hält sein *Maß von außen*. Unser(e) Wissen(schaft) zielt in der Regel darauf, durch Setzung einer Perspektive, eines Weltbildes, das auf die Wirklichkeit projiziert wird, diese Wirklichkeit zu messen und dieses Maß ständig zu verfeinern. In diesem Jahrhundert haben wir jedoch erfahren, daß eine solche Verfeinerung Begrenzungen unterliegt. Ein nicht zu unterschreitendes *Quantum* eines Weltbildes weist genau auf die Grenzen dieses Weltbildes. Darauf, daß der Akt der Setzung die-ses Weltbildes sich innerhalb des Bildes nicht mehr formalisieren läßt.

Was wir heute brauchen, ist ein *Wissen vom Akt des Wissens*. Ein Wissen vom Akt des Wissens lokalisieren wir normalerweise im

Bereich der Mystik. Und hier versagt die Sprache, es gibt nur Verstehen in der Erfahrung. Doch zwischen Unsagbarem und unserer gewohnten dualen Begrifflichkeit existiert eine Sprache, die zu entdecken und zu erforschen ist. Eine Sprache für das Wie der Gegenwart, für ihr Maß und für ihr Ausgemessenwerden. In ihrer abstraktesten Form ist diese Sprache mathematisch, jedoch eine Mathematik verstanden als Poetik, als *Poesie der Begriffe*. Im Moment, in unserer dualistischen Sprache, wäre die Gegenwart zu beschreiben als Bistabilität zwischen Ruhe und Bewegung, zwischen Raum und Zeit. Doch dieses Bild täuscht, denn Gegenwart ist *dynamische Einheit von Ruhe und Bewegung*. Sie ist die Quelle, aus der Raum und Zeit entspringen. Und beide messen sie aus. Es gibt eine Form der Dichtung, in der Ruhe und Bewegung sich treffen. Das ist das japanische Haiku. Am Ende deshalb ein Haiku als Maß von Gegenwart:

> Freund, mach Feuer an!
> Etwas Schönes zeig´ ich dir:
> Einen Ball aus Schnee!

Hinweis des Herausgebers:
In unseren Ringvorlesungen an der TU München sind einige Grundlagen des vorstehenden Abschnitts 4 schon erläutert worden. Vgl. dazu:

Ernst Pöppel: "Identität als Rolle(n). Auf der Suche nach einem Menschenbild in Hirnforschung und Psychologie." In: Kurt Weis (Hrsg.): Bilder vom Menschen in Wissenschaft, Technik und Religion. 1. Aufl. FAKTUM Band 2, TU München 1993, 2. Aufl. Westdeutscher Verlag, Opladen 1998, S. 463 - 476.
Ernst Poppel: "Wie kam die Zeit ins Hirn? Neurophysiologische und psychophysische Untersuchungen und einige Spekulationen zum menschlichen Zeiterleben." In: Kurt Weis (Hrsg.): Was ist Zeit? FAKTUM Band 6, TU München [1]1994, [3]1995; dtv, München [1]1995, [2]1996, S. 127 - 152.

CARL FRIEDRICH VON WEIZSÄCKER

Zeit als Träger der Erfahrung
in der Quantentheorie

Empirische Mathematik. Ure und Anti-Ure.
Wirklichkeit als Kontinuum. Quantentheorie als
abstrakt mathematische Formulierung der Struktur der
Zeit. Elf Schritte der Messung und Erfahrung

1. Fragestellung

Die Quantentheorie ist in den Prinzipien ihrer mathematischen Struktur seit den Ansätzen von Heisenberg, Schrödinger, Dirac (1925-26) und der Kodifizierung durch J.v.Neumann (1932) im wesentlichen unverändert geblieben und ist in der Beschreibung und Voraussage der Erfahrung von beispiellosem Erfolg. Sie erfaßt (mit der denkbaren, aber vermutlich noch überwindbaren Ausnahme der Allgemeinen Relativitätstheorie) alle fundamentalen Bereiche der Physik, und keine Erfahrung ist seitdem gefunden worden, die ihr erkennbar widerspricht. Andererseits ist ihre Interpretation bis heute kontrovers. Sie ist sehr abstrakt, und unsere aus älteren konkreten Erfahrungen stammenden Begriffsbildungen sind ihr offenkundig nicht adäquat.

Wie kann man begreifen und möglicherweise sogar begründen, dass eine so abstrakte Theorie in allen bekannten Erfahrungen in Strenge gilt? Als Arbeitshypothese (nicht als Dogma) benütze ich einen Gedanken von Kant: Ein Begriff oder eine Aussage wird dann in aller Erfahrung gelten, wenn er oder sie eine Vorbedingung für die Möglichkeit von Erfahrung bezeichnet. Können wir solche Vorbedingungen finden? Dazu zunächst die Frage: "Was heisst Erfahrung?"

2. Zeit

Erfahrung geschieht in der Zeit. Ein erfahrener Mensch ist einer, der in der Vergangenheit etwas gelernt hat, was er in der Zukunft weiterhin als gültig erwarten darf. Fundamental für die Zeit ist das Fortschreiten der jeweiligen Gegenwart aus der Vergangenheit in die Zukunft. Die Vergangenheit kennen wir als *faktisch*. Wir können sie nicht abändern. Die Zukunft kennen wir als *möglich*. Wir können künftige Möglichkeiten auf Grund unserer vergangenen Erfahrungen vermuten oder sogar rational angeben.

Die Arbeitshypothese ist nun, dass die Quantentheorie eine abstrakt mathematische Formulierung dieser Struktur der Zeit enthält oder selbst ist. Dies führt uns zunächst in eine Analyse der Grundlagen der in der Physik vorausgesetzten Mathematik, und von dort in die Grundlagen der Physik.

3. Natürliche Zahlen

1, 2, 3, 4, 5, 6, 7, ...
Soeben habe ich den Anfang der frühesten Abhandlung von L.E.J. Brouwer kopiert. Für ihn ist die Urintuition des Zählens klarer und gewisser als jeder mögliche sprachliche Ausdruck. Sie muss dem Leser in Erinnerung gerufen sein, ehe der Autor zu reden beginnt.[1]

Das Zählen geschieht in der Zeit. Sind wir z.B. bei der Zahl 7 angekommen, so sind die bis dahin gezählten Zahlen 1 bis 6 nennbare Fakten. Hingegen sind die nachfolgenden Zahlen Möglichkeiten, die durch die Punkte nach der 7 angedeutet sind. Man kann weiterzählen und dadurch weitere Möglichkeiten in nennbare Fakten verwandeln.

---

1) Vgl. C. F. von Weizsäcker: Zeit und Wissen. München: Hanser 1992, S. 111

Aber das Feld der Möglichkeiten bleibt offen; es ist nicht möglich, *alle* Zahlen *faktisch* zu nennen.

Die natürlichen Zahlen stellen in dieser Weise die Struktur der Zeit mit faktischer Vergangenheit und möglicher Zukunft dar.

4. Gruppen

Im Bereich der natürliche Zahlen ist eine Operation definierbar, die *Addition*. Man kann von einer Zahl m aus die nachfolgenden n Zahlen durchzählen. Damit gelangt man zu der Zahl, die wir p = m + n nennen. Diese Operation hat einsehbare Eigenschaften, z.B. die Kommutativität: m + n ist dieselbe Zahl wie n + m. Man kann die Addition zwischen beliebigen natürlichen Zahlen vollziehen und erhält stets eine eindeutige neue natürliche Zahl.

Man kann dann auch die "Inverse" der Addition definieren, die *Subtraktion*. Wenn m + n = p, so schreibt man m = p - n. D.h. man zählt nun, von p ausgehend, n Zahlen rückwärtsschreitend durch. Die Operation p-n führt aber nur dann zu einer natürlichen Zahl m, wenn p grösser ist als n. Man nennt die Operationen +n und -n "ganze Zahlen". "Ganze Zahlen" sind also nicht eine Erweiterung der Klasse der "natürlichen Zahlen", sondern sie sind *Operationen auf* den natürlichen Zahlen.[2]

Eine Klasse von Operationen ohne Inverse nennt man eine *Halbgruppe,* eine Klasse mit Inversen eine *Gruppe*. Die Operationen einer Gruppe lassen sich beliebig oft nacheinander anwenden. Die ganzen Zahlen bilden also eine Gruppe. Ihre Wirkung auf die Zeit lässt sich so beschreiben: Die natürlichen Zahlen gehen von einem fest gewählten Zeitpunkt in die Zukunft, die ganzen Zahlen aber sowohl in die Zukunft wie in die Vergangenheit.

Nun ist aber die Zeit ein Kontinuum. Im realen Zählen verstreicht zwischen dem Aussprechen zweier Zahlen stets eine Zeit-

---

2) Vgl. C. F. von Weizsäcker: Zeit und Wissen (Fn.1), 1992, Kapitel I 5. 4. ("Zahlbegriffe und Physik"), S. 145-152. Th. Görnitz, E. Ruhnau, C. F. v. Weizsäcker "Temporal Asymmetry as Precondition of Experience - the Foundation of the Arrow of Time" in: Int. Journal of Theoretical Physics, 1992.

spanne. Es ist uns empirisch nicht bekannt, ob man so mit natürlichen Zahlen beliebig ("unendlich") weit in die Zukunft zählen könnte, oder auch mit negativen ganzen Zahlen beliebig weit in die Vergangenheit. Deshalb habe ich in den Titel dieses Beitrages den Ausdruck "empirische Mathematik" gesetzt. Wenn die Mathematik die Struktur der Zeit beschreiben soll, so müssen wir fragen, was wir über die denkbaren Schranken der Zeit in Vergangenheit und Zukunft annehmen wollen.

5. Kontinuum

Indem wir die Zeit als ein Kontinuum betrachten, sind wir genötigt, nach der mathematischen Struktur des Kontinuums zu fragen.

Aristoteles definierte ein Kontinuum als etwas, das unbegrenzt in seinesgleichen, also in weitere (kleinere) Kontinua geteilt werden kann. Hier ist also die Möglichkeit einer Operation, eben des *Teilens,* vorausgesetzt. Ein Modell dieser Operation findet man heute in der multiplikativen Gruppe der natürlichen Zahlen. Man addiere die Zahl m zu sich selbst n-mal. Diese Operation heisst *Multiplikation*: $m \cdot n$. Wieder gilt $m \cdot n = n \cdot m = q$. Die zur Multiplikation inverse Operation heisst Division (Teilung). Man wähle ein beliebiges Paar m und q und definiere $m \cdot n = q$ und $n = q/m$. Im allgemeinen wird n keine natürliche (oder ganze) Zahl sein. Wir nennen sie dann einen Bruch oder eine rationale Zahl.

Die antiken griechischen Mathematiker versuchten nun diesen Teilungsbegriff auch auf die Beschreibung der Längenverhältnisse in der Geometrie anzuwenden. Haben, gemessen in einer vorgegebenen Einheit, zwei endliche gerade Strecken die Längen m und n, so wird ihr Längenverhältnis m/n sein. Es war eine der erschreckendsten und darum belehrendsten Entdeckungen der griechischen Mathematik, dass es Längenverhältnisse gibt, die nicht durch rationale Zahlen beschrieben werden können. Das klassische Beispiel war die Quadrat-Diagonale. Ist die Länge der Seite eines Quadrats gleich a, so ist nach dem pythagoreischen Lehrsatz die Länge d seiner Diagonale gegeben durch $d^2 = 2a^2$, also $d = \sqrt{2}a$. Nun zeigt sich aber, dass $\sqrt{2}$ keine rationale Zahl ist; die Gleichung m/n = $\sqrt{2}$ hat keine strenge Lösung. Die Griechen verzichteten darauf, Längenverhältnisse als Zahlen zu bezeichnen; der Begriff "rationale Zahl" ist neuzeitlich. $\sqrt{2}$ aber ist eine "irrationale Zahl". Im 19. Jahrhundert erkannte man, dass die Irrationalzahlen auch nicht stets durch algebraische Operationen definiert werden können, sondern nur durch unendliche Reihen rationaler Zahlen; Beispiele sind e und π. Man nennt diese Irrationalzahlen *reelle Zahlen,* um sie von den komplexen Zahlen zu unterscheiden, die als Summanden Wurzeln aus negativen Zahlen enthalten, welch letztere Wurzeln auch nicht durch Reihen aus reellen Zahlen erzeugt werden können.

Wenn wir nun die Frage gestellt haben, ob man in der Zeit unbegrenzt weit zählen könne, so ergibt sich genau analog die Frage, ob man in der Zeit ein Kontinuum unbegrenzt teilen könne. Aristoteles hat diese Frage erörtert an Hand des Zenonischen Paradoxons von Achilleus und der Schildkröte. Achilleus, der schneller läuft als die Schildkröte, erreicht zwar den Ort, an dem die Schildkröte war, als er hinter ihr herzulaufen begann; aber inzwischen ist sie an einem neuen Ort angekommen. Dies müsste unendlichmal wiederholt werden, bis er sie erreicht hat. Zwar durchmisst er dabei eine endliche Strecke in endlicher Zeit. Aber um die Orts- und Zeitpunkte zu zählen, die dabei durchlaufen wurden, müsste man - so Aristoteles -, da jeder Akt des Zählens eine feste endliche Zeit dauert, eine unendliche Zeit hindurch zählen. D.h. das Kontinuum ist nicht auf faktische menschliche Handlungen abbildbar.

Das späte 19. Jahrhundert (speziell Cantor) suchte das Problem zu lösen, indem das Kontinuum nicht durch menschliche Handlungen definiert wurde, sondern als unendliche Menge von "Punkten", also von im Sinne mathematischer Existenz real existierenden Objekten. Was aber ist hier "mathematische Existenz"? Russells Paradoxon zeigte noch zu Cantors Lebzeiten, dass der naive Mengenbegriff zu logischen Widersprüchen führte. Die heutige axiomatische Mengenlehre vermeidet die bisher bekannten Paradoxien. Aber der strenge Beweis ihrer Widerspruchsfreiheit kann nach Gödel nicht erbracht werden.

6. Übergang zur Quantentheorie

Ich wage nun die Hypothese, dass die Quantentheorie der Struktur eines in der realen Zeit möglichen Kontinuums näherkommt als die überlieferte abstrakte Mathematik.

Plancks Quantenhypothese erwies sich als eine Lösung eines in der klassischen Physik anscheinend unlösbaren Problems: der Thermodynamik eines Kontinuums.[3] Wenn im thermodynanischen Gleichgewicht der Gleichverteilungssatz gilt, dass jeder Freiheitsgrad denselben Durchschnittsbetrag der Energie hat, so muss ein mechanisches Kontinuum im thermodynamischen Gleichgewicht wegen seiner unendlich vielen Freiheitsgrade bei endlicher Gesamtenergie stets die Temperatur Null haben.

In der definitiven Fassung der Quantentheorie sind die kontinuierlichen Zustandsfunktionen Wahrscheinlichkeitsamplituden, also Maße von Möglichkeiten der Zukunft. Die Eigenwerte der Operatoren, welche messbare Grössen bezeichnen, sind, wenn die Eigenfunktionen quadratintegrierbar sind, diskret und insofern mögliche Fakten. Es fragt sich nun, ob dieser Formalismus durch eine konsequente Theorie der Zeitdarstellung begründet werden kann.

7. Reelle Quantentheorie als genäherte Darstellung der Zeit

Ich setze nicht die übliche Quantentheorie als Grundlage voraus, sondern versuche sie als Darstellung der Zeit zu begründen. Dabei wird ihre Fassung durch komplexe Wellenfunktionen erst sekundär, und als Spezialfall, auftreten.

Ich führe zunächst den Begriff des *freien Vorgangs* ein. Ein Vorgang soll das mit einer Uhr messbare Fortschreiten der Zeit beschreiben. "Frei" soll ein Vorgang heissen, der durch keinen anderen Vorgang kausal beeinflusst wird. "Kausalität" wird so als "Wechselwirkung von Vorgängen" verstanden.

---

3)   Vgl. C. F. v. Weizsäcker: Aufbau der Physik. München: Hanser 1985. Kap. 7.1 "Die Unmöglichkeit einer fundamentalen klassischen Physik", S. 287-295

Das Fortschreiten der Zeit soll zunächst naiv durch die additive Gruppe der reellen Zahlen beschrieben werden. Die Zeitvariable nennen wir t. Ein freier Vorgang hat nun ein Merkmal (z.B. Stellung eines Uhrzeigers), das wir × nennen und das zu t proportional sein soll:

$$x = v \, t \, .$$

(7.1)

v heisse die Geschwindigkeit des Vorgangs.

Nun betrachten wir Vorgänge mit Wechselwirkung. Es seien zunächst zwei Vorgänge. Wir beschreiben den jeweiligen Zustand beider Vorgänge durch einen reellen Vektor in zwei Dimensionen

$$\vec{x} = \begin{pmatrix} x_1 \\ x_2 \end{pmatrix} .$$

(7.2)

Auch der Vorgang mit Wechselwirkung soll durch eine Gruppe mit reellen Zahlen, nun im zweidimensionalen Vektorsraum, beschrieben werden. Man beschreibt dabei die Gruppe durch Produkte von Matrizen. Falls beide Vorgänge frei sind, wäre der Generator ihrer Gruppe

$$g = \begin{pmatrix} v_1 & 0 \\ 0 & v_2 \end{pmatrix} ,$$

(7.3)

und das Gruppenelement zur Zeit t

$$x(t) = \begin{pmatrix} e^{v_1 t} & 0 \\ 0 & e^{v_2 t} \end{pmatrix} \begin{pmatrix} x_1^0 \\ x_2^0 \end{pmatrix} = \begin{pmatrix} x_1^0 \, e^{v_1 t} \\ x_2^0 \, e^{v_2 t} \end{pmatrix} .$$

(7.4)

Die additive Schreibung (7.1) tritt also in dieser multiplikativen Schreibung der Gruppe durch Matrizen in den Exponenten.

Die Gruppe hat vier linear unabhängige Generatoren

$$a' = \begin{pmatrix} 1 & 0 \\ 0 & 1 \end{pmatrix}, \; b' = \begin{pmatrix} 1 & 0 \\ 0 & -1 \end{pmatrix}, \; c' = \begin{pmatrix} 0 & 1 \\ 1 & 0 \end{pmatrix}, \; d' = \begin{pmatrix} 0 & 1 \\ -1 & 0 \end{pmatrix} . \; (7.5)$$

Die durch diese vier Generatoren erzeugten Darstellungen schreibe ich als Funktionen der Zeit

$$a(t) = \begin{pmatrix} e^t & 0 \\ 0 & e^t \end{pmatrix}, \; b(t) = \begin{pmatrix} e^t & 0 \\ 0 & -e^t \end{pmatrix}, \; c(t) = \begin{pmatrix} K & S \\ S & K \end{pmatrix}, \; d(t) = \begin{pmatrix} k & s \\ -s & k \end{pmatrix} \; (7.6)$$

mit $K = \cosh t, \quad S = \sin t, \quad k = \cos t, \quad s = \sin t.$ (7.7)

Im Raum dieser vier Generatoren lassen sich vier andere, für die Deutung interessante Basiselemente erzeugen:

$$e' = \frac{1}{2}(a' + b') = \begin{pmatrix} 1 & 0 \\ 0 & 0 \end{pmatrix}, \; f' = \frac{1}{2}(a' - b') = \begin{pmatrix} 0 & 0 \\ 0 & 1 \end{pmatrix},$$

$$g' = \frac{1}{2}(c' + d') = \begin{pmatrix} 0 & 1 \\ 0 & 0 \end{pmatrix}, \; h' = \frac{1}{2}(c' - d') = \begin{pmatrix} 0 & 0 \\ 1 & 0 \end{pmatrix}. \quad (7.8)$$

Es ergeben sich die vier Darstellungen

$$e(t) = \begin{pmatrix} e^t & 0 \\ 0 & 1 \end{pmatrix}, \; f(t) = \begin{pmatrix} 1 & 0 \\ 0 & e^t \end{pmatrix}, \; g(t) = \begin{pmatrix} 1 & t \\ 0 & 1 \end{pmatrix}, \; h(t) = \begin{pmatrix} 1 & 0 \\ t & 1 \end{pmatrix}. \quad (7.9)$$

Dass in g (t) und h (t) nicht e^t, sondern der lineare Ausdruck t steht, hat seinen Grund darin, dass die Matrizen g' und h' nilpotent sind:

$$g'^2 = h'^2 = 0. \qquad (7.10)$$

Formal könnte man mit g (t) z.B. das Newtonsche Trägheitsgesetz beschreiben:

$$\vec{\mathbf{x}} = g(t) = \begin{pmatrix} x_1 \\ x_2 \end{pmatrix} = \begin{pmatrix} x_0 + pt \\ p \end{pmatrix} \qquad (7.11)$$

Hier wäre p der Impuls, $x_0 + pt$ der Ort.

8. Komplexe Quantentheorie als Darstellung von Objekten

Die Gruppe d (t) in (7.6) ist orthogonal. Schreibt man den reellen Zweiervektor als eine komplexe Zahl:

$$u = x_1 + ix_2, \qquad (8.1)$$

so wird u durch d (t) unitär transformiert. Die Transformation d(t) hält also die Norm des reellen Vektors x invariant. In der Sprechweise des vorigen Abschnitts kann man das als Wechselwirkung der zwei Vorgänge x_1 und x_2 so deuten: Gemäss der Matrix d' verändert einerseits der Vorgang x_2 den Vorgang x_1 proportional zu sich selbst, d.h. zu x_2. Wenn x_2 positiv ist, wird x_1 vergrössert, wenn x_2 negativ ist, wird x_1 verkleinert. Andererseits aber verändert der Vorgang x_1 gleichzeitig den Vorgang x_2 entgegengesetzt proportional zu x_1. Positives x_1 verkleinert also x_2, negatives x_1 vergrössert x_2. Diese beiden gegenläufigen Einflüsse erzeugen also eine Rotation von x_1 und x_2 durch die möglichen Werte des Cosinus und Sinus, so dass die Summe ihrer Quadrate konstant bleibt. Wir haben so eine komplexe Zahl mit imaginärer Zeitabhängigkeit:

$$u = u_0 \, i\omega t.$$ (8.2)

Die reelle Quantentheorie enthält also in sich als eine Untermannigfaltigkeit die komplexe Quantentheorie.

Wir erhalten hier somit durch die Wechselwirkung zweier Vorgänge, deren jeder, wäre er frei, im Typ der Trägheitsbewegung ins Unendliche streben müsste, nun einen kreisartig in sich zurücklaufenden Vorgang. Dies kann als die Basis des Begriffs eines mit sich selbst identisch bleibenden *Objekts* gelten.

Es ist aber nicht auszuschliessen, dass auch die nichtkomplexen Teile der rellen Quantentheorie in der Dynamik der Objekte oder des Kosmos eine Rolle spielen. H. Saller hat mich darauf aufmerksam gemacht, dass in der Wechselwirkung von Elementarteilchen nichtnormierbare "Geister" eine Rolle spielen, welche durch nilpotente Operatoren (wie z.B. g' und h') dargestellt werden können.

9. Endliche Alternativen

In den vergangenen Jahren haben wir die abstrakte Quantentheorie aufgebaut durch Postulate über empirisch entscheidbare Alternativen.[4] A_n sei eine Anzahl von n einander gegenseitig ausschliessenden Zuständen bezw. das Vorliegen den jeweiligen Zustand behauptender Aussagen. "Gegenseitig ausschliessend" soll zweierlei besagen: Ist eine der n Aussagen wahr, so sind alle n-1 anderen falsch; sind n-1 Aussagen falsch, so ist die letzte wahr. Dann sagt ein Postulat: Es gibt

---

4) C. F. v. Weizsäcker: "Aufbau der Physik", 1985 (Fn. 3), Kap. 8; dort auch Drieschner (1970, 1979). Ferner M. Drieschner, Th. Görnitz, C. F. v. Weizsäcker "Reconstruction of Abstrakt Quantum Theory", Int. Journal of Theoret. Physics (1987)

mögliche Zustände bezw. Aussagen so, dass, wenn die Aussage wahr ist, jede der n Aussagen in der Alternative eine scharf definierte Wahrscheinlichkeit hat; die Summe dieser Wahrscheinlichkeiten ist Eins. Dieses Postulat kann man nun formal aus der oben (Abschnitt 8) vorgeführten komplexen Quantentheorie von Objekten herleiten, wenn man in (8.2) $|u_o|^2$ als die Wahrscheinlichkeit des betreffenden Zustandes auffasst. A_n umfasst n solche Zustände, und falls alle konstant sind, beschreibt dies einen stationären Quantenzustand des durch A_n bezeichneten Objekts. Sei z.B. das Objekt ein Drehimpuls j·h, so ist n = 2j + 1; für j = 0 ist n = 1, für j = 1/2 ist n = 2 etc. Die Anzahl der reellen Dimensionen, in denen man A_n beschreiben kann, ist dann 2n. Man kann dann auch eine Zeitabhängigkeit des Zustandes einführen.

10. Binäre Ur-Alternativen und das Raum-Zeit-Kontinuum

Alle endlichen Alternativen A_n kann man durch endlich viele Ja-Nein-Entscheidungen entscheiden. Auch der komplexe Vektorraum einer A_n lässt sich durch tensorielle Produkte von endlich vielen zweidimensionalen Vektorräumen darstellen. Diese haben jeweils die Symmetriegruppen $U(2)$, falls unitär, GL $(2,C)$ falls linear. Ich nenne diese binären Alternativen Ur-Alternativen oder kurz *Ure*.

Schon in der Arbeit "Komplementarität und Logik III" (1958) von Scheibe, Süssmann und mir wurde ausführlich gezeigt, dass die Gesetze freier Zustände von Objekten, wenn sie der allgemeinen abstrakten komplexen Quantentheorie genügen, stets im (3+1)dimensionalen Raum-Zeit-Kontinuum der Relativitätstheorie beschrieben werden können. Die allgemeine unitäre Gruppe U(n) in n komplexen Dimensionen lässt sich stets im Produkt einer hinreichend grossen Anzahl von Gruppen U(2) darstellen. Nun ist SU(2) bis auf eine Zweideutigkeit isomorph mit der reell-dreidimensionalen Drehgruppe SO(3), und SL(2,C) zu SO(3,1), also der Lorentz-Gruppe. In "Aufbau der Physik" (1985), Kap. 9 und 10, ist dies noch weiter ausgeführt.[5]

---

5) Vgl. dort speziell Kap. 9.3, "Raum und Zeit" und L. Castell, Quantum Theory

Hier eine Warnung. Wie ich schon im Abschnitt 7 gesagt habe, wird in diesen Überlegungen das Fortschreiten der Zeit (und analog das Fortschreiten der Gruppenparameter) zunächst naiv durch die additive Gruppe der reellen Zahlen beschrieben. In den Arbeiten, die ich hier zitiere, geschieht dies überall. Wir werden dann aber rechtzeitig aufmerksam werden müssen, wo hiermit vielleicht das Kontinuum zu simpel dargestellt wird.

11. Freie Teilchen

Das einfachste reale Objekt dürfte ein freies Teilchen sein. Wie müssen wir es mathematisch beschreiben? Wir wählen als Basis seines Zustandraums die Eigenzustände des Impulsoperators. Aber hier treten alsbald die eingangs beschriebenen mathematischen Fragen auf. Ein Impulszustand im unendlichen Ortsraum (also auch im Minkowski-Raum) ist nicht quadratintegrierbar. Wir sind freilich auch nicht a priori verpflichtet, das Raum-Zeit-Kontinuum als Minkowski-Raum darzustellen. Gehen wir davon aus, dass Teilchen aus Uren bestehen, so müssen wir zunächst "Ure" und "Anti-Ure" unterscheiden, deren Zeitabhängigkeit im freien Zustand e^{-iwt} und e^{iwt} ist. Aus Produkten von Erzeugungs- und Vernichtungs-Operatoren von Uren und Anti-Uren können wir dann[6] die 15-parametrige Gruppe SU(2,2) bzw. SO(4,2) erzeugen. Dies ist die konforme Gruppe der speziellen Relativitätstheorie, welche als Untergruppen die Poincaré-Gruppe des Minkowski-Raums enthält, aber auch die SO(4,1) des de Sitter-Raums, mit expandierendem sphärischen Ortsraum, und die SO(3,2) des "Anti-de Sitter-Raums", mit hyperbolischem Ortsraum und zyklischer Zeit. Mit noch anderen Generatoren können auch noch andere Weltmodelle erzeugt werden. Z.B. ein gleichmässig expandierender sphärischer Einstein-Kosmos; dieser hätte zu jeder Zeit nur endlich viele Ure, aber mit stets wachsender Anzahl.

of Simple Alternatives (1975) in "Quantum Theory and Structures of Time an Space" I (1975) bis VI (1986).

6) Castell (Fn. 5) 1975, C.F. v. Weizsäcker: Aufbau der Physik (Fn. 3) S. 407

Konkrete Rechnungen über freie Impulszustände haben Th. Görnitz und ich gemacht, unter Voraussetzung eines Minkowski-Raums mit der Poincaré-Gruppe. Ein solcher Zustand ist eine unendliche Summe von Gliedern, deren jedes aus 2N oder bei Spin 2N+1 Uren als Faktoren besteht und $0 \le N < \infty$. Die Poincaré-Gruppe legt fest, dass jedes wohldefinierte Teilchen einen vom Impulswert unabhängigen Wert des Spins und der Ruhmasse hat. Der Zahlfaktor jedes Summanden hängt vom Impulswert ab. Er geht, wenn N gegen Unendlich strebt, gegen Null, aber so, dass die Summe divergiert. Maximal ist der Zahlfaktor in der Nähe des Impulswertes des betreffenden Zustandes, sofern der Impuls eines einzelnen Urs gleich Eins gesetzt wird. Für experimentell beobachtbare Impulse real vorkommender Teilchen kann man diese Impulszustände auch, durch konvergente Wahl der Summanden zu grossem N, in guter Näherung durch quadratintegrierbare Funktionen beschreiben. In einem expandierenden Einstein-Kosmos haben Impulszustände in Strenge diese Gestalt. Sie enthalten dann eine (zeitabhängig) endliche Anzahl von Uren.

12. Wechselwirkung

Die Theorie der Wechselwirkung und damit zugleich der Systematik der Elementarteilchen ist ein angestrebtes Ziel unserer Arbeitsgruppe, das wir aber noch nicht erreicht haben. Hier sei nur der Ansatz erläutert. Als Beispiel wähle ich die Quantentheorie des Wasserstoffatoms.

Naiv sagt man, das (leichte) Wasserstoffatom bestehe aus zwei Elementarteilchen: dem Proton und dem Elektron. Dazu kommt aber notwendigerweise das elektromagnetische Feld. Im Grundzustand des Atoms ist das schlicht das Coulombfeld. Aber das Atom ist innerer Zustandsänderung fähig. So zunächst im diskreten Zustandsspektrum. Bei diesen Übergängen werden Photonen emittiert oder absorbiert. Dazu ist dann auch der kontinuierliche Teil des Zustandsspektrums zu betrachten. Eine unbestimmte Anzahl von Photonen nimmt an diesen

Vorgängen teil. Man könnte also sagen, das Wasserstoffatom bestehe aus einem Proton, einem Elektron und dem elektromagnetischen Feld. In der Entfernung von ihm, in welche die Photonen entweichen oder aus der sie kommen, befinden sich in der realen Welt aber auch andere Atome. Die Vorstellung des "freien" Atoms ist also stets nur eine Näherung. Dabei reicht die "übrige Welt" nicht nur nach aussen. Das Proton besteht aus Quarks. Das Quark-Gluonen-Feld ist nach aussen durch Ansteigen des Potentials (confinement) abgeschirmt, hat aber bei kleinen Distanzen grosse Mannigfaltigkeit.

Behandelt man Stossprozesse zwischen "freien" Teilchen, so führt dies, falls man streng rechnet, letzten Endes in eine für uns nicht mehr durchrechenbare Theorie des Universums. Andererseits ist bei starken Stossprozessen die Individualität der Stosspartner vielfach nicht bewahrt; Hagedorn bezeichnete einen solchen zeitweiligen Zustand als einen "Feuerball". Immerhin hat man heute, z.B. in der Quantenelektrodynamik[7], sehr gute Näherungsrechnungen. Dabei muss man aber Ansätze für die Dynamik und Wechselwirkung der Teilchen und Felder machen, die aus der empirischen klassischen Feldtheorie stammen. Man fragt sich, ob diese Ansätze nicht selbst aus der fundamentalen Quantentheorie gefolgert werden können.

Ein naheliegender Weg dazu wäre die Zerlegung aller Teilchen bezw. Felder in Ure. Nun ist aber ein Ur die Einheit der Information, bezogen auf den ganzen Kosmos. Nach heutigen Ansätzen über den gegenwärtigen Weltradius würde das bedeuten[8], dass man ein Proton durch etwa 10^{40} Ure streng lokalisieren kann (Weltradius, in Comptonwellenlängen des Protons gemessen). Aus so vielen bits liesse sich eine unermessliche Menge verschiedener kombinierter Zustände vieler Teilchen bilden. Hier wäre also als Erstes die Frage zu beantworten, warum es überhaupt Teilchen gibt, also Anordnungen von sehr vielen Uren in gleichen Zuständen.

Diese Frage ist in der bisherigen "Ur-Theorie" nicht gelöst. Ich habe Vermutungen darüber, die ich aber, als unvollendet, hier nicht

---

7) Abgekürzt QED; lateinisch bedeutet das "quod erat demonstrandum"!
8) Aufbau der Physik (Fn. 3) Kap. 10.6d, S. 474

vorführen möchte. Die verbleibenden Abschnitte dieser Aufzeichnung behandeln Probleme, die geklärt sein sollten, ehe wir uns auf diese Frage einlassen können.

13. Quantentheorie des Kontinuums

Wir haben jetzt eine Korrektur an den bisherigen Überlegungen anzubringen. Ich habe mehrfach gesagt, dass ich das Kontinuum vorerst "naiv" durch die sogenannten reellen Zahlen beschreibe. Wir betrachten nun noch einmal die Struktur der Zeit.

Die Vergangenheit können wir soweit kennen, als wir *Fakten* aus ihr wissen. Angebbare Fakten kann man *zählen*. Also sind die uns bekannten vergangenen Fakten eine *diskrete* Menge. Über die Zukunft schätzen wir nur *Möglichkeiten* ab. In der klassischen Physik und in der traditionellen Quantentheorie beschreiben wir diese durch *Wahrscheinlichkeiten* oder gar durch *komplexe Funktionen*. Diese Begriffe kennen wir als *kontinuierlich*. Nun aber wählt die jeweilige Gegenwart aus einem solchen Kontinuum nur diskrete *Ereignisse* aus, die nachher als Fakten bekannt bleiben können. Wie verhalten sich in unserem prognostischen Blick auf die Zukunft diese möglichen diskreten Ereignisse zum Kontinuum, durch das wir die Möglichkeiten konventionell beschreiben?

Ich verweise hier auf einen frühen Vorgang aus der Geschichte der Quantenfeldtheorie. Schrödingers Wellenfunktion ψ gab in ihrer Deutung durch Born und Heisenberg als $|\psi|^2$ die Wahrscheinlichkeitsdichte für diejenige klassische Observable (z.B. Ort oder Impuls), von der man ψ in der gewählten Darstellung abhängen liess. Hier erschien also die Welle als kontinuierliches Möglichkeitsmass für diskrete Fakten. Nun waren aber Ort und Impuls klassisch ebenfalls kontinuierliche Variable. Man musste sie quantentheoretisch als Matrizen, also als Operatoren auf ψ, schreiben, damit die klassische Bahn nicht selbst als ein Kontinuum von Fakten erschien (dazu oben Abschnitt 6 über die Herkunft der Quantentheorie). Nun geriet man aber in ein Dilemma, wenn man diese Denkweise auf das elektromagnetische Feld anwandte. Einerseits galten die elektrischen und magnetischen Feldstärken als klassisch messbar. Wollte man auf sie Quantentheorie anwenden, so musste man sie selbst als Operatoren beschreiben, die in einem (zunächst nicht mehr separablen) Hilbertraum wirken. In der konsequenten Quantenelektrodynamik aber musste man Materie-Strom und -Dichte ebenfalls als Felder, durch ψ, beschreiben, deren Wechselwirkung mit den elektromagnetischen Feldern erforderte, auch ψ als Operator in einem höheren Hilbertraum einzuführen. Das nannte man dann "zweite Quantelung".

Diese Bezeichnung erschien zunächst, zumal in der Kopenhagener Bemühung, das Verhältnis der Quantentheorie zur klassischen Physik inhaltlich zu verstehen, willkürlich oder paradox. Heisenberg verbot mir, als ich Student war, diesen Namen zu gebrauchen. Aber dies Verfahren bewährte sich in der Quantenfeldtheorie. Ich versuchte später, es als konsequente Anwendung des Wahrscheinlichkeitsbegriffs zu deuten.[9] Wahrscheinlichkeit interpretierte ich als Erwartungswert der relativen Häufigkeit von Ereignissen in einem Ensemble. Dann konnte man aber ein Ensemble von Ensembles sinnvoll definieren: relative Häufigkeit von relativen Häufigkeiten. Im jetzigen Text erinnere ich an das schrittweise Fortschreiten der Bildung rationaler Zahlen durch Teilung. "Reelle Zahlen" sind nur ideale Grenzfälle solcher Teilung.

Man kommt bei dieser Überlegung zum Begriff der "mehrfachen Quantelung". Die Stufen, welche die Quantelungsschritte voneinander trennen, werden in der Quantenfeldtheorie durch die klassischen Gesetze der ersten Stufe bestimmt. In einem systematischen Aufbau der Theorie der Wechselwirkung müsste sie aus dem oben als noch unvollendet zitierten Versuch der Kombination von Uren zu Teilchen folgen.

Hier noch ein Rückblick auf die Geschichte der Geometrie im Fachbereich der Mathematik. Seit den Griechen überliefert ist uns der euklidische dreidimensionale Raum. Seit dem 19. Jahrhundert sehen wir die Möglichkeit vieler verschiedener Geometrien. Im jetzt

---

9) Aufbau der Physik (oben Fn. 3), Kap. 7.4 "zweite Quantelung", S. 306-309

versuchten Aufbau der Quantentheorie ergeben sich je nach den Zuständen der Objekte, formalisiert in den Uren, verschiedene Geometrien. Oben verwies ich auf die verschiedenen kosmologischen Modelle. Aber die beliebige Verteilung der Ure lässt auch verschiedene Geometrien im Kleinen zu. In diesem Sinne spreche ich hier von "empirischer Mathematik".

14. Ereignisse

Bis hierher habe ich die quantentheoretischen Modelle nur als konti-nuierliche Darstellungen des kontinuierlichen Zeitablaufs beschrie-ben. In der traditionellen Quantentheorie gibt es aber noch völlig andere Vorgänge. Die Wahrscheinlichkeit eines Ereignisses lässt ein Faktum entstehen, dessen ψ-Funktion von derjenigen, aus welcher die Wahrscheinlichkeit berechnet wurde, völlig verschieden ist. Man spricht dann von einem *Kollaps* der Wellenfunktion. Es zeigt sich mathematisch, dass bei alsbaldiger Wiederholung einer Messung die Wahrscheinlichkeit desselben Resultats beliebig nahe bei Eins liegen wird. Also ist das Faktum in diesem Sinne irreversibel.

Diese Verknüpfung der Wahrscheinlichkeit von Ereignissen mit dem Absolutquadrat der Wellenfunktion wird traditionell als der *Indeterminismus* der Quantentheorie, als die Verletzung des strengen Kausalgesetzes verstanden. Man wird damit aber alsbald vor ein neues Problem gestellt: *Wann geschehen Ereignisse?* Eine Antwort, die mich überzeugt hat, lautet: Nur dann, wenn sich gemäss der Zeitabhängigkeit der Wellenfunktion ein *irreversibler* Vorgang abspielen muss. Ich habe mir früher dazu eine Sprechweise zurechtgelegt, die ich nach dem Ort, an dem ich sie zum erstenmal vorgetragen habe, die "Triestiner Theorie"[10] genannt habe. Sie hängt mit der Theorie des *Messprozesses* zusammen.

Die klassische These ist zunächst: Wenn an einem Objekt die Messung einer Grösse x vollzogen wird, dann ist die Wahrschein-lichkeit, einen bestimmten Wert x' zu erhalten, $|\psi(x')|^2$. Hiermit

---

10) Aufbau der Physik (Fn. 3), Kap. 13.3, S. 606-609 (1972 vorgetragen)

geschieht im Messapparat und, wenn ich hinschaue, auch in meinem Bewusstsein, ein irreversibler Prozess: ein *Faktum* ist konstituiert. Manche Interpreten der Quantentheorie haben daraus gefolgert, der Zustand des Objekts sei eine Folge unseres Bewusstseinsakts. Dies würde uns vor schwere philosophische Fragen stellen, die ich im nachfolgenden Abschnitt 15 noch einmal berühren will. Aber Niels Bohr hat die These aufgestellt, jeder Messvorgang müsse eine Beschreibung seines Resultats gemäss der klassischen Physik zulassen. Denn dann liege das Resultat objektiv vor, einerlei ob jemand es sofort oder auch ob jemand es überhaupt zur Kenntnis nimmt. "Klassisch" soll hier wohl nur heissen: nicht mit der quantentheoretischen Unbestimmtheit des Resultats der Beobachtung behaftet. Dies bedeutet dann: Ereignisse finden objektiv statt, einerlei, ob sie beobachtet werden. Sie müssen eine Eigenschaft haben, die sich für jeden Beobachter als identisch erweisen wird. Eben dies aber drückt ja wohl die Behauptung aus, sie müssten jeweils ein *irreversibles* Ereignis gewesen sein. Um diesen Begriff genauer zu interpretieren, müsste ich mich tiefer auf statistische Thermodynamik einlassen.

In der "Triestiner Theorie" habe ich die weitere These aufgestellt, solange kein irreversibler Prozess geschehe, dürfe man das ständige Geschehen beliebiger Ereignisse unwiderlegbar und eben darum auch unverteidigbar behaupten. Ich lasse diese Sprechweise hier auf sich beruhen.

Die Frage aber ist: Welche Bedingungen müssen erfüllt sein, damit ein Prozess irreversibel sei? Ich gebe zunächst zwei vereinbare Beispiele.

A. Schlüter betrachtet folgendes Modell: Ein freies Teilchen habe zwei Zustände: einen Grundzustand und einen metastabilen angeregten Zustand. Wenn der angeregte Zustand in den Grundzustand übergeht, werde ein Photon emittiert. Das Teilchen ist frei, also entweicht das Photon in den schwarzen Nachthimmel und kommt nie wieder. Natürlich ist dies nur ein sehr wahrscheinliches Resultat, denn voll freie Teilchen, also Teilchen ohne umgebendes, Objekte enthaltendes Universum gibt es nicht. Irreversibilität ist stets nur ein wahrscheinlicher, aber nicht ein absolut gewisser Zustand.

Im obigen Abschnitt 7 lässt sich ein Zustand

$$x = x_0 \, e^{-\alpha t} \qquad (14.1)$$

definieren. Hier nimmt x ständig ab und nähert sich dem Wert Null.

Beide Modelle werden dargestellt wie freie Objekte, können aber nur zustandekommen durch vorhergehende Wechselwirkung. Beschreibt man diese Koexistenz wechselwirkender Objekte und dann deren Trennung, die durch kräftefreie Bewegung stattfinden kann, und schliesslich den irreversiblen Abstieg, so findet sich kein spezieller Augenblick des "Ereignisses". Nur makroskopisch gesehen gibt es den "Zeitpunkt des Ereignisses".

Woher aber kommt dann die Unvorhersagbarkeit des Ereignisses, also der probabilistische Indeterminismus? Durch Lektüre des Buchs von Omnès[11] bin ich auf eine Deutung aufmerksam geworden, die seit etwa zwei Jahrzehnten lebhaft diskutiert wird. Beobachtbare Objekte bestehen meist aus vielen Atomen. Und selbst einzelne Atome bewegen sich unter dem Einfluss einer komplizierten Umgebung. Die Schrödingergleichung, durch die wir das Objekt beschreiben, enthält aber nur sehr wenige für uns messbare Grössen. Der "Hintergrund" der nicht beobachteten Grössen kann jedoch sehr wohl die Bewegung der messbaren Grössen stark beeinflussen. Also könnte bei gleichem zeitweilig beobachtetem Verlauf der Bewegung eine unbeobachtete Hintergrundbewegung die Wechselwirkung mit dem Messinstrument wesentlich bestimmen. Mit dieser Überlegung logisch vereinbar wäre dann die Annahme, dass die Zeitentwicklung aller Grössen durch den Anfangszustand voll determiniert ist, aber dass die Unbekanntheit des Anfangzustands des Hintergrunds ausreicht, auch das Messergebnis unvorhersagbar zu machen.

Wenn wir diese Überlegung auch in die Theorie der Ure einführen, so werden wir selbst für freie Teilchen die Unvorhersagbarkeit von Messergebnissen erwarten. Es wäre also denkbar, dass

---

11) Roland Omnès: The Interpretation of Quantum Mechanis, Princeton 1994

der "Kollaps" der bekannten Wellenfunktion nur eine vordergründige Wirkung der Unbekanntheit der vollen Wellenfunktion wäre.

Auch dies könnte allenfalls in einer durchgeführten Theorie der Wechselwirkung überprüft werden.

15. Selbstkenntnis

In diesem letzten Abschnitt kann ich die philosophischen Grundprobleme nur andeuten, die meines Erachtens die Ursache der bis heute unbeendeten Interpretationsdebatte der Quantentheorie sind.

Niels Bohr sah einen fundamentalen Unterschied zwischen der klassischen Physik und der Quantentheorie darin, dass die klassische Physik eine Theorie reiner Objekte ist, während in der Quantentheorie die Trennung zwischen Subjekt und Objekt nicht mehr möglich sei. Ich wende diese Fragestellung auf meinen gegenwärtigen Aufsatz an.

Der quantentheoretische Zustand gibt die Wahrscheinlichkeiten möglicher Messresultate an. Eine Wahrscheinlichkeit ist Inhalt des Wissens eines Subjekts. Wenn sich ψ ohne Messung deterministisch (gemäss der Schrödingergleichung) ändert, durch Messung aber indeterministisch verändert wird, so ist das Handeln des messenden Subjekts wesentlicher Teil des Naturvorgangs am Objekt.

Nun habe ich freilich soeben am Ende des Abschnitts 14 auf die Möglichkeit hingewiesen, dass der quantentheoretisch vollständig beschriebene Vorgang deterministisch verliefe und der Indeterminismus nur Folge inkompletten Wissens über die Anfangsbedingungen des Hintergrunds wäre. Andererseits aber habe ich vom Beginn des Aufsatzes an versucht, die Quantentheorie und die in ihr benutzte Mathematik als Darstellung der Zeit, und die Zeit als Träger der Erfahrung zu beschreiben. Der Unterschied vergangener Fakten und zukünftiger Möglichkeiten betrifft mögliches Wissen von Subjekten. Gerade in der Theorie des Kontinuums (Abschnitt 13) wird dies deutlich. Wir entgehen also der Frage nicht, welches die Rolle der Physik als subjektives Wissen von der Natur, und welches die Rolle der Subjekte als Teile der Natur sei.

Ich verweise hierfür auf die historische und philosophische Rolle der neuzeitlichen Trennung der Begriffe von Subjekt und Objekt. Aristoteles definierte Physik als die Lehre von denjenigen Bewegungen, deren Ursache im Wesen des bewegten Gegenstands selbst liegt. So das Fallen eines Steins oder das Aufsteigen einer Flamme, weil beide ihren natürlichen Ort suchen: der Körper unten, das Feuer oben. Ebenso die Bewegung lebender Wesen, auch ihre Erzeugung von Nachkommen. Der gemeinsame Name dieser bewegenden Prinzipien ist *psyche,* Seele. Also ist das, was wir heute subjektiv nennen, Wesen und Bewegungsursache dessen, was wir heute Objekte nennen.

Die neuzeitliche Trennung von Subjekt und Objekt wurde vielleicht am schärfsten gefordert und reflektiert von Descartes. Es gibt die *res extensa*, die ausgedehnte Substanz, welche der Geometrie, also der Mathematik unterliegt und so in ihren Kausalitäten erkannt werden kann, und die *res cogitans*, die denkende Substanz, welche sich selbst kennt und welche die Mathematik denken, also das Verhalten der ausgedehnten Substanz erklären kann. In der Diskussion hierüber schrieb Thomas Hobbes an Descartes, er sehe nicht ein, warum die ausgedehnte Substanz nicht auch sollte denken können. Descartes sah dies als Flucht in den Zweifel. Er aber suchte eine zweifelsfreie Gewissheit. Ich gehe hier nicht auf die Details seiner Argumente ein.

Die klassische Physik seit Newton setzte voraus, dass es einen objektiven Raum gibt, in dem Körper, und in späterer Version auch Felder, kausal bewegt werden können. Diese Theorien gaben Anstoss, die klassische Mathematik des Kontinuums zu entwickeln und als Wahrheit a priori zu verstehen. Eben dies hat mir Anlass gegeben, an Hand der Quantentheorie die thermodynamische Unmöglichkeit einer klassischen Feldphysik und an Hand der Paradoxien der Mengenlehre die Problematik des traditionellen Kontinuumsbegriffs zu empfinden. Eben dies hat mir Anlass gegeben, eine abstrakte Quantentheorie zu entwerfen, an Hand eines Begriffs endlich zählbarer Alternativen und eines gruppentheoretisch fundierten Wahrscheinlichkeitsbegriffs.

Dies führte dann zur Frage, auf welche Wirklichkeiten diese abstrakte Theorie angewandt werden könne. Zählbare Alternativen und Verknüpfung zwischen ihnen durch Wahrscheinlichkeiten gibt es für Körper im Raum. Es kann sie aber ebenso geben für psychische Vorgänge in der Selbstwahrnehmung und in der Wahrnehmung von Mitmenschen oder anderer, uns verständlich erscheinender Lebewesen. Wenn die Quantentheorie Darstellung der Zeit ist, so soll uns dies nicht verblüffen: Objekte und Subjekte kennen wir in der Zeit.

Nun habe ich vorher betont, dass einzelne freie Objekte oder Alternativen nicht in Strenge existieren. Ein absolut wechselwirkungsfreies Objekt wäre für uns nicht wahrnehmbar, käme also in unserer empirisch überprüfbaren Physik gar nicht vor. Wechselwirkungsfreiheit ist stets nur eine genäherte Beschreibung der Wirklichkeit. Wollten wir alle vernachlässigten Wechselwirkungen einbeziehen, so müssten wir ein Modell der ganzen Welt entwerfen. Dieses Modell aber würde die Welt wie ein freies Objekt in der Welt beschreiben. Wir werden also wohl sagen dürfen, dass die Logik und Mathematik, die wir in der Physik benutzen, ihrem Wesen nach die volle Wirklichkeit nicht erfassen können.

Mit diesem Vorbehalt aber dürfen wir schliessen: Der Newtonsche oder Minkowski-Einsteinsche Raum ist in der Quantentheorie der Uralternativen die natürliche Art, alles dieser Theorie Zugängliche mathematisch anzuordnen. Es steht nichts im Wege, dies auch für psychische Alternativen zu folgern. Also steht nichts im Wege, die denkende Substanz, genähert mathematisch beschrieben, auch für uns als ausgedehnte Substanz wahrnehmbar zu halten. Mein Gehirn: meine seelischen Vorgänge, von aussen betrachtet. Das Universum: Gott mit den Augen eines Naturwissenschaftlers der europäischen Neuzeit betrachtet. Hier freilich endet das, was wir aus der Quantentheorie folgern können. Es genügt, dass sie das Weiterfragen in dieser Richtung nicht ausschliesst.

Zum weiteren Verständnis der Quantentheorie (1996 - 1997)

Die hier folgenden drei Texte (Abschnitte 16, 17, 18) sind Versuche eines Selbstgespräches mit dem Ziel, die Quantentheorie zu verstehen. "Heute lebt niemand, der die Quantentheorie verstanden hat" (Feyman). Ich lege sie vor, um Lesern die Teilnahme an diesem Selbstgespräch vorzuschlagen. Sie sind eine Fortsetzung der vorstehenden[12] Überlegungen, die inzwischen auch in englischer Version[13] vorliegen.

16. Was ist Quantelung?

16.1 Sinn der Frage

Der Terminus "Quantelung" oder "Quantisierung" wurde in der Geschichte der Quantentheorie oft benutzt. Er wurde verstanden als Übergang von der klassischen Beschreibung eines Phänomens oder einer Theorie zur Quantentheorie. Das überlieferte Beispiel ist der Übergang von Begriffen messbarer, an sich existierender Grössen wie Ort und Impuls zu abstrakten Grössen, die als Operatoren auf einem Vektorraum (einer Wellenfunktion) definiert sind, und deren Eigenwerte ihre möglichen Messwerte angeben. Diese mathematische Beschreibung des Quantelungsprozesses zeigte dann, dass es sich hier nicht einfach um die Konfrontation zweier Ansätze zu einer fundamentalen Physik handelte, eben der klassischen Theorie und der Quantentheorie. Es zeigte sich nämlich, dass der Quantelungsprozess innerhalb der Quantentheorie mathematisch iteriert werden kann: "zweite Quantelung" in der Feldtheorie, oder allgemeiner gesagt "mehrfache Quantelung". Im vorstehenden Aufsatz spielt der Begriff

---

12) Die vorstehenden Abschnitte 1 bis 15 wurden im Februar 1996 begonnen. Der folgende Abschnitt 16 wurde im August 1996, der Abschnitt 17 im Januar 1997 und der Abschnitt 18 im März 1997 begonnen.

13) C.F. von Weizsäcker: "Time - Empirical Mathematics - Quantum Theory." In: Harald Atmanspacher, Eva Ruhnau (eds.): Time, Temporality, Now. Experiencing Time and Concepts of Time in an Interdisciplinary Perspective. Berlin: Springer 1997, pp. 91 - 104

der mehrfachen Quantelung eine wesentliche Rolle bei der mathematischen Theorie des Kontinuums. Diese Rolle versuche ich jetzt weiter zu verstehen.

Die leitende Hypothese des Aufsatzes in dieser Frage war, dass in der empirisch anwendbaren Mathematik die Quantentheorie die Theorie des Kontinuums enthält oder ist. Dies enthält eine Umkehrung der historischen Reihenfolge der Argumente. Historisch war die klassische Physik schon ausgebildet, und die Quantentheorie veränderte diese, um Paradoxien zu vermeiden und atomare Erfahrungen besser darzustellen. Dieser Übergang hiess dann "Quantelung". Mein Versuch ist, die Quantentheorie aus Postulaten über die Bedingungen von Erfahrung herzuleiten und die klassische Physik nachträglich als einen ihrer Grenzfälle zu begründen.

Ich erinnere nun zunächst an den historischen Zusammenhang, unter der soeben skizzierten Fragestellung, um danach den direkten Weg zur Quantentheorie zu diskutieren.

16.2 Historische Voraussetzungen

Die griechische Mathematik enthielt im wesentlichen Arithmetik und Geometrie. Arithmetrik umfasst Operationen mit natürlichen Zahlen bis hin zu den Brüchen (oben modern geschildert, die Abschnitte "2. Natürliche Zahlen" und "4. Gruppen"). Geometrie bedeutet wörtlich Erdvermessung. Sie wird eine abstrakte Theorie möglicher Figuren im Kontinuum. Zur Geschichte der damit entstandenen Probleme Abschnitt "5. Kontinuum". Ich folgere dort, dass die Darstellung des Kontinuums seit dem 19. Jahrhundert durch Punktmengen und "reelle Zahlen" möglicherweise nur eine Näherung ist, welche durch die Quantentheorie, als abstrakte Mathematik gelesen, noch verbessert werden kann.

Die Geschichte der Quantentheorie im 20. Jahrhundert möchte ich unter folgenden historischen Titeln skizzieren: Planck 1900; Einstein 1905; Bohr, Atommodell 1913; de Broglie 1923; Heisenberg 1925, 1927; Schrödinger 1926; Bohr, Komplementarität 1927. Ich

teile die Stufen in zwei Treppen ein:
- Klassische Quantisierung: Planck, Bohr 1913;
- Selbständige Quantentheorie: Einstein, de Broglie, Heisenberg, Schrödinger, Bohr 1927.

Die klassische Quantisierung ist klassische Physik, in der nur spezielle "quantisierte" Zustände zugelassen sind: Planck Zustände des Strahlungsfeldes, die der Gleichung E = hv genügen, Bohr 1913 Zustände des Rutherfordschen Atommodells, gemäss der Planckschen Forderung. Die Forderung E = hv war von der klassischen Physik her unverständlich, erwies sich aber als notwendig, um Paradoxien zu vermeiden: im Strahlungsfeld die unendliche Energie eines Feldes von endlicher Temperatur, im Atommodell der Zusammenbruch des Systems kreisender Elektronen durch Ausstrahlung. Eine widerspruchsfreie fundamentale klassische Physik erwies sich als unmöglich. [14]

Den Weg zu einer konsistenten Quantentheorie kann man beginnen lassen mit den paradox erscheinenden Einführungen der Teilchennatur des Lichts durch Einstein 1905 und der Wellennatur der Materie durch de Broglie 1923, die von Schrödinger 1926 mathematisch durchgeführt wird. Bohr postulierte 1927 die Komplementarität von Teilchen- und Wellenbild, d.h. die Forderung einer Theorie, welche die beiden klassisch einander ausschliessenden Bilder enthält. Die Mathematik dazu hatte Heisenberg 1925 entworfen und 1927 gedeutet. In seiner Theorie können z.B. für Teilchen Ort und Impuls nicht gleichzeitig scharfe Zahlwerte haben; sie erweisen sich in der endgültigen Theorie mathematisch nicht als Zahlen, sondern als Operatoren in einem Vektorraum. Dieser Raum ist in der endgültigen Fassung für Teilchen eben der Hilbertraum der Schrödingerschen Wellenfunktionen.

Erst allmählich zeigte sich, und wurde vielleicht bisher noch nie vollständig verstanden, dass es sich hier nicht nur um eine Korrektur klassisch-physikalischer Modelle wie Teilchen und Welle handelte, sondern um eine Modifikation aller Modelle, welche den klassischen

---

14) Aufbau der Physik (Fn. 3), Kap. 7.1, S. 287-295

Begriff des Kontinuums benützen. Im obigen Abschnitt "13. Quantentheorie des Kontinuums" habe ich den Weg zu dieser Einsicht über den Begriff der "mehrfachen Quantelung" skizziert. Als Heisenberg mir verbot, den Begriff "zweite Quantelung" zu benützen, erläuterte er das durch die These: Die de Broglie-Welle ist ein klassisches Wellenbild der Materie und darf gequantelt werden. Die Schrödinger-Welle aber ist ein Vektor im quantentheoretischen Vektor-Raum des Teilchenbildes. Deshalb ist die Schrödinger-Gleichung essentiell linear, während die de Broglie-Welle, um Wechselwirkung zu beschreiben, einer nichtlinearen Gleichung genügen darf. Die weitere Entwicklung der Quantenfeldtheorie hat aber von dieser Unterscheidung keinen Gebrauch gemacht. Heisenbergs Erwartung, die Schrödinger-Gleichung werde durch Einführung nichtlinearer Terme zu Divergenzen führen, erwies sich freilich als richtig. Diese Divergenzen wurden dann durch "Renormierung" schlicht gestrichen. Dieses Verfahren erwies sich als sehr erfolgreich, aber die physikalische Rechtfertigung der Renormierung ("die Gleichung $0 = \infty$ ist lorentzinvariant") scheint mir noch nicht geklärt. Ich strebe mit der Quantentheorie des Kontinuums unter anderen diese Klärung an.

16.3 Mehrfache Quantelung

Ich wende mich nun zum Versuch einer konsequenten Theorie der Quantelung. Dies soll studiert werden an Hand des Studiums einer von vorneherein als mehrfach angesehenen Quantelung. Wir unterscheiden Stufen der Quantelung.

Die nullte Stufe ($k = 0$) sei eine reelle Variable x. Sie mag z.B. als klassisch messbar angesehen werden wie eine eindimensionale Variable, die eine Komponente eines Ortsvektors oder eines Impulsvektors ausdrückt.

Traditionell schreibt man dann in der ersten Stufe ($k = 1$) eine komplexe Funktion $\psi(x)$ und einen Operator X, der auf ψ so wirkt, dass es Eigenfunktionen ψ gibt mit

$$X\psi(x) = \xi\psi(x) \qquad (16.3)$$

und reellem ξ . ξ kann dann bei einem freien Objekt eine beliebige reelle Zahl sein. Es zeigt sich aber, dass dann das zu einer festen reellen Zahl ξ gehörige $\psi(x)$ eine δ-Funktion sein muss. Dies führt dann bereits in der zweiten Stufe zu einem nicht-separablen Hilbertraum. Man fordert dann für den Operator zu ψ, den ich $\underline{\psi}$ nenne, Vertauschungsrelationen, welche dem $|\psi|^2$ z.B. nur ganzzahlige Werte zulassen, die als Anzahlen der "Objekte" aufgefasst werden. Für die dritte Stufe der Quantelung wird man dann sinnvollerweise fordern, dass diese Anzahl stets endlich sein muss. Dies entspräche etwa einer endlichen Anzahl von Teilchen in einem endlichen Universum, etwa einem Einstein-Kosmos. Die Anzahl möglicher Orte eines solchen Teilchens ist aber wieder unendlich. Die Abschätzung einer endlichen Anzahl möglicher Entscheidungen über diesen Ort (also zB. die Anzahl der "Ure", wenn man diesen Begriff einführt) ergibt sich, wenn man für die Wellenfunktion eines solchen Teilchens nicht nur eine grösste, sondern auch eine kleinste Länge einführt; etwa, bei endlicher Ruhmasse, seine Compton-Wellenlänge. Wir werden so genötigt, die mehrfache Quantelung zugleich als Theorie des Universums und der atomaren Teilchen auszuführen.

Ich vermute, dass man diese Theorie mit "offenem Finitismus" durchführen sollte. D.h. dass in jeder Quantelungsstufe k eine endliche Dimensionszahl N_k angenommen wird, die aber beliebig gross sein darf. Wir müssen fragen, was N_k dann bedeutet. Es sollte wohl die Anzahl möglicher Eigenwerte der Operatoren der betreffenden Stufe sein. Physikalisch versteht man unter diesen Eigenwerten die möglichen Werte des Operators bei einer Messung. Wir müssen uns also auf die Messtheorie einlassen. Ein Messresultat ist ein *Ereignis* bei der Wechselwirkung zwischen Objekt und Messgerät. Also müssen wir die Theorie der Ereignisse zu verstehen suchen.

Ich lasse die Frage der korrekten Theorie der Ereignisse (oben Nr. 14) zunächst offen. Wenn wirkliche Ereignisse geschehen, so geschieht jedenfalls, so scheint es, eine Wechselwirkung. Damit wird die Anzahl N des Messobjekts in eine neue Anzahl des aus Objekt und Messgerät bestehenden Gesamtobjekts überführt. Das dürfte eine neue Quantelungsstufe k+1 mit N_{k+1} N_k bedeuten. Damit würde auch die Anzahl der Ure in dem jeweils bekannten Objektbereich erhöht. Ich neige zu der Vermutung, dass man in dieser Weise die "Expansion des Kosmos" auf die Vermehrung der Anzahl der durch die Ereignisse eingetretenen Fakten zurückführen kann.

Hiermit wird man nun freilich auf die Frage nach der Natur der "Ereignisse" geführt. Sind sie indeterministische Verletzungen der Schrödinger-Gleichung oder deterministische Ergebnisse der unbekannten Anfangsbedingungen?

Wollen wir uns dieser Frage widmen, so müssen wir versuchen, die Dynamik der Ure zu verstehen. Im Buch "Zeit und Wissen"[15], habe ich versucht, die "mathematische Trivialität der Urhypothese" auch für beliebige Voraussetzungen über die Dynamik im vorgegebenen Hilbertraum zu begründen, analog zur Hamilton-Jacobischen Theorie der klassischen Punktmechanik. Ich nehme an, dass die Dynamik der SU(2,2)[16] eine adäquate Beschreibung des Resultats ist, die mit jeder Topologie des Universums vereinbar ist, welche der Allgemeinen Relativitätstheorie genügt. [17]

17. Quantentheorie als Mathematik des Kontinuums der Wirklichkeit

17.1 Zielsetzung

Die überlieferte Quantentheorie geht von der klassischen Physik aus, erkennt deren innere Widersprüche, und sucht diese durch eine Abänderung des Ansatzes ("Quantifizierung") zu überwinden. Sie ist deskriptiv ein voller, ja phantastischer Erfolg. Aber ihre Deutung ist nach wie vor umstritten. Meiner Meinung nach kann dieser Streit nicht enden, solange er von den klassischen Begriffen ausgeht und nur fragt, wie sie modifiziert werden müssten. Das neue Kuhnsche

---

15) Zeit und Wissen (oben Fn. 1), S. 310 (Kapitel "I 7. Physik", Abschnitt "C, Rekonstruktion", Unterabschnitt "7. Uralternativen")

16) Aufbau der Physik (Fn. 3), S. 407-8

17) Zur Durchführung der hier geforderten Rechnungen und Analysen fühle ich im Augenblick des Schreibens nicht die Kraft. Ich möchte Lesern die Problemstellungen vor Augen führen.

"Paradigma" (die neue Heisenbergsche "abgeschlossene Theorie") muss an die Spitze gestellt werden und die klassische Physik als ein Grenzfall daraus hergeleitet werden.

Ich versuche einen hypothetischen Ansatz. Die Wirklichkeit ist ein Kontinuum. Unsere Physik ist ein Versuch, die menschliche Erkenntnis dieses Kontinuums zu beschreiben. Das intellektuelle Instrument dafür ist die Mathematik. Eine der Wirklichkeit adäquate Mathematik des Kontinuums existiert heute noch nicht. Man sieht dies bereits an der Grundlagendebatte der Mathematiker. Es gibt, so scheint mir, keine adäquate Theorie des Kontinuums als unendliche Punktmenge. Die so versuchte Theorie stützte sich auf eine objektivistische Mengenlehre und auf die Theorie der Zahlen. Die "natürlichen Zahlen" sind aber - hier folge ich wohl Brouwer - Handlungsschemata des Menschen für die Handlung des Zählens in der Zeit. Wenn aber "Zeit" ein Begriff ist, der dem Begriff der Erfahrung, also der Physik zugrundeliegt, so müssen wir Mathematik und Physik im selben Arbeitsgang entwickeln.

In meiner Theorie der Zeit habe ich bisher die Vergangenheit als faktisch, die Zukunft als möglich beschrieben. Fakten erscheinen als diskret und damit als zählbar. Möglichkeiten werden in der Wahrscheinlichkeitsrechnung und in der Quantentheorie als ein Kontinuum beschrieben. Beides wird verknüpft, wenn man Fakten als irreversibel, ψ-Funktionen als scharf bestimmt beschreibt. Irreversibilität bedeutet nur eine sehr kleine Wahrscheinlichkeit der Umkehr. Wenn Fakten die ψ-Funktion bestimmen, so ist diese nicht völlig scharf bestimmt. Im Problem des "Kollapses der Wellenfunktion" spiegeln sich diese Ungeklärtheiten.

In Wahrheit stossen wir hier, so scheint mir, auf das ungelöste "Leib-Seele-Problem", auf den cartesischen Dualismus von *res cogitans* und *res extensa*. Bohr und Heisenberg haben das alsbald als die Untrennbarkeit von Subjekt und Objekt auszudrücken versucht, Bohr mit dem Begriff der Komplementarität. In der modernen quantentheoretischen Messtheorie stellt sich dies als die Frage, ob nur das Messinstrument oder auch das Bewusstsein des Beobachtens quantentheoretisch beschrieben werden müsse. Ich wende mich dieser Frage nun zunächst zu.

17.2 Zur Messtheorie

Ich benütze zunächst die übliche traditionelle Quantentheorie, welche die Objekte in der Sprache der klassischen Physik beschreibt. All dies soll nachher modifiziert werden. Aber ich wünsche mich zunächst in der traditionellen Sprache verständlich zu machen. Ich gehe in mehreren Schritten vor.

1. Schritt. Eine Ortskoordinate x eines punktuellen Teilchens soll gemessen werden. Die mathematisch möglichen Werte von x bilden ein Kontinuum. Wäre x exakt gewesen, so wäre das ψ des Teilchens eine δ-Funktion. Ich halte nun diese Mathematik nur für eine genäherte Ausdrucksweise. In der physikalischen Messtheorie muss man, wenn ψ als messbar angesehen wird, ψ als Operator in einer zweiten Quantelung beschreiben. Man kommt dann bei naivem Vorgehen in eine divergente Theorie, die nur durch Renormierung wieder konvergent wird. Dies ist zwar ein erfolgreiches Verfahren, aber begrifflich ungeklärt. Ich drücke das gern so aus: "Die Gleichung ∞ = 0 ist lorentzinvariant." Wenn ich eine konsequente Mathematik des Messvorgangs entwickeln will, muss ich die Divergenzen von vornherein vermeiden. Ich nenne den Ansatz, den ich versuche, *"offenen Finitismus"*. Alle Messgrössen können nur endliche Werte haben, aber für diese Werte wird keine obere Schranke angegeben. So ist ja die vormengentheoretische Mathematik der natürlichen Zahlen verstanden worden: Man kann beliebig weit zählen, aber die Menge der real gezählten Zahlen bleibt immer endlich. Was dies bedeutet, will ich nun im physikalischen Modell interpretieren.

2. Schritt. Die Ortsmessung des Teilchens geschehe z.B. durch Wechselwirkung mit einer Photoplatte. Diese enthalte N_1 Atome bezw. Moleküle, deren Anregung durch die vollzogene Wechselwirkung den Ort x angibt. Damit hat die Genauigkeit des gemessenen Werts von x eine Grenze: den Durchmesser des angeregten Atoms.

Zugleich haben die möglichen Werte von x eine obere Grenze: den Durchmesser der Photoplatte. Also gibt es nur eine endliche Menge unterscheidbarer Messwerte von x.

Dieses Resultat würde wohl durch keine andere real mögliche Messprozedur geändert. Hat das Teilchen eine endliche Ruhmasse, so ist die untere Schranke seiner Ortsbestimmung seine Compton-Wellenlänge. Die obere Schranke wäre bei humaner Messung die Reichweite unserer Wahrnehmungsmittel; in einem endlichen Weltmodell wäre es der Weltradius. Diese Fragen lasse ich im Detail jetzt beiseite.

3. Schritt. Die Platte wird angeschaut. Das setzt voraus, dass die Teilchen der Platte mit den Photonen einer Lichtquelle wechselwirken.

4. Schritt. Ein gestreutes Photon wechselwirkt mit den Atomen einer menschlichen Netzhaut.

5. Schritt. Die Netzhaut wechselwirkt mit den Zellen des Gehirns.

6. Schritt. Die Hirnzellen wechselwirken u.a. mit dem Sprechorgan ihres Trägers.

7. Schritt. Die Sprache des Trägers wechselwirkt mit den Handlungen von Menschen.

8. Schritt. Sprechen wir von Handlungen, so benutzen wir dabei Begriffe des Bewusstseins.

9. Schritt. Mein Bewusstsein vollzieht in seinen Begriffen die Handlung, mein Bewusstsein zu beschreiben.

10. Schritt. Mein Bewusstsein bedient sich der Sprache der Menschen.

11. Schritt. Menschen werden als ein Teil der Wirklichkeit erfahren.

In jeder Stufe sind die unteren Stufen als Teilwirklichkeiten enthalten. Man muss in jedem Schritt das Enthaltensein des vorangehenden Schritts erfahren. Aber das ist im täglichen Bewusstsein nicht selbstverständlich. "Bewusstsein ist ein unbewusster Akt."

18. Zu den Schritten des Messprozesses

18.1 Der Sinn der Schrittfolge

Hier gehe ich durch drei Stationen. Zuerst Bohrs Deutung des Messprozesses, dann Heisenbergs Deutung, dann meinen vorstehenden Versuch der "elf Schritte". Alles soll nur knapp angedeutet werden.

Bohr postulierte, dass das Resultat einer Messung klassisch beschrieben werden müsse, weil es nicht von der Person des Beobachters abhängen dürfe, sondern, wie eben die klassische Physik, eine objektive überprüfbare Wahrheit ausdrücken solle. Wegen der Geltung der Quantentheorie müsse eben darum die Messung einer Variablen, z.B. des Orts eines Teilchens, die gleichzeitige Messung einer zu ihr komplementären Variablen, z.B. des Impulses desselben Teilchens, ausschliessen.

Wenn ich Bohrs Deutung richtig verstehe, sollte in ihr das Messinstrument klassisch beschrieben werden. Heisenberg wollte aber die Quantentheorie auch auf das Messinstrument anwenden. Er postulierte einen "Schnitt" zwischen dem quantentheoretisch beschreibbaren Teil der Messanordnung und dem klassisch zu beschreibenden Rest, welcher den quantentheoretisch beschriebenen Teil als sein Messobjekt beschreibt. Die Lage des Schnitts im Gesamtmessapparat aber sollte frei gewählt werden können: "Verschieblichkeit des Schnitts". Aber da die Messung erst mit der Kenntnisnahme durch ein menschliches Subjekt endet, nahm Heisenberg an, dass der Schnitt nicht völlig eliminiert werden könne, denn das hätte bedeutet, auch das Subjekt selbst quantentheoretisch zu beschreiben, also auch nicht nur einen menschlichen Körper, sondern sogar das Bewusstsein.

Alle diese Überlegungen gingen, historisch gesehen, noch von der klassischen Physik aus, die dann nur durch "Quantisierung" abgeändert wurde. Mein Versuch eines Aufbaus der Quantentheorie setzt keine klassischen Begriffe wie Raum und Körper voraus, sondern nur die Zeit als Übergang von möglicher Zukunft über Gegenwart in faktische Vergangenheit und damit den Begriff der entscheidbaren Alternativen. Auf dem Weg über die Ur-Theorie wird dann das Raum-Zeit-Kontinuum eingeführt. Ich habe oft betont, dass auch Alternativen psychischer Vorgänge im Prinzip der so aufgebauten Quantentheorie genügen könnten. Von dieser Voraussetzung aus lässt sich eine Deutung der uns empirisch bekannten Wirklichkeit aufbauen, in deren Rahmen dann auch die Beschreibung des Messprozesses in den "elf Schritten" konsistent werden dürfte.

In der klassischen Denkweise stehen Subjekt und Objekt einander als zwei Substanzen gegenüber, cartesisch gesagt als *res cogitans* und *res extensa*. Ich skizziere demgegenüber jetzt eine philosophische Hypothese zur Deutung meines Entwurfs.

Hypothese: Die Wirklichkeit ist psychisch. Die Frage ist, was hier das Wort "psychisch" bedeuten soll. Das Psychische ist meist unbewusst. Die Psychologie ist spätestens seit Freud auf diesen Weg gekommen. Ich habe schon sehr früh, mir einbildend es sei mein eigener Einfall, die These von Eduard v. Hartmann und William James, aus dem Munde von Niels Bohr, übernommen: "Bewusstsein ist ein unbewusster Akt." Um dann zu verstehen, wie aus der unbewussten Seele Bewusstsein hervortritt, können wir zunächst nach den Gesetzen der inneren Wechselwirkung der seelischen Wirklichkeit fragen.

Wenn die Wirklichkeit psychisch ist, so ist ein "Ur" ein kleinstes seelisches Geschehen. Aus der Quantentheorie der Ure folgt dann, dass alle seelische Wirklichkeit eine Darstellung zulässt in einem reell-dreidimensionalen Raum, mit der Zeit lokal als Minkowskiraum verbunden. D.h. die *res cogitans* ist dann automatisch zugleich *res extensa*. Ist die Wirklichkeit dann nur "seelisch", also unbewusst seiend und handelnd, oder auch "geistig"? Geistig einerseits, insofern sie eben die Ordnung hat, die wir als Physiker des 20. Jahrhunderts abendländischer Zeitrechnung in der Quantentheorie zu beschreiben suchen. Aber geistig auch als wissende Gestalt des seelisch Wirksamen.

Wie werden wir von dieser Denkweise her die anfangs zitierten Thesen Bohrs und Heisenbergs zum Messprozess beschreiben? Ich

schlage vor: Ein Messresultat liefert stets einen eindeutigen Eigen-
wert einer Observablen. Die Eindeutigkeit ist das, was Bohr als
"klassisch" beschrieb. In Heisenbergs These wird ein Teil des
Messgeräts zum Objekt gerechnet; die gemessene Observable ist dann
eine Eigenschaft dieses Gesamtobjekts. Die späteren Beschreibungen
des Messprozesses suchen das mathematisch zu präzisieren. Nach
meiner Hypothese wird aber dann auch der messende Mensch im
Prinzip ins Objekt einbeziehbar, indem er entweder für einen anderen
Menschen oder, reflektierend, für sich selbst zum Objekt würde.

Die vorstehende (Abschnitt 17.2) Folge der elf Schritte ist ein
Versuch, dies zu beschreiben. Ich lasse nun einige lockere
Reflexionen dazu folgen.

18.2. Erwägungen zu den Schritten

1. Schritt. Die Sprache dieses Textes ist noch die überlieferte der
klassischen Physik und ihrer Quantisierung. Man sucht eine "Ortskoordinate x" eines "punktuellen Teilchens" zu messen. Es ist vorausgesetzt, dass es Teilchen gibt und dass sie als "punktuell" in guter
Näherung stilisiert werden können. All dies müsste in einem "0.
Schritt" (nullten Schritt) aus der Urtheorie begründet werden. Dabei
würden sich automatisch der nur genäherte Charakter der Annahme
der Existenz freier Teilchen und ihrer Eigenschaften zeigen. Das war
in meiner obigen Erwägung nicht mein Thema. Der "offene Finitismus" lässt sich urtheoretisch auffassen als die Behauptung einer in
jedem konkreten Problem endlichen Anzahl von Uren.

2. Schritt. Messung geschieht durch Wechselwirkung. Dies ist
im mathematischen Detail nicht Thema der hier vorgelegten Texte.
Der Begriff der "mehrfachen Quantisierung" muss dabei betrachtet
werden. Dies zu anderer Gelegenheit.

3. Schritt. "Die Platte wird angeschaut." Hier ist das Subjekt
eingeführt. Die Schritte dieser Wahrnehmung des Objekts durch
Subjekte werden nun in der bisher verfügbaren, konventionellen
Sprache der Naturwissenschaft bezeichnet. Hier zunächst Photonen,

d.h. Träger des Lichts, das dem Subjekt die Wahrnehmung vermittelt.

4. Schritt. Der menschliche Körper wird einbezogen, zunächst die Netzhaut des Auges.

5. Schritt. Das Gehirn wird eingeführt.

6. Schritt. Die Sprache des Subjekts wird eingeführt unter dem Thema des Sprechorgans.

7. Schritt. Sprache ist Wechselwirkung zwischen Menschen, hier speziell auf beschreibbare Handlungen bezogen.

8. Schritt. "Begriffe des Bewusstseins". Hier ist stillschweigend vorausgesetzt, dass die seelischen Vorgänge die Stufe erreichen, die wir "Bewusstsein" nennen. Wir kennen sinnvolle Handlungen schon im organischen Leben, uns nachvollziehbar zumal bei höheren Tieren.

9. Schritt. Das Bewusstsein beschreibt das Bewusstsein. Dies folgt nicht aus der mathematischen Theorie der Ure, die wir als Elemente des Seelischen nur soweit eingeführt haben, als wir Alternativen als entscheidbar bezeichen. Wie das für psychische Alternativen geschieht, ist dabei nicht beschrieben. Psyche ist als Erfahrung translogisch.

10. Schritt. Der Mensch ist eine Stufe der Evolution. Die heutige Wissenschaft ist eine Stufe der menschlichen Geschichte. Diese Geschichte ist nicht vollendet. Sie zu verstehen, steht als Aufgabe vor uns.

11. Schritt. Stets hat der Teil einen Sinn für das Ganze, der aber dem Teil nicht explizit bekannt sein wird. So ist auch der Mensch Teil der Wirklichkeit. Religion, Kunst, Philosophie haben Blicke auf das Ganze geworfen. Ich habe hier nur versucht, die Physik als Teil in diesen geistigen Vorgang einzufügen.

MANFRED GÖRG

Zeit als Geburt aus Chaos und Raum

Religionsgeschichtliche Entwicklungsschemata in Ägypten und der Bibel. - Oder: Warum führen uns Weihnachtsmythos und Chaostheorie nach Altägypten?

1. Zeit-Schöpfung als Hoheitsakt

Seit geraumer Zeit ist das Verhältnis des Schöpfungstextes am Anfang der Bibel zu den Erkenntnissen der Naturwissenschaft vom Weltbeginn kein Thema mehr. Hatte man sich bis in die Mitte dieses Jahrhunderts hinein noch heftig über Kongruenz und Diskongruenz gestritten, ob die Einsichten auf beiden Seiten kompatibel oder inkompatibel seien, ist mittlerweile eine abstandwahrende Neutralität wirksam geworden, die jeder Seite ihr Spiel überläßt. Von einem bewußten Verstehenwollen oder gar einer Anerkennung der jeweiligen Perspektiven kann nur im Ansatz die Rede sein.

So mag es denn auf den ersten Blick für den Naturwissenschaftler selbstverständlich, den Bibeltheologen und Religionswissenschaftler aber als eine Zumutung erscheinen, wenn folgende Erkenntnisse eines prominenten Kosmologen wie Paul C.W. Davies über Vorgänge in einem "pulsierenden Universum mit immer neuen Eigenschaften" zu Wort kommen:

"Wenn etwa die Stärke der Kernbindungskräfte bei jedem Zyklus zufällig anders ausfällt, muß sie früher oder später auch einmal den Wert annehmen, der gerade die Bildung von Deuteronen, nicht aber die von Protonen-Paaren erlaubt. Und wenn die Explosionsbewegung von Urknall zu Urknall ebenso lebendig wechselt, muß nach zahllosen Zyklen chaotischer Expansion rein zufällig auch einmal eine Expansion einsetzen, bei der die Bewegungen aller Raumregionen einander entsprechen. Aber nur in diesen äußerst seltenen, ebenso zufällig zustandegekommenen wie 'atypischen' Zyklen könnte Leben entstehen und könnten intelligente Beobachter heranwachsen. Und diese stünden dann staunend vor der unerklärlich scheinenden Tatsache, daß die Natur sich von allen denkbaren und möglichen Konstanten offensichtlich gerade für die 'entschieden' hat, die allein ihre eigene Entstehung ermöglichten. Denn nur in einem Universum mit Wasser und stabilen Sternen könnte sich etwas dem Menschen entfernt ähnliches entwickeln, und nur ein Universum, in dem anstelle eines galaktischen Chaos eine gleichförmige und regelmäßige Expansion erfolgt, könnte gleichbleibende Bedingungen für eine Besiedlung mit Leben in irgendeiner Form bieten" .[1]

Einer solchen Sichtweise scheint sich aufs erste der erste Schöpfungstext zu widersetzen, der den Eindruck einer planvollen und allumfassenden Gestaltung der Welt bis hin zur Erschaffung des Menschen vermittelt. Hier ist offenbar rein gar nichts dem Zufall überlassen. Versteht man den ersten Vers der Bibel als eine Art Überschrift, werden "Himmel und Erde" als Produkt des souveränen göttlichen Schaffens präsentiert, so daß jedem Verdacht, es könne sich um eine uranfängliche Ordnung handeln, ein Riegel vorgeschoben wird. Nur widerwillig fügt sich in dieses Konzept ein Vers 2, der von dem "Tohuwabohu" der irdischen Welt spricht, von Finsternis und Urwasser, so daß man alsbald daran gedacht hat, diesen Vers aus dem Kontext auszuklammern oder gar als literarische Zutat auszuschließen. Und erst die dann folgende Sequenz der Tage im Wochenschema mit der Lichtschöpfung am ersten Tag, wie die anschließenden "Werke"

---

1) P. C. W. Davies, Geburt und Tod des Universums, in: Mannheimer Forum 83/84. Ein Panorama der Naturwissenschaften, zusammengestellt und redigiert von Prof. Dr. Hoimar von Ditfurth, Mannheim 1984, S. 9-78, hier S. 76

aufgrund göttlichen Redens, der Erstellung des ominösen "Firmaments", der Gestirne usw. Wenn der Prozeß der Schöpfung so von-
statten gegangen sein soll, daß am ersten Tag durch Scheidung zwischen Licht und Finsternis die "Zeit" verwirklicht worden sei, erst
dann mit der Abtrennung der Chaoswasser mittels des "Firmaments"
der "Raum", scheint es in der Tat keine brauchbare Brücke zwischen
der biblischen Perspektive und dem modernen kosmologischen Modell zu geben. Soll man sich also damit begnügen, bestenfalls einen
riesigen Aspektunterschied wahrzunehmen?

Die jüngste Diskussion zum sogenannten "deterministischen
Chaos" hält immerhin Aspekte bereit, die einen neuen Brückenschlag
versuchen lassen können. Die Welt wird nicht mehr als eine durch
und durch berechenbare, strengen Gesetzmäßigkeiten gehorchende
Realität begriffen, sondern als eine höchst komplexe Wirklichkeit, in
der die Ordnung durchaus nicht als eine von jeher bestehende Größe
mit allumfassender Kompetenz zu fassen ist. Oder um mit R. Treumann zu sprechen: "Das Chaos, das Tohuwabohu, aus dem der alten
Mythologie zufolge die Welt hervorgegangen ist, hat sich als der elementare Ursprung bewahrheitet: Die Schöpfung nahm ihren Ausgang
in einer gewaltigen Walpurgisnacht des Ungeordneten, um sich von
dort auf den abenteuerlichen Weg der geordneten Form zu begeben".[2] So ist zumindest im Blick auf die hypothetischen Anfänge
eine Annäherung der überkommenen und so unterschiedlichen Be-
trachtungsweisen denkbar, steht doch gerade die Rede von der ungeordneten Welt als eine Art erratischer Block gleich im zweiten Vers
der Bibel.

Gewiß ist mit gutem Grund immer wieder herausgestellt worden,
daß die Gestalt des ersten Schöpfungstextes nichts mit einer naturwissenschaftlichen Darstellung modernen Zuschnitts zu tun habe. Die
Bibel ist ohnehin kein Formelwerk. Gen. 1,1-2,4a - die mittlerweile
anerkannte Definition des Textbereichs - gibt sich nach Art eines
"Bilderbuchs", in dem man sich nacheinander die Szenen der Schöp-
fungstage vor Augen führen kann. Das Ganze mündet in einer Glori-
fizierung des 7. Tages, des "Schabbat", der dem am 6. Tag geschaffe-

---

2) R. Treumann, Die Elemente. Feuer, Erde, Luft und Wasser in Mythos und
    Wissenschaft, München, Wien 1994, 265.

DAS ERSTE BUCH MOSE

1 Am anfang schuff Gott Himel vnd Erden. [2]Vnd die Erde war wüst vnd leer, vnd es war finster auff der Tieffe. Vnd der Geist Gottes schwebet auff dem Wasser.

Vnd Gott sprach. Es werde Liecht. Vnd es ward Liecht. [4]Vnd Gott sahe, das das Liecht gut war. Da scheidet Gott das Liecht vom Finsternis, [5]vnd nennet das liecht. Tag, vnd die finsternis. Nacht. Da ward aus abend vnd morgen der erste Tag.

Vnd Gott sprach. Es werde eine Feste zwischen den Wassern, vnd die sey ein Vnterscheid zwischen den Wassern. [7]Da machet Gott die Feste, vnd scheidet das wasser vnter der Festen, von dem wasser vber der Festen. Vnd es geschach also. [8]Vnd Gott nennet die Festen. Himel. Da ward aus abend vnd morgen der ander Tag.

Vnd Gott sprach. Es samle sich das Wasser vnter dem Himel, an sondere Orter, das man das Trocken sehe. Vnd es geschach also. [10]Vnd Gott nennet das trocken. Erde, vnd die samlung der Wasser nennet er. Meer. Vnd Gott sahe das es gut war.

[11]Vnd Gott sprach. Es lasse die Erde auffgehen Gras vnd Kraut, das sich besame, vnd fruchtbare Bewme, da ein jglicher nach seiner art Frucht trage, vnd habe seinen eigen Samen bey jm selbs, auff Erden. Vnd es geschach also. [12]Vnd die Erde lies auffgehen. Gras vnd Kraut, das sich besamet ein jglichs nach seiner art, vnd Bewme die da Frucht trugen, vnd jren eigen Samen bey sich selbs hatten, ein jglicher nach seiner art. Vnd Gott sahe das es gut war. [13]Da ward aus abend vnd morgen der dritte Tag.

Vnd Gott sprach. Es werden Liechter an der Feste des Himels, vnd scheiden tag vnd nacht, vnd geben. Zeichen. Zeiten. Tage vnd Jare, [15]vnd seien Liechter an der Feste des Himels, das sie scheinen auff Erden. Vnd es geschach also. [16]Vnd Gott machet zwey grosse Liechter, ein gros Liecht, das den Tag regiere, vnd ein klein Liecht das die Nacht regiere, dazu auch Sternen. [17]Vnd Gott setzt sie an die Feste des Himels, das sie schienen auff die Erde [18]vnd den Tag vnd die Nacht regierten, vnd scheideten Liecht vnd Finsternis.

Vnd Gott sahe das es gut war. [19]Da ward aus abend vnd morgen der vierde Tag.

Vnd Gott sprach. Es errege sich das Wasser mit webenden vnd lebendigen Thieren, vnd mit Geuogel, das auff Erden vnter der Feste des Himels fleuget. [21]Vnd Gott schuff grosse Walfische vnd allerley Thier, das da lebt vnd webt, vnd vom Wasser erreget ward, ein jglichs nach seiner art, vnd allerley gefidderts Geuogel, ein jglichs nach seiner art. Vnd Gott sahe das es gut war. [22]Vnd Gott segenet sie, vnd sprach. Seid fruchtbar vnd mehret euch vnd erfüllet das Wasser im Meer. Vnd das Geuogel mehre sich auff Erden. [23]Da ward aus abend vnd morgen der fünffte Tag.

[24]Vnd Gott sprach. Die Erde bringe erfür lebendige Thier, ein jglichs nach seiner art. Vieh, Gewürm vnd Thier auff Erden, ein jglichs nach seiner art. Vnd es geschach also. [25]Vnd Gott machet die Thier auff Erden, ein jglichs nach seiner art, vnd das Vieh nach seiner art, vnd allerley Gewürm auff Erden, nach seiner art. Vnd Gott sahe das es gut war.

Vnd Gott sprach. Lasst vns Menschen machen, ein Bild, das vns gleich sey. Die da herrschen vber die Fisch im Meer, vnd vber die Vogel vnter dem Himel, vnd vber das Vieh, vnd vber die gantzen Erde, vnd vber alles Gewürm das auff Erden kreucht.

[27]Vnd Gott schuff den Menschen jm zum Bilde, zum bilde Gottes schuff er jn. Vnd schuff sie ein Menlin vnd Frewlin. [28]Vnd Gott segenet sie, vnd sprach zu jnen. Seid fruchtbar vnd mehret euch vnd füllet die Erden, vnd macht sie euch vnterthan. Vnd herrschet vber Fisch im Meer, vnd vber Vogel vnter dem Himel, vnd vber alles Thier das auff Erden kreucht.

[29]Vnd Gott sprach. Sehet da. Jch hab euch gegeben allerley Kraut, das sich besamet auff der gantzen Erden, vnd allerley fruchtbare Bewme, vnd Bewme die sich besamen, zu ewr Speise, [30]vnd aller Thiere auff Erden, vnd allen Vogeln vnter dem Himel, vnd allem Gewürm das das Leben hat auff Erden, das sie allerley grün Kraut essen. Vnd es geschach also. [31]Vnd Gott sahe an alles was er gemacht hatte. Vnd sihe

Abbildung 1:   Anfangsseite der Lutherbibel.
Neu gesetzt nach der Luther Bibel von 1545,
der letzten von D. Martin Luther selbst bearbeiteten Ausgabe.

Aus: Die Merianbibel. Dreieich: Weiss Verlag 1986, S. 9

GENESIS

DIE ANFÄNGE: 1,1 – 11,9

Die Erschaffung der Welt: 1,1 – 2,4a

1 Im Anfang schuf Gott Himmel und Erde; ²die Erde aber war wüst und wirr, Finsternis lag über der Urflut, und Gottes Geist schwebte über dem Wasser. ³Gott sprach: Es werde Licht. Und es wurde Licht. ⁴Gott sah, daß das Licht gut war. Gott schied das Licht von der Finsternis, ⁵und Gott nannte das Licht Tag, und die Finsternis nannte er Nacht. Es wurde Abend, und es wurde Morgen: erster Tag.

⁶Dann sprach Gott: Ein Gewölbe entstehe mitten im Wasser und scheide Wasser von Wasser. ⁷Gott machte also das Gewölbe und schied das Wasser unterhalb des Gewölbes vom Wasser oberhalb des Gewölbes. So geschah es, ⁸und Gott nannte das Gewölbe Himmel. Es wurde Abend, und es wurde Morgen: zweiter Tag.

⁹Dann sprach Gott: Das Wasser unterhalb des Himmels sammle sich an einem Ort, damit das Trockene sichtbar werde. So geschah es. ¹⁰Das Trockene nannte Gott Land, und das angesammelte Wasser nannte er Meer. Gott sah, daß es gut war. ¹¹Dann sprach Gott: Das Land lasse junges Grün wachsen, alle Arten von Pflanzen, die Samen tragen, und von Bäumen, die auf der Erde Früchte bringen mit ihrem Samen darin. So geschah es. ¹²Das Land brachte junges Grün hervor, alle Arten von Pflanzen, die Samen tragen, alle Arten von Bäumen, die Früchte bringen mit ihrem Samen darin. Gott sah, daß es gut war. ¹³Es wurde Abend, und es wurde Morgen: dritter Tag.

¹⁴Dann sprach Gott: Lichter sollen am Himmelsgewölbe sein, um Tag und Nacht zu scheiden. Sie sollen Zeichen sein und zur Bestimmung von Festzeiten, von Tagen und Jahren dienen; ¹⁵sie sollen Lichter am Himmelsgewölbe sein, die über die Erde hin leuchten. So geschah es. ¹⁶Gott machte die beiden großen Lichter, das größere, das über den Tag herrscht, das kleinere, das über die Nacht herrscht, auch die Sterne.

¹⁷Gott setzte die Lichter an das Himmelsgewölbe, damit sie über die Erde hin leuchten, ¹⁸über Tag und Nacht herrschen und das Licht von der Finsternis scheiden. Gott sah, daß es gut war. ¹⁹Es wurde Abend, und es wurde Morgen: vierter Tag.

²⁰Dann sprach Gott: Das Wasser wimmle von lebendigen Wesen, und Vögel sollen über dem Land am Himmelsgewölbe dahinfliegen. ²¹Gott schuf alle Arten von großen Seetieren und anderen Lebewesen, von denen das Wasser wimmelt, und alle Arten von gefiederten Vögeln. Gott sah, daß es gut war. ²²Gott segnete sie und sprach: Seid fruchtbar, und vermehrt euch, und bevölkert das Wasser im Meer, und die Vögel sollen sich auf dem Land vermehren. ²³Es wurde Abend, und es wurde Morgen: fünfter Tag.

²⁴Dann sprach Gott: Das Land bringe alle Arten von lebendigen Wesen hervor, von Vieh, von Kriechtieren und von Tieren des Feldes. So geschah es. ²⁵Gott machte alle Arten von Tieren des Feldes, alle Arten von Vieh und alle Arten von Kriechtieren auf dem Erdboden. Gott sah, daß es gut war. ²⁶Dann sprach Gott: Laßt uns Menschen machen als unser Abbild, uns ähnlich. Sie sollen herrschen über die Fische des Meeres, über die Vögel des Himmels, über das Vieh, über die ganze Erde und über alle Kriechtiere auf dem Land. ²⁷Gott schuf also den Menschen als sein Abbild; als Abbild Gottes schuf er ihn. Als Mann und Frau schuf er sie. ²⁸Gott segnete sie, und Gott sprach zu ihnen: Seid fruchtbar, und vermehrt euch, bevölkert die Erde, unterwerft sie euch, und herrscht über die Fische des Meeres, über die Vögel des Himmels und über alle Tiere, die sich auf dem Land regen. ²⁹Dann sprach Gott: Hiermit übergebe ich euch alle Pflanzen auf der ganzen Erde, die Samen tragen, und alle Bäume mit samenhaltigen Früchten. Euch sollen sie zur Nahrung dienen. ³⁰Al-

Abbildung 2: Anfangsseite der Einheitsübersetzung

Aus: Die Bibel. Einheitsübersetzung.
Herausgegeben im Auftrag der Bischöfe Deutschlands u.a.m.
Freiburg, Basel, Wien: Herder 1980, S. 5

nen Menschen als Gottestag präsentiert und anempfohlen wird. Sprachstil und theologische Intention lassen erkennen, daß es sich bei der jetzigen Fassung des ersten Schöpfungstextes um ein Teilstück der sogenannten Priesterschrift handelt, die im babylonischen Exil Israels (6. Jh. v. Ch.) geschaffen wurde. Die Autoren dieses in den fünf Büchern Mose ("Tora" oder "Pentateuch" genannt) enthaltenen und am ehesten eruierbaren Literaturwerks haben sich freilich Jerusalemer Traditionen bedienen können, was in ihrer Arbeit allenthalben zu spüren ist. Im Textmaterial des weitgespannten Oeuvres werden immer wieder Spannungen und Brüche sichtbar, die mehr oder weniger deutlich auf ein Wachstum der Texte schließen lassen. Bei der hier anstehenden Szenenfolge einer Illustration des Geschehens am Anfang der Geschichte muß man ohnehin nicht um detaillierte Konsequenz und Ausgeglichenheit verlegen sein. Dennoch lohnt es sich, auch hier Signale im Textverlauf zu beachten, die auf ein sukzessives Werden der jetzigen Verfassung des Textes hindeuten.

Da ist zunächst der komplizierte "Anfang" des Anfangs der Bibel. [3] Ein Blick in die deutsche Wiedergabe der sogenannten "Einheitsübersetzung" macht bereits einen Teil der Schwierigkeiten deutlich. Da heißt es in V.1: "Im Anfang schuf Gott Himmel und Erde", dann aber in V.2 ohne Bezug auf den eben genannten Himmel: "die Erde aber war wüst und leer. Finsternis lag über der Urflut, und Gottes Geist schwebte über dem Wasser". Wiederum ohne sprachliche und inhaltliche Überleitung fährt der Text in V.3 fort: "Gott sprach: ´Es werde Licht. Und es wurde Licht...´". Danach scheint es, als sei Gott mit der Schöpfung noch nicht der perfekte Wurf gelungen, denn das Werk des "Anfangs" wäre ja ein Produkt mit gravierenden Mängeln. Die Sprachforschung in jüngster Zeit lehrt uns, energischer als bisher mit der Möglichkeit zu rechnen, daß Vers 1 nicht als selbständiger Satz oder gar als Überschrift[4], sondern als Vorsatz zu einem folgenden Hauptsatz zu verstehen ist. Dieser

---

3) Zum Folgenden vgl. auch M. Görg, Chaos und Chaosüberwindung in religionsgeschichtlicher Sicht, in: Anthropos. Journal for Psychology, Philosophy and the Cooperation of the Humanist Sciences, Ljubljana, Slovenia, 26, 1994, 26-36.

4) So zuletzt noch E. Jenni, Erwägungen zu Gen 1,1 "am Anfang", in: Zeitschrift für Althebraistik 2, 1989, 121-127.

Hauptsatz wäre entweder in der "Chaosbeschreibung" von Vers 2 [5)] oder in der Erklärung zur Lichtschöpfung des Verses 3 [6)] zu suchen. Obwohl beide Fortsetzungsmodelle syntaktisch vertretbar sind, ist doch der letzteren Lösung der Vorzug zu geben, wonach der eigentliche Beginn der Schöpfungsaussage in der Aussage "Da sprach Gott: Es werde Licht" zu sehen ist. Diese Interpretation hat freilich zur Folge, daß Vers 2 mit der Schilderung des "chaotischen" Urzustands der Erde sozusagen in Parenthese gesetzt werden müßte[7)], so daß Vers 1 mit Vers 3 als Rahmenkonstruktion zu betrachten wäre, die sich zur Aufgabe gestellt hätte, einen mit dem Wortbestand von Vers 2 gebildeten älteren Anfang der Schöpfungsgeschichte zu überformen.[8)] Dies bedeutet freilich, daß wir mit einem ursprünglichen Anfang der ersten Schöpfungsgeschichte zu rechnen hätten, der sich auf die Schilderung eines "chaotischen" Urzustandes beschränkt hätte.

Ein kurzer Kommentar soll den Wortlaut und die merkwürdigen Ausdrücke in diesen Anfangssätzen der vermutlichen Vorlage verdeutlichen. Es präsentieren sich drei syntaktisch leicht differierende Kurzsätze, die jeweils einen Ausdruck enthalten, den wir in der nachfolgenden Textwiedergabe unübersetzt gelassen haben, hier aber knapp erläutern sollten. Das bekannte Wortpaar "Tohuwabohu", gewöhnlich mit "wüst und leer" u. ä. wiedergegeben, ist sprachlich wahrscheinlich auf ägyptische Wortwurzeln zurückzuführen, die hier

---

5) So etwa W. Gross, Syntaktische Erscheinungen am Anfang althebräischer Erzählungen: Hintergrund und Vordergrund, in Supplements to Vetus Testamentum 21, 1981, 131-145.

6) Vgl. W. Richter, Genesis (Biblia hebraica transcripta 1), Arbeiten zu Text und Sprache im Alten Testament 33 1, St. Ottilien 1991, 16.

7) Vgl. etwa K. Beyer, Althebräische Syntax in Prosa und Poesie, in: G. Jeremias, H. W. Kuhn, H. Stegemann, (Hg.), Tradition und Glaube. Das frühe Christentum in seiner Umwelt (Festschrift für K. G. Kuhn), Göttingen, 1972 (76-96), 81f. Dazu u. a. E. Zenger, Gottes Boden in den Wolken. Untersuchungen zur Komposition und Theologie der priesterschriftlichen Urgeschichte, Stuttgarter Bibel-Studien 112, Stuttgart 1983, 63f.

8) Dazu M. Görg, *tohû*, in: Theologisches Wörterbuch zum Alten Testament, VIII, 1995, 555-563, 561.

zusammengenommen die totale Orientierungslosigkeit anzeigen.[9] Das Nomen "Tehom" - früher so gut wie ausschließlich mit dem mesopotamischen (akkadischen) Wort für "Meerestiefe" oder auch dem Namen der Göttin Tiamat verbunden - stellt im Konnex mit kanaanäisch-ägyptischer Worttradition die bedrohliche Tiefe dar[10], geradezu das "schwarze Loch", das sich dem abmessenden Einblick verwehrt und verschlingend öffnet. Schließlich ist es die in der hebräischen Sprache weibliche Bezeichnung "Ruach" für den über den Urwassern flatternden Windvogel, dessen mythologisches Verständnis noch im jetzigen Wortlaut transparent wird.[11] Alle drei Phänomene gehören ihrer Herkunft nach in das Vorstellungsgut ägyptischer Kosmogonien, wo gerade die uranfängliche Wirklichkeit des keineswegs nur negativ oder nur passiv gedachten "Chaos" mit deckungsgleichen und verwandten Bildern charakterisiert wird. Die hebräische Fassung manifestiert also eine heterogene Vorstellung, die in einen Erstentwurf zur Kosmogonie aus israelitischer Sicht integriert wurde.

Das eigentliche und entscheidende Indiz für eine ältere Fassung des jetzigen ersten Schöpfungstextes liefert ein Vergleich zwischen Formulierungen zum Schöpfungswerk des ersten Tages (V. 3-5) und den Angaben zum Schöpfungswerk des vierten Tages (V. 14-19). In beiden Fällen geht es um eine Lichtschöpfung; während indes in V. 4 von einer Scheidung zwischen Licht und Finsternis durch Gott die Rede ist, der auch die Benennung als Tag und Nacht vornimmt, läßt V. 14 eigens geschaffene Leuchten am "Firmament" mit der Funktion der Scheidung zwischen Tag und Nacht ausgestattet sein, um zugleich als Signale für die Festdaten und Kalender wirksam zu sein. Die damit in Konkurrenz zueinander stehenden Informationen können nur so zum Ausgleich gebracht werden, daß eine Darstellung die zeitliche

---

9) Auch dazu im einzelnen M. Görg, *tohû*, in: Theologisches Wörterbuch zum Alten Testament, VIII, 1995, 560-562.

10) Dazu u. a. M. Görg, Komplementäres zur etymologischen Deutung von *thwm*, in: Biblische Notizen. Beiträge zur exegetischen Diskussion 67, 1993, 5-7. Vgl. jetzt E.-J. Waschke, Theologisches Wörterbuch zum Alten Testament, VIII, 1995, 563-571.

11) Dazu vgl. u. a. M. Görg, Religionsgeschichtliche Beobachtungen zur Rede vom "Geist Gottes", in: Wissenschaft und Weisheit 43, 1980, 129-148 = Ders., Studien zur biblisch-ägyptischen Religionsgeschichte (Stuttgarter Biblische Aufsatzbände 14), Stuttgart 1992, 165-189.

Das Grundschema im 1. Schöpfungstext

1,1   Im Anfang, als Gott schuf den Himmel und die Erde,

2   **- die Erde aber war >Tohuwabohu<,**

        Finsternis war über >Tehom<,   *Chaos*

        und die >Ruach< Gottes flatterte über den Wassern -

3   da sprach Gott:
        Es werde Licht,
        und es wurde Licht.

4   Gott sah, daß das Licht gut war.
        Gott schied das Licht von der Finsternis.

5   Und Gott nannte das Licht Tag
        und die Finsternis nannte er Nacht.
        Es wurde Abend und es wurde Morgen:
        Tag eins.

6f   **Da sprach Gott:**
        Ein >Firmament< sei inmitten der Wasser
        und sei eine Scheidewand zwischen Wassern von

        Wassern.   *Raum*

        Und Gott machte das >Firmament<
        und schied zwischen den Wassern ...
        So geschah es ...

14f   **Da sprach Gott:**
        Lichter sollen am >Firmament< des Himmels sein,
        um Tag und Nacht zu scheiden.

        Sie sollen Zeichen sein   *Zeit*

        und zur Bestimmung von Festzeiten,
        von Tagen und Jahren dienen ...
        So geschah es.

Abbildung 3

בְּרֵאשִׁית GENESIS

1 ¹ בְּרֵאשִׁ֖ית בָּרָ֣א אֱלֹהִ֑ים אֵ֥ת הַשָּׁמַ֖יִם וְאֵ֥ת הָאָֽרֶץ׃ ² וְהָאָ֗רֶץ
הָיְתָ֥ה תֹ֙הוּ֙ וָבֹ֔הוּ וְחֹ֖שֶׁךְ עַל־פְּנֵ֣י תְה֑וֹם וְר֣וּחַ אֱלֹהִ֔ים מְרַחֶ֖פֶת עַל־פְּנֵ֥י
הַמָּֽיִם׃ ³ וַיֹּ֥אמֶר אֱלֹהִ֖ים יְהִ֣י א֑וֹר וַֽיְהִי־אֽוֹר׃ ⁴ וַיַּ֧רְא אֱלֹהִ֛ים אֶת־
הָא֖וֹר כִּי־ט֑וֹב וַיַּבְדֵּ֣ל אֱלֹהִ֔ים בֵּ֥ין הָא֖וֹר וּבֵ֥ין הַחֹֽשֶׁךְ׃ ⁵ וַיִּקְרָ֨א
אֱלֹהִ֤ים ׀ לָאוֹר֙ י֔וֹם וְלַחֹ֖שֶׁךְ קָ֣רָא לָ֑יְלָה וַֽיְהִי־עֶ֥רֶב וַֽיְהִי־בֹ֖קֶר י֥וֹם
אֶחָֽד׃ פ ⁶ וַיֹּ֣אמֶר אֱלֹהִ֔ים יְהִ֥י רָקִ֖יעַ בְּת֣וֹךְ הַמָּ֑יִם וִיהִ֣י מַבְדִּ֔יל
בֵּ֥ין מַ֖יִם לָמָֽיִם׃ ⁷ וַיַּ֣עַשׂ אֱלֹהִים֮ אֶת־הָרָקִיעַ֒ וַיַּבְדֵּ֗ל בֵּ֤ין הַמַּ֙יִם֙ אֲשֶׁר֙
מִתַּ֣חַת לָרָקִ֔יעַ וּבֵ֣ין הַמַּ֔יִם אֲשֶׁ֖ר מֵעַ֣ל לָרָקִ֑יעַ וַֽיְהִי־כֵֽן׃ ⁸ וַיִּקְרָ֧א
אֱלֹהִ֛ים לָֽרָקִ֖יעַ שָׁמָ֑יִם וַֽיְהִי־עֶ֥רֶב וַֽיְהִי־בֹ֖קֶר י֥וֹם שֵׁנִֽי׃ פ
⁹ וַיֹּ֣אמֶר אֱלֹהִ֗ים יִקָּו֣וּ הַמַּ֜יִם מִתַּ֤חַת הַשָּׁמַ֙יִם֙ אֶל־מָק֣וֹם אֶחָ֔ד וְתֵרָאֶ֖ה
הַיַּבָּשָׁ֑ה וַֽיְהִי־כֵֽן׃ ¹⁰ וַיִּקְרָ֨א אֱלֹהִ֤ים ׀ לַיַּבָּשָׁה֙ אֶ֔רֶץ וּלְמִקְוֵ֥ה הַמַּ֖יִם
קָרָ֣א יַמִּ֑ים וַיַּ֥רְא אֱלֹהִ֖ים כִּי־טֽוֹב׃ ¹¹ וַיֹּ֣אמֶר אֱלֹהִ֗ים תַּֽדְשֵׁ֤א הָאָ֙רֶץ֙
דֶּ֗שֶׁא עֵ֚שֶׂב מַזְרִ֣יעַ זֶ֔רַע עֵ֣ץ פְּרִ֞י עֹ֤שֶׂה פְּרִי֙ לְמִינ֔וֹ אֲשֶׁ֥ר זַרְעוֹ־ב֖וֹ
עַל־הָאָ֑רֶץ וַֽיְהִי־כֵֽן׃ ¹² וַתּוֹצֵ֨א הָאָ֜רֶץ דֶּ֠שֶׁא עֵ֣שֶׂב מַזְרִ֤יעַ זֶ֙רַע֙ לְמִינֵ֔הוּ
וְעֵ֧ץ עֹֽשֶׂה־פְּרִ֛י אֲשֶׁ֥ר זַרְעוֹ־ב֖וֹ לְמִינֵ֑הוּ וַיַּ֥רְא אֱלֹהִ֖ים כִּי־טֽוֹב׃ ¹³ וַֽיְהִי־
עֶ֥רֶב וַֽיְהִי־בֹ֖קֶר י֥וֹם שְׁלִישִֽׁי׃ פ ¹⁴ וַיֹּ֣אמֶר אֱלֹהִ֗ים יְהִ֤י מְאֹרֹת֙
בִּרְקִ֣יעַ הַשָּׁמַ֔יִם לְהַבְדִּ֕יל בֵּ֥ין הַיּ֖וֹם וּבֵ֣ין הַלָּ֑יְלָה וְהָי֤וּ לְאֹתֹת֙ וּלְמ֣וֹעֲדִ֔ים
וּלְיָמִ֖ים וְשָׁנִֽים׃ ¹⁵ וְהָי֤וּ לִמְאוֹרֹת֙ בִּרְקִ֣יעַ הַשָּׁמַ֔יִם לְהָאִ֖יר עַל־הָאָ֑רֶץ
וַֽיְהִי־כֵֽן׃ ¹⁶ וַיַּ֣עַשׂ אֱלֹהִ֔ים אֶת־שְׁנֵ֥י הַמְּאֹרֹ֖ת הַגְּדֹלִ֑ים אֶת־הַמָּא֣וֹר

Abbildung 4: Anfangsseite der Hebräischen Bibel
Biblia Hebraica Stuttgartensia.
Stuttgart: Deutsche Bibelgesellschaft, 4. Auflage 1990

Präzedenz vor der anderen haben muß. Annahmen etwa wie die, daß das "ersterschaffene Licht" sich nicht hätte auf der Erde ausbreiten können[12], wirken angesichts dieser Spannung allzu künstlich und verlegen. Die geschlossenere Angabe ist die erste Nachricht über die Schöpfung des Lichtes (V. 3-5), sie wird als programmatische, geradezu als Beispielstück eines Schöpfungswerkes an einem Tag an den Anfang gesetzt worden sein. Dagegen sollte in V. 14 eine ältere Darstellung erkannt werden können, die die Schöpfung der "Zeit" einer fortgeschrittenen Phase im Schöpfungsprozeß zugeschrieben hat.

In unmittelbarem Anschluß an die Formulierung von V. 2, und damit an die älteren Bestand, ist vielmehr das in V. 6f. geschilderte Schöpfungswerk zu verstehen, da es das Stichwort "Wasser" (2c) aufnehmend von der Erschaffung eines "Firmaments" spricht. Mit diesem "Firmament" ist im Blick auf das hebräische Wort des Urtextes (raqia') eine dünne, aber stabile und konsistente Trennwand gemeint, die im Zusammenhang mit der Vorstellung einer riesigen und sich über eine bewohnbare Welt wölbenden Eierschale steht. Diese Trennwand ermöglicht ihrerseits eine Lebenszone, indem sie die "chaotischen" Urwasser vom Eindringen in eine Welt abhält, in der das erste Leben in Gestalt des Pflanzenwuchses entsteht, wie dies mit der Szenerie des (nunmehr) dritten Tages (V. 9-13) illustriert wird.

Diese Abfolge der ersten "Seiten" als Szenen im Bilderbuch der Schöpfung hat nach unserem Befund zunächst eine Entwicklung vorgesehen, in der auf die Anfangswirklichkeit des umfassenden "Chaos" (V. 2) ein "Raum" als Lebenszone folgt, in der sich bereits die ersten Spuren des pflanzlichen Lebens zeigen, die aber unabdingbar und substantiell wichtig für den weiteren Prozeß bis hin zur Menschenschöpfung ist. Erst dann hat in der von uns angesetzten Grundfassung des Textes die Verwirklichung der "Zeit" als einer Lebenszeit ihren Platz, wobei die in der Umwelt Israels als göttliche Wesen fungierenden Gestirne zu Orientierungspunkten für die zeitgebundenen und in die Zukunft gerichteten Entfaltungsformen des Lebens im kultischen

---

12) Vgl. etwa O. H. Steck, Der Schöpfungsbericht der Priesterschrift. Studien zur literarkritischen und überlieferungsgeschichtlichen Problematik von Genesis 1,1-2,4a, Forschungen zur Religion und Literatur des Alten und Neuen Testaments 115, Göttingen, 1975, 112.

und außerkultischen Bereich werden. Erst die priesterschriftliche Bearbeitung, d. h. unsere heutige Textlage, setzt eben diese Lichtschöpfung als erstes Tageswerk an (V. 3-5), zweifellos um damit einen
programmatischen Akzent zu setzen, dem wir noch nachzugehen
haben.

Bleiben wir aber noch bei der vermutlichen Erstfassung. Die Sequenz "Chaos" - "Raum" - "Zeit" ist nach allem ein Schema, das die
ältere Fassung des priesterschriftlichen Schöpfungstextes konstituiert.
Eine weitere Betrachtung dieses Schemas im Vergleich mit außerbiblischen Kosmogonie-Konzeptionen zeigt freilich, daß Israel mit
diesem Entwurf nicht allein im Vorderen Orien dasteht, daß es vielmehr mit den ägyptischen Schöpfungslehren eben diese Idee eines
geprägten Ablaufs im Urgeschehen teilt.

2. Zeit-Schöpfung als Prozeß

Das den ägyptischen Kosmogonien zugrundeliegende Schema ist in
besonderer Weise von dem Ägyptologen Jan Assmann vorgestellt
worden, nachdem wichtige Vorarbeiten geleistet worden sind. Nach
Assmann ergibt sich im Rahmen einer Gesamtschau der kosmogonischen Modelle der drei Kultzentren Ägyptens, Heliopolis-Memphis-
Theben, eine geprägte Sequenz des kosmogonischen Prozesses.[13] Als
erste Phase (in ägyptischen Texten "erste Verkörperung" genannt)
wird die Situation des "präexistenten Chaos" erkennbar, wobei die
"Acht Urgötter" (oder vier Urgötterpaare) als Repräsentanten dieser
noch unbeordneten Welt auftreten und wirksam sind.[14] Im Anschluß
an eine Dokumentation zu der Urgötterlehre in Ägypten von K.
Sethe[15] konnte bereits R. Kilian eine grundsätzliche Entsprechung im

---

13) Vgl. dazu J. Assmann, Primat und Transzendenz. Struktur und Genese der
     ägyptischen Vorstellung eines "Höchsten Wesens" In: W. Westendorf (Hg.),
     Aspekte der spätägyptischen Religion, Wiesbaden 1979, 30f. Ders., Re und
     Amun. Die Krise des polytheistischen Weltbilds im Ägypten der 18.-20.
     Dynastie, Orbis Biblicus et Orientalis 51, Freiburg, Göttingen 1983, 222-
     226

14) Vgl. Assmann, Re und Amun, 223.

15) K. Sethe, Amun und die acht Urgötter von Hermopolis, in: Abhandlungen
     der Preußischen Akademie der Wissenschaften, Phil.-Hist. Klasse, Berlin

Wortlaut von Gen 1,2 wiederfinden[16]; mit einigen Modifikationen sind ihm u. a. M. Görg und zuletzt O. Keel darin gefolgt.[17] Der Befund stellt klar, daß die drei Kurzsätze in Gen 1,2 ihr eigenes Gewicht in Korrespondenz zur ägyptischen Kennzeichnung der Primärphase der Weltentstehung tragen; der Unterschied besteht freilich darin, daß von einer generellen Divinisation der Phänomene im israelitischen Kontext keine Rede mehr sein kann, daß jedoch der 'Ruach Elohim' eine mit der spirituellen Kraft des ägyptischen Urgottes Amun weiterhin vergleichbare Dimension zugesprochen wird. Hier wird zugleich spürbar, wie mit der monotheistischen Konzeption auch die Intention verbunden ist, den Charakter des Unberechenbar-Verborgenen mit der Vorstellung des die Schwingen ausbreitenden Urvogels zu verknüpfen, der die ungeordnete Wirklichkeit vor dem totalen Abrutschen in die Bodenlosigkeit bewahrt. Die der 'Ruach Gottes' zugedachte Funktion des "Flatterns" über dem Urgewässer drückt ebenso die Nähe zum chaotischen Urzustand der rätselhaften und unzugänglichen Tiefe Gottes aus wie die nicht minder gültige Bereitschaft dieses Gottes, dem Chaos den Anspruch auf bleibende Vorherrschaft zu versagen.

Das zweite Stadium der ägyptischen Kosmogonie[18] wird mit dem Bild eines aus dem Chaosgewässer auftauchenden "Urhügels" beschrieben, mit dem die "zweite Verkörperung" als eine Art Übergang in einen stabilen Aggregatzustand vollzogen wird. Die ehemals fehlende Ortsbindung wird nunmehr durch eine "Selbstverfestigung"

1929 (= Ders., Leipziger und Berliner Akademieschriften (1902-1934), Opuscula XI, Leipzig 1976, 281-410).

16) R. Kilian, Gen. I,2 und die Urgötter von Hermopolis, Vetus Testamentum 16, 1966, 420-438.

17) Vgl. V. Notter, Biblischer Schöpfungsbericht und ägyptische Schöpfungsmythen, Stuttgarter Bibel-Studien 68, Stuttgart 1974, 15ff. 46ff. M. Görg. Ptolemäische Theologie in der Septuaginta, Kairos 20, 1978, 208-217 (= Ders., Studien zur biblisch-ägyptischen Religionsgeschichte, Stuttgarter Biblische Aufsatzbände 14, Stuttgart 1992, 225-238). Ders., Chaos und Chaosüberwindung, 33f. O. Keel, Altägyptische und biblische Weltbilder, die Anfänge der vorsokratischen Philosophie und das Arche-Problem in späten biblischen Schriften, in: M. Slivar, St. Kunze (Hg.), Weltbilder, Bern 1993, 127-156.

18) Vgl. dazu u. a. Assmann, Re und Amun (Fn. 13), 223f.

des sich vom Chaos emanzipierenden Urgottes abgelöst, so daß die
eigentliche Durchführung des Schöpfungswerks geschehen kann. Mit
der Ausgrenzung des Chaotischen wird eine Zone eingegrenzt, die
Leben in seinem ganzen Spektrum ermöglicht. Der "Raum" ist als Lebensraum geboren. Die Mythologie verbindet diesen Vorgang mit der
besonderen Rolle des Gottes Ptah, der mit seinem Beinamen Tatenen
eben jenen Prozeß des Hervorgangs aus der umfassenden Urtiefe in
Erinnerung ruft. Der zweiten Phase entspricht im ersten Schöpfungstext die Bildung einer Lebenszone durch Ausgrenzung der chaotischen Wassermassen mittels einer Scheidewand, die unter der Bezeichnung *raqia'* ein Gegenstück zur ägyptischen Himmelsschale
(*bj3*) darstellt und die innere Stabilisierung eines Bereiches garantiert,
in dem sich zunächst das Wachstum der Pflanzen entfalten kann.
Auch in Ägypten ist es ja eine Pflanze, die das Erstlingsleben auf
Erden symbolisiert, die Lotuspflanze als Inbegriff der Vitalität und
generativen Existenz.

Schließlich kommt in Ägypten die Verwirklichung der "Zeit" als
dritte Phase mit dem Aufstieg des Urgottes in die Sphäre der Lichtspender am Himmel in den Blick. Hier weist die Kosmogonie auf den
Höhepunkt der 'Selbstverwirklichung' des Urgottes hin: "Mit der Erschaffung des Himmels und der Entfernung an ihn schafft sich der
Gott eine Sphäre, in der er allein ist, getrennt von denen, die aus ihm
hervorgegangen sind".[19] Damit eröffnet sich die Funktion der Gestirne, insbesondere der Sonne selbst als Sinnmitte der Schöpfung insgesamt, da sich der Schöpfergott nunmehr im Zenit seines Schaffens
befindet. Zugleich aber wird die "Zeit" als Garant für das Fortbeste-
hen des Geschaffenen begriffen, indem das jetzt wirksame Licht der
göttlichen Leuchten am Himmel das Auge des Schöpfers auf der Welt
ruhen läßt. Die "Zeit" als Signal der Zukunft weist aber nicht einfach
auf Unveränderlichkeit des Geschehens hin, sondern zeigt auf die
Vollendung in zyklischer Wiederkehr des Prozesses der immer aufs
neue verwirklichten Schöpfung. Es ist so wie nach dem täglich erlebten Weg der Sonne aus der chaotischen Finsternis der Nacht zum
Aufgang am Morgen, der lichtspendenden Überflutung des irdischen
Raums bis zur Wanderung der Sonne zum Zenit und zum abendlichen

---

19)   Assmann, Re und Amun (Fn. 13), 224.

Westen, ein ebenso elementarer wie exemplarischer und typologischer Vorgang als Bild des kosmogonischen Geschehens überhaupt. Auch hier kann die Darstellung des ersten Schöpfungstextes ein Pendant anbieten: die Gestirne mit der großen Leuchte, der Sonne, sind Zeichen der Zeit, sie verweisen auf die göttliche Vollmacht, dem Ablauf der Geschichte die Bahnen und Phasen zuzuordnen. Die "Zeit" wird hier als Ermöglichung der Existenz in die Geschichte hinein verstanden, in der Gott Maßstab allen Handelns, vor allem des Gottesdienstes ist. Hier tun sich allerdings auch die genuinen Aspekte auf, die dem biblischen Schöpfungstext sein spezifisches Gepräge geben.

Der biblische Gott erweist sich auch nach der Urfassung des Schöpfungstextes in erhabener Souveränität, der kraft seines Wortes nicht nur das "Firmament" setzt, sondern auch die Lichtspender verwirklicht, die ihrerseits keine göttliche Qualität haben, sondern geschaffene Realitäten sind. Sie verweisen auf den Gott, der selbst anscheinend keinen Wandlungen oder Transformationen unterliegt, vielmehr in eigener Regie den Ablauf der Geschehnisse dirigiert. Zwar ist es schon in der memphitischen Theologie Ägyptens Sache des Ptah, seine Schöpfertätigkeit durch das Wort zu vollziehen, doch bleibt nach der biblischen Sicht der Schöpfergott immer ein und derselbe Gestalter, dem sich alle Initiativen und Innovationen verdanken. Der biblische Gott muß sich nicht in den Zenit erheben, um seine Erhabenheit zu präsentieren: er ist unverrückbar der Höchste von Anfang an. Es kann kein Zweifel sein, daß sich der vermutete Erstentwurf des Schöpfungstextes mit der jetzigen Textfassung in dieser Gottesidee eins weiß. Die Redaktion tut ein übriges, um die souveräne Kreativität Gottes wortwörtlich ins Licht zu setzen, hat sie doch gerade mit der Addition von Vers 3-5 der Lichtschöpfung am ersten Tag eine herausragende und programmatische Rolle eingeräumt.

Der Hervorgang der "Zeit" aus "Chaos" und "Raum" nach ägyptischer Perspektive erfährt in einschlägigen Illustrationen eindrucksvolle Kommentare, die zugleich verdeutlichen, daß auch äußerlich divergierende Szenen benachbarte und verwandte Vorstellungen zum Ausdruck bringen können. Aus der großen Auswahl sei hier zunächst auf eine Darstellung des Neuen Reichs verwiesen, die mit vielen Varianten belegt ist (Abb. 5).[20]

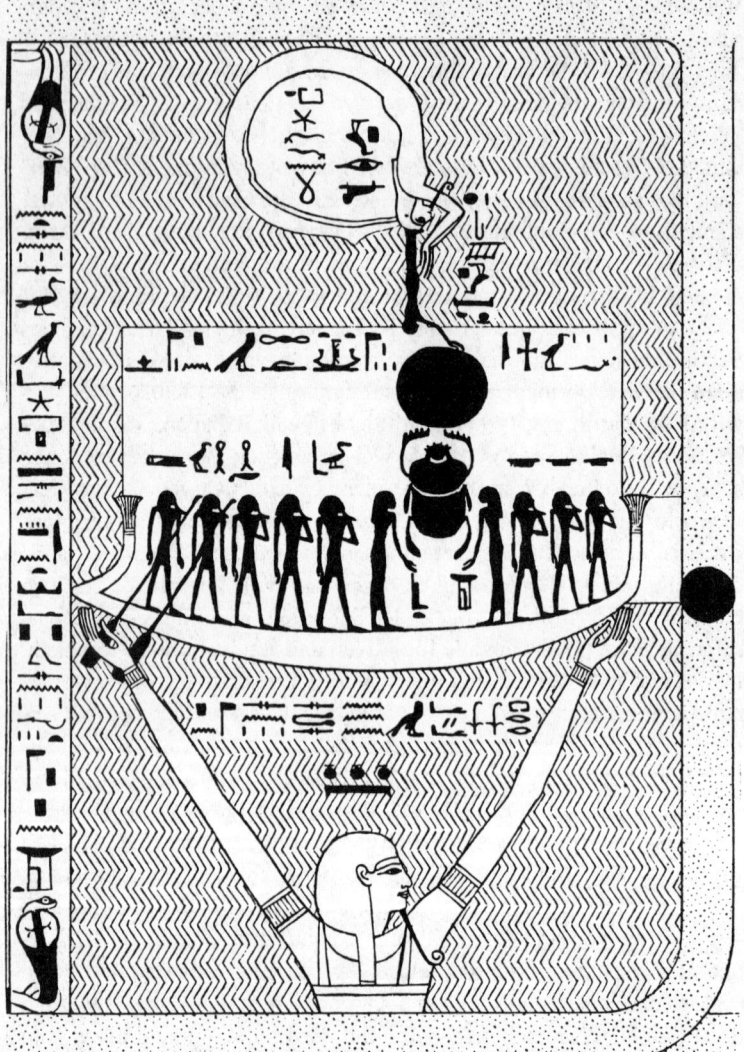

Abbildung 5 [20)]

Auf einem Relief der Zeit des Pharao Sethos I. in Abydos er-
scheint als Untergrund der Szenerie das ausgedehnte Urwasser, des-
sen Personifikation in Gestalt der Urgottheit Nun die Barke mit der
Sonnenscheibe als Vergegenwärtigung des Sonnengottes und dessen
Gefolge emporhebt. Mit diesem Vorgang wird der vom höchsten Gott
geschützte Raum des Lebens mit dem ausdrücklich bezeichneten
Erdgott Geb der Sphäre des Chaos entzogen und der Fahrt über den
Tageshimmel überantwortet.[21] Der "Motor" der Überfahrt über den
Himmel ist der seinerseits erhaben dargestellte Käfer als Symbol des
ständigen Werdens und der Auferstehung. Mit der Überfahrt über den
Taghimmel beginnt der Prozeß der Selbstdarstellung des Sonnengottes, der die Zeit des Tagesablaufs bestimmt. Im Bilde auf dem
Kopf stehend empfängt die Himmelsgöttin Nut die Sonnenscheibe,
die am Abend in den Bereich des Unterwelts- und Auferstehungs-
gottes Osiris eintaucht. Dieser Gott, dessen Körper einen Kreis beschreibt und dessen Kopf als Stütze der Himmelsgöttin dient, ist zugleich Garant der zyklischen Wiederholung des Geschehens. Die
kreisrunde Form des Osiris berührt sich mit der bekannten Symbolik
des Uroboros, der Schlange, die sich in den Schwanz beißt. Nach
Assmann ist der Uroboros "ein ägyptisches Symbol der kosmischen
Zeit, der schlechthinnigen Zeitfülle, außerhalb derer nichts gedacht
werden kann. Der Uroboros symbolisiert die Zeit als den Lebensvoll-
zug des lebendigen Kosmos, der zugleich alles belebt und am Leben
läßt, was in ihm ist".[22] Osiris ist der Garant für den immer erneuerten
Übergang vom Tod ins Leben, von der Nacht ins Licht, vom Chaos in

20) Teil einer Nachzeichnung in O. Keel, Die Welt der altorientalischen Bildsymbolik und das Alte Testament. Am Beispiel der Psalmen, Zürich 1972,
35. Zu einem weiteren Beispiel vgl. M. Görg, Bythos und Nun: Zur ägyptischen Basis einer altchristlich-gnostischen Gottesidee, in: S. Timm, M.
Weippert (Hg.), Meilenstein. Festgabe für Herbert Donner, Ägypten und Altes Testament 30, Wiesbaden 1995 (52-59), 57.

21) Die Barke stellt also nicht ausschließlich die Himmelssphäre dar, wie O.
Keel, Bildsymbolik (Fn. 20), 34 meint, sondern erfaßt die ganze das Leben
tragende und bergende Wirklichkeit des Himmels und der Erde.

22) Assmann, Das Doppelgesicht der Zeit im altägyptischen Denken, in: Die
Zeit. Dauer und Augenblick. Mit Beiträgen von Jürgen Aschoff u. a., München, Zürich 1989 (189-223), 219. Zitiert auch von W. Westendorf, Die
Geburt der Zeit aus dem Raum, in: Göttinger Miszellen. Beiträge zur
ägyptologischen Diskussion 63. 1983, 71-76, 75.

die Ordnung. Immer wieder kehrt die Sonne in den Bereich zurück, der sie über Nacht behält, um sie am Morgen wieder freizugeben. Der Prozeß der Entstehung der "Zeit" aus "Chaos" und "Raum" beginnt jeden Tag aufs neue. Von daher versteht sich gut, daß die Szenerie auch das Schlußbild des Pfortenbuches als eines repräsentativen Teils der Unterweltsliteratur darstellt. [23]

Eine weitere Szene, weitaus häufiger belegt, ist die Darstellung der Himmelsgottheit Nut, die mit ihren Füßen und den Händen den Boden berührt. Das auf der folgenden Seite gegebene Beispiel (Abb. 6) entstammt einem Sarkophagdeckel der griechisch-römischen Zeit aus Saqqara.[24] Die Sonne wird am Abend von der Göttin verschlungen; sie wandert des Nachts durch deren Körper und wird am Morgen wieder geboren. Hier ist der Körper der Himmelsgöttin eine Tiefe, in die der Sonnengott nach seiner abendlichen Vereinigung mit der Himmelsgöttin immer wieder eintaucht. Die geheimnisvolle Tiefe des Mutterleibs bedeutet den bildlichen Urgrund für die Verjüngung; sie ist dem Mysterium des Chaos verbunden, von dem der Sonnengott periodisch entbunden wird. Sie ist zugleich aber schon der "Raum", in dem das neue Leben wird. Der Beginn der "Zeit" des Tagesablaufs und der stets sich wiederholenden Präsenz am Himmel ist hier ausdrücklich als Geburt bezeichnet. Der Ägyptologe W. Westendorf spricht denn auch mit Recht von der "Geburt der Zeit aus dem Raum". [25]

Der anfangs zitierte Naturwissenschaftler P. Davies hat seinen Beitrag mit "Geburt und Tod des Universums" überschrieben und damit seinerseits Bezeichnungen aus dem organischen Leben übernommen. Die Ägypter und in ihrem Gefolge der Autor der vermutlichen Erstfassung des priesterschriftlichen Schöpfungstextes der Hebräischen Bibel haben den Aufstieg der Sonne als "Geburtsstunde" der "Zeit" verstanden. Der biblische Verfasser bleibt mit seiner Sprache und Vorstellung einer mythologischen Redeweise verhaftet, auch wenn er der Einzigkeit seines Gottes durch Entgöttlichung der

---

23)   Vgl. dazu E. Hornung, Ägyptische Unterweltsbücher, Die Bibliothek der Alten Welt, Zürich, München 1989, 307 Abb. 75 mit Kommentar 307f.

24)   Nachzeichnung aus Keel, Bildsymbolik (Fn. 20), 30.

25)   W. Westendorf, Geburt (Fn. 22)

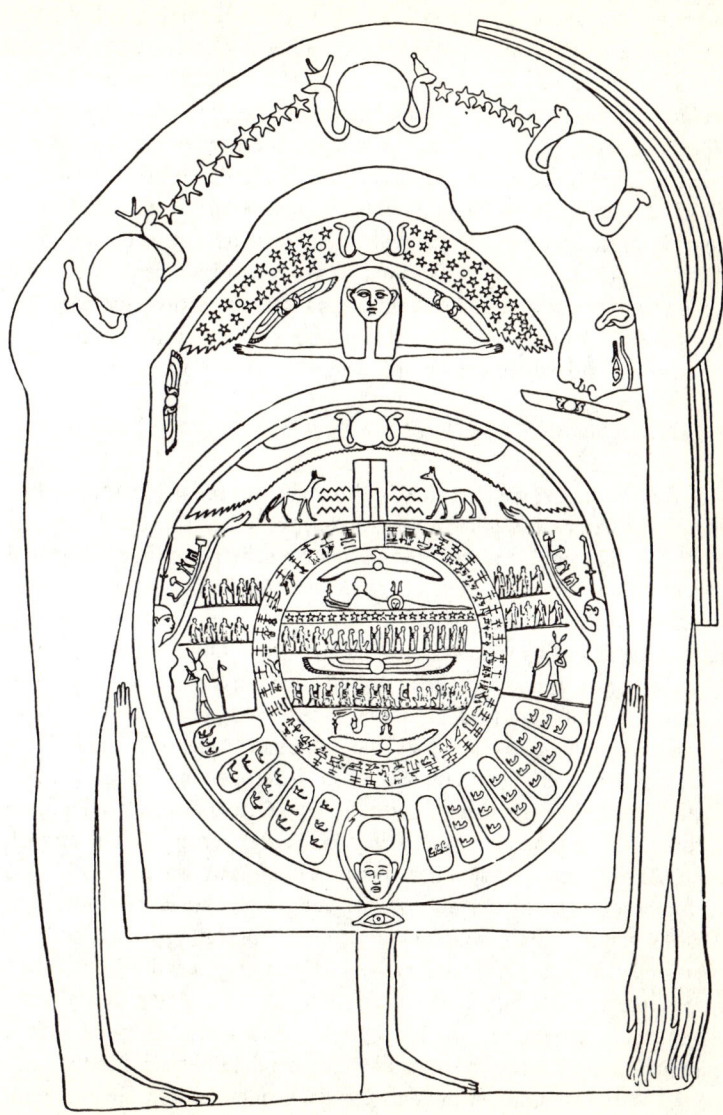

Abbildung 6

Gestirne Ausdruck gibt. Die Jetztfassung des Textes setzt mit der vorangestellten Lichtschöpfung einen unübersehbaren Akzent, der jedem Gedanken an einen Aufstieg des transzendenten Gottes widersteht. Während der Sonnengott in Ägypten den zyklischen Vorgängen des Aufstiegs und Abstiegs unterworfen ist und so die "Zeit" immer wieder neu geboren wird, steht der biblische Gott in gleichbleibend souveräner und rätselhafter Autorität da, um jedoch dem Schöpfungsgeschehen eine Dynamik zu belassen, die auf sein Wort hin aus dem geheimnisvollen "Chaos" den Lebensraum und die Lebenszeit werden läßt. Der das Chaos kennende und zugleich beherrschende Schöpfergott spricht das lebensstiftende und lebenserhaltende Wort und schaut dem Werden zu.

3. Zeit-Schöpfung als "Geburt"

Die Rede von der Geburt der "Zeit" steht in einem eigentümlichen Licht da, wohnt ihr doch eine Vorstellung inne, die die Nähe des Mythos oder zumindest mythologischer Sprache heraufbeschwört und damit scheinbar ein Abtauchen in die Welt des Unwirklichen, Phantasievollen, Unaufgeklärten suggeriert. Könnte die Herleitung der elementaren Struktur des biblischen Schöpfungstextes aus dem ägyptischen Schema des kosmischen Werdens und des göttlichen Aufstiegs nicht gerade dem immer wieder vorgebrachten Verdacht Vorschub leisten, als sei hier die genuine Konzeption der Bibel relativiert worden, um zugleich einer heterogenen Tradition mehr Kredit zu geben als dem Wortlaut der "Offenbarung"? Hier muß sofort daran erinnert werden, daß sich "Offenbarung" nicht einfach nach Anfang und Ende oder gar chronologisch fixieren läßt, daß vielmehr die gesamte Tradition der religiösen Ausdrucksformen in der Menschheitsgeschichte zu ihrer vollen Würdigung finden muß, da biblische "Offenbarung" ohne die "Offenbarung" an die Menschheit undenkbar ist. Die Bibel ist "Raum und Zeit" des Alten Orients und Ägyptens verbunden; ihre genuine Sichtweise verläßt diese Dimensionen nicht, auch wenn sich die abendländische Rezeption mit eigenen Fragestellungen meldet und dabei nicht selten Gefahr läuft, biblische Texte ihrem angestammten Horizont zu entreißen und ihre primäre Aussageintention zu verfremden.

Die Rede von der "Geburt" ist zwar mythologisch, aber damit nicht wirklichkeitsfremd. Sie ist eine der bildlichen Ausdrucksformen, die menschliche Erfahrungsbereiche zur symbolischen Erfassung weitertragender Vorstellungen nutzt. Das "Bilderbuch" des ersten Schöpfungstextes mündet nun in der Tat in einer Darstellung der Menschenschöpfung, die das Werden des "Adam" auf den Willen des im Wir-Stil redenden Schöpfergottes zurückführt (Gen 1,26): "Wir wollen den Menschen machen...". Auch hier bricht sich die eine zunächst originell erscheinende Denkweise Bahn, da "Gott" - hebräisch ´aelohim, ein Ausdruck, der das gemeinsemitische Wort für Gott, El, ohnehin durch seine pluralähnliche Erhabenheitsbezeichnung in eine hoheitliche Dimension transferiert - nunmehr erstmals im Rückbezug auf sich selbst zur Geltung kommt. Denkbar ist, daß die Nachwirkung der außerbiblischen Vorstellung von der multiplen Schöpferkraft des Hochgottes soweit reicht, daß der biblische Gott dem "Vater der Götter" gegenübergestellt wird, zumal sich bereits im Verhältnis des Schöpfergottes zu seiner "Ruach" die ägyptische Zweieinheit des Universalgottes Amun-Re widerspiegelt. Die Vorstellung vom Schöpfergott als dem "Macher" schlechthin entspricht der semantisch parallelen ägyptischen Idee vom "Machen" (*jrj*) der bewohnbaren Welt und des Lebens darin. Mit "Adam" ist zunächst nicht der Eigenname des ersten Menschen, sondern die Gattung Mensch gemeint, so daß alle Menschen in der geschaffenen Welt so auftreten sollen, wie der Text dann fortfährt: "als unser Bild und gemäß unserer Ähnlichkeit". Diese kompliziert anmutende Doppelbestimmung, deren erstes Glied wohl ursprünglicher als das zweite sein wird, läßt sich zweifellos auf einschlägige Vorgaben aus ägyptischem Sprach- und Vorstellungsgut zurückführen, da die Rede von der "Gottebenbildlichkeit" des Menschen nirgendwo im Alten Orient so ausgebildet und breitflächig bezeugt ist wie in Ägypten.[26] Hier meint sie eine spezielle Qualifikation des Königs, insbesondere seine Befugnis zur sinnvollen Gestaltung seiner Welt in Kooperation mit dem Schöpfergott. In der Perspektive der Priesterschrift stehen alle Menschen unter dieser Würde und Bürde, sie sind alle, ob Mann oder

---

26) Vgl. dazu vor allem B. Ockinga, Die Gottebenbildlichkeit im Alten Ägypten und im Alten Testament, Ägypten und Altes Testament 7, Wiesbaden 1984.

Frau, gleichrangig Bilder Elohims. Der Kontext der biblischen Aussage liefert auch die Information über die Funktion der Gottebenbildlichkeit des "Adam": er soll "herrschen" über die Tiere[27], eine Aufgabe, die dann als Vollmacht zur Weltordnung und Lebensgestaltung
betrachtet werden kann, wenn man wiederum auf die metaphorische
Bedeutung der Tierwelt aus ägyptischer Sicht rekurriert, wo sie zur
Umschreibung der umfassenden Wirklichkeit des Lebens dienen können.[28] In Israel wird der Mensch so auf die Ebene königlicher Kompetenz gehoben. Die so häufig mißverstandenen und mit entsprechenden Folgen behafteten Formulierungen zur Konkretion dieses Herr-
scherauftrags[29], wie "Tretet auf die Erde und beherrscht sie", besser
bekannt mit der Wiedergabe: "Macht euch die Erde untertan" haben
zunächst nichts anderes im Sinn als eben diese königliche Befugnis
zur sinnvollen Ordnung der Welt, zur Herstellung und Bewahrung des
Gleichgewichts in der Schöpfung, wie sie sich - bildlich gesprochen -
im Schützen und Schlagen vollzieht.[30] Diese jedem Gedanken an
eigensüchtige Ausbeutung und Vergewaltigung von Boden und
Leben abholde Vorstellung ist bereits in der ägyptischen Ikonogra-
phie vom thronenden König eingefangen. Das "Thronen" ist nicht als
Ausdruck willkürlicher Despotie zu fassen, sondern im Gegenteil als

---

27) Zu dieser Funktionsbestimmung im Kontext vgl. W. Groß, Die
     Gottebenbildlichkeit des Menschen im Kontext der Priesterschrift,
     in: Theologische Quartalschrift 161, 1981, 244-264. Ders., Die
     Gottebenbildlichkeit des Menschen nach Gen 1,26.27 in der Diskussion des
     letzten Jahrzehnts, in: Biblische Notizen. Beiträge zur exegetischen
     Diskussion 68, 1993, 35-48.

28) Anders jetzt B. Janowski, Herrschaft über die Tiere. Gen 1,26-28 und die
     Semantik von RDY, in: G. Braulik - W. Groß - S. McEvenue (Hg.),
     Biblische Theologie und gesellschaftlicher Wandel (Festschrift Norbert
     Lohfink), Freiburg-Basel-Wien 1993, 183-198.

29) Vgl. dazu u.a. M. Görg, "Alles hast du gelegt unter seine Füße".
     Beobachtungen zu Ps 8, 7b im Vergleich mit Gen 1,26, in: Freude an der
     Weisung des Herrn (Festschrift H. Groß), Stuttgart 1986, 125-148 = Ders.,
     Studien zur biblisch-ägyptischen Religionsgeschichte 14, Stuttgart 1992,
     117-136.

30) Dieses Verständnis des sogenannten dominium terrae sollte nicht exklusiv
     als "despotische Seite der ambivalenten Königsideologie" charakterisiert
     werden, wie es bei H. Lambert-Zielinski, Lynn White und das dominium
     terrae (Gen 1,28b). Ein Beitrag zu einer doppelten Wirkungsgeschichte, in:
     Biblische Notizen. Beiträge zur exegetischen Diskussion 76, 1995 (32-61),
     55, geschieht.

die gelassene Souveränität, die das Königtum in eine überzeitliche Sphäre hineinversetzt und ihm eine exemplarische Rolle zur Stabilität gegenüber dem Chaos sichert. Gerade darum geht es auch in der biblischen Perspektive: der Mensch, in der Zeit und für die Zeit geschaffen, erlangt mit der ihm verliehenen Vollmacht die Befugnis, als Bild des über allem thronenden Gottes stellvertretend über das Leben in der Zeit zu wachen. Der Mensch ist so auch zum "Pantokrator" auf Erden berufen. Mit der Verwirklichung des Adam auf Erden beginnt gerade eine neue Zeit in der schon gesetzten Zeit: das kosmische Licht gewinnt in der Gestaltungskraft des Adam die spezielle Konkretion der lebenserhaltenden und lebensfördernden Funktion. Erst das Licht läßt das "Bild" wahrnehmen: in den Strahlen des kosmischen Lichtes gewinnt das "Bild Gottes" seine Konturen. Dem vergleichenden Betrachter wird auch hier das aus Ägypten, wenn auch aus einer Übergangszeit stammende, wohlbekannte Bild des Pharao Echnaton mit seinen Angehörigen gegenwärtig sein, das die ganze intime Atmosphäre in den Sog der strahlenden Aton-Sonnenscheibe versetzt. Hier ist die Wirksamkeit des kosmischen Lichtes noch zuallererst auf die königliche Familie bezogen; die priesterschriftliche Perspektive hebt dagegen auch diese Einschränkung auf und läßt alle Menschen als "Bilder" Gottes vom Licht Gottes umfangen sein und selbst als Leuchtende erscheinen. Dies ist letzlich Inhalt des göttlichen Segens (Genesis 1, 28a), der das Leuchten des Angesichts Gottes über dem Menschen bedeutet (vgl. Numeri 6, 23-27).

Mit der "Geburt" des Menschen beginnt eine Sonderkategorie der Zeit, ein neuer Äon. Auch dies gilt bereits für das Werden des ägyptischen Königs. Seine Thronbesteigung und in deren Licht sein ganzes Vorleben einschließlich seines physischen Werdens im Mutterleib stehen unter der Erwartung eines neuen Zeitabschnitts, der für die Zeitgenossen Wohlfahrt und Sicherheit nach außen und innen erbringen sollte. Die Zeremonien zum Regierungsantritt eines Pharao bekunden einhellig, wie sehr die Partnerschaft mit den Göttern und in erster Linie mit dem Hochgott für die Regierungszeit konstitutiv ist. Die Tempelwände in den noch erhaltenen spätzeitlichen Heiligtümern Ägyptens sprechen hier eine lebendige Sprache, da sie das Erwähltsein eines Gottes in jahrtausendealten geprägten Szenen präsentieren. Von besonderem Eindruck ist nach wie vor die

Szenenfolge von der "Geburt des Gottkönigs"[31]), die unter anderem auch die Darstellung der Empfängnis der Gottesmutter durch den Geist Amun kennt (vgl. Abb. 7[32])). Hier wird mit den Möglichkeiten der bildlichen Gestaltung ein geglaubtes Geschehen auf die höhere Ebene gehoben, die ihm zukommt. Die zwei göttlichen Wesen sitzen auf einer Liege und unterfangen ein weiteres Paar, das ebenfalls auf einer nunmehr freischwebend erscheinenden Liege sitzt: die Königsmutter neben dem Geistgott Amun, zärtlich einander mit den Händen berührend. Hier wird die irdische Sphäre transzendiert zugunsten der überzeitlichen Begegnung, die im göttlichen "Ratschluß" der Götter verborgen ist. Das Zusammenspiel des Königs mit seinem geheimnisvollen Schöpfergott erinnert an die Kräfte der kosmischen Geburt des Sonnengottes, da dieser aus der Nacht der chaotischen Tiefe oder der Finsternis des Mutterleibes der Himmelsgottheit hervortritt. Im Vorfeld der Geburt liegt auch hier die zyklische Verbindung des Sonnengottes mit der Nut, in die er am Abend eingeht, um am Morgen regeneriert aus ihr hervorzugehen. Nach Assmann "verkörpert sich in der Konstellation von Re und Osiris die duale Einheit der kosmischen Zeit. Re ist das ´ewige Morgen´, dem alles Werden und aller Wandel entspringt, Osiris ist das ´ewige Gestern´, dem alles Vollendete zu unwandelbarer Fortdauer anheimfällt".[33]) Die beiden Zeitaspekte "vereinen sich im lebenden König, der immer zugleich Sohn und Verkörperung eines Gottes ist: Sohn in Bezug auf den toten Vater, der als Osiris die resultative Fortdauer des Gestern, des geschichtlich Gereiften darstellt, Inkarnation in Bezug auf den virtuellen König Horus, der in ihm zur Welt kommt wie das ewige Morgen im jeweiligen Heute".[34]

---

31) Vgl. dazu die grundlegenden Beobachtungen von H. Brunner, Die Geburt des Gottkönigs, Studien zur Überlieferung eines altägyptischen Mythos, Ägyptologische Abhandlungen 10, Wiesbaden 1964.

32) Nachzeichnung aus Keel, Bildsymbolik (Fn. 20), 226.

33) J. Assmann, Das Doppelgesicht der Zeit im altägyptischen Denken, in: Die Zeit. Dauer und Augenblick. Mit Beiträgen von J. Aschoff, Jan Assmann u.a., Veröffentlichungen der Carl Friedrich von Siemens-Stiftung 2, München- Zürich 1989 (189-223), 209.

34) Assmann, Doppelgesicht, 211.

Abbildung 7

Die so vollzogene "Autogenese" des Licht-Gottes ist so sehr in ägyptischer Vorstellungswelt begründet, daß sie auch noch in das gnostische Denken hineinwirkt.[35] Der jeweils neue Tag als Bestätigung einer jeweils neuen "Zeit" des Aufstiegs des Sonnengottes zur umfassenden Herrschaft über den Kosmos hat sein "irdisches" Gegenstück im Tag des Regierungsantritts eines neuen Königs. Kraft des "Doppelbezugs zur Vitalität des Horus und zur Resultativität des Osiris kommt auch im Königtum, genau wie im Sonnenlauf, die kosmische Zeitfülle in voller Präsenz zur Erscheinung". [36]

Ein Übergreifen solcher Vorstellungen von der im Mythos verwurzelten Zeit des Königs auf die Königsideologie Israels ist auch im Alten Testament zu konstatieren. Während freilich in Ägypten im Gegensatz zum König "der einzelne Mensch an dieser kosmischen Zeit erst nach dem Tode Anteil" gewinnt, gehört es nach Genesis 1,28 zur Grundausstattung jedes Menschen, daß er unter der unmittelbaren Bestandsgarantie des kosmosumgreifenden und überzeitlichen Gottes steht. Der "Segen" meint letztlich jene schöpferische Zuwendung, die göttliche Zeit in menschliche Zeit einmünden läßt.[37] So ist die Geschichte nichts anderes als die in menschliche Dimensionen gehüllte kosmische Zeit Gottes.

Neben der Partizipation der Menschen insgesamt an der göttlichen Zeit kommt doch auch in Israel einzelnen und herausragenden

---

35) Dazu u.a. R. Van den Broek, Autogenes und Adamas. The Mythological Structure of the Apocryphon of John, in: M. Krause (ed.), Gnosis and Gnosticism. Papers read at the Eighth International Conference on Patristic Studies, Nag Hammadi Studies 17, Leiden 1981, 16-25. A. Böhlig, Zum >Pluralismus< in den Schriften von Nag Hammadi. Die Behandlung der Adams in den Drei Stelen des Seth und im Ägypterevangelium, in Ders., Gnosis und Synkretismus. Gesammelte Aufsätze zur spätantiken Religionsgeschichte, Wissenschaftliche Untersuchungen zum Neuen Testament 47, Tübingen 1989 (229-250) 242. Ders., Autogenes. Zur Stellung des adjektivischen Attributs im Koptischen, ebd., 399-413. Ders., Die Bedeutung der Funde von Medinet Madi und Nag Hammadi für die Erforschung des Gnostizismus, in: A. Böhlig - Chr. Markschies, Gnosis und Manichäismus, Beihefte zur Zeitschrift für die neutestamentliche Wissenschaft 72, Berlin-New York 1994 (113-242), 188f.

36) Assmann, Doppelgesicht, 211.

37) Zur Funktion des Segens sowohl für die Schöpfung wie auch für die Geschichte vgl. u.a. Scharbert, in: Theologisches Wörterbuch zum Alten Testament I, 841.

Gestalten der Geschichte eine Qualifikation zu, die sich noch näher an die ägyptische Würdigung des Pharao anschließt. Die berühmte Immanuelweissagung im Buch Jesaja läßt dem König Ahas die Zusage zukommen, daß eine "junge Frau" ein Kind empfangen und gebären werde, dem sie den Namen "Immanuel" d.h. "Mit uns (ist) Gott" geben werde (Jesaja 7,14). Aller Wahrscheinlichkeit ist dies eine Anspielung auf die bedeutende Rolle der Mutter des Königs Hiskija (8. Jahrh. v. Chr.)[38], die analog zur Funktion der Königsmütter und Königsgemahlinnen in Ägypten eine politisch-religiöse Ausnahmeposition innegehabt haben wird. In Ägypten konnten weibliche Mitglieder am Königshof um ihrer besonderen Nähe zum Geistgott Amun willen den Titel einer "Gottesgemahlin" tragen; sie galten als lebendige Wahrzeichen der lebensspendenden und lebenserneuernden Kraft des Gottesgeistes, zugleich der konstituierenden Vitalität des Königtums. Auch in Israel muß man sich dieser eminenten Begabung der Königsmutter bewußt gewesen sein. Wenn in der griechischen Wiedergabe des Alten Testaments, der z.T. in Alexandria geschaffenen "Septuaginta", eben jene Stelle Jesaja 7,14 mit dem Titel "Parthénos " d.h. "Jungfrau" aufwartet, entspricht dies wiederum dem Prozeß ägyptischer Vorstellungen von der tiefgreifenden Würde der Königsmutter, die in einem gänzlich unbiologischen Sinn "Jungfrau" bleibt, da sie mit dem Geistgott Amun liiert ist. Ohne irgendeine mirakulöse Modifikation der natürlichen Genealogie kommt es zur geglaubten Annahme der jungfräulichen Empfängnis als eines Interpretaments oder einer mythologischen Variante der Vorstellung von einer Geburt aus Gott.

Die Ankündigung in Jesaja 7,14 ist ein wesentliches Element jener Texte im Neuen Testament, die Grundlage der Verkündigung von der Geburt des Gottessohns in der Christenheit sind

---

38) Vgl. Hierzu u.a. M. Görg, Hiskija als Immanuel. Plädoyer für eine typologische Identifikation, Biblische Notizen 22, 1983, 107-125 = Ders., Aegyptiaca-Biblica. Notizen und Beiträge zu den Beziehungen zwischen Ägypten und Israel, Ägypten und Altes Testamten 11, Wiesbaden 1991, 272-290. Zur religionspolitischen Bedeutung Hiskijas vgl. zuletzt M. Hutter, Hiskija, in: M. Görg - B. Lang, Neues Bibel-Lexikon, II, 169-171. N. Na´aman, The Debated Historicity of Hezekiah´s Reform in the Light of Historical and Archaeological Research, in: Zeitschrift für die Alttestamentliche Wissenschaft 107, 1995, 179-195.

(Matthäus 1,23 Lukas 1,31). Der Rekurs auf die prophetische Weissagung verdeutlicht den schon im Ursprungstext enthaltenen Akzent: es geht wiederum um eine neue "Heilszeit"[39], die nicht allein vom Menschen inauguriert ist. Mit dem endzeitlichen Immanuel ist ebenfalls die Hoffnung auf eine endgültige Heilszeit verbunden. Die spätägyptische Theologie hat die Vorstellung einer mit dem Gottkönig beginnenden Periode der Erfüllung bis in die Zeit der Alten Kirche propagiert. Zur Ausbildung der endzeitlichen Heilsdimension hat demnach nicht erst die Verehrung des Gottes Aion-Helios in hellenistischer Zeit beigetragen. Ägyptische Theologie konnte auch hier in Konzeptionen des hellenistischen Synkretismus Eingang finden. Das Geburtsfest des Aion-Helios, das bezeichnenderweise in der Nacht vom 24./25. Dezember gefeiert wurde[40], vereinigt spät-ägyptische Vorstellungen von der Geburt der Zeit mit hellenistischer Mythologie, um so an der Schwelle des zentralen Geburtsfestes der Christenheit zu stehen.

Der neue Aion soll nun auch mit dem Auftreten Jesu in dieser Welt eingeleitet werden; an seine zeitgebundene, aber überzeitlich wirksame Botschaft knüpften und knüpfen sich die Erwartungen einer Menschheit, denen die erlebte Zeit weithin zum Horror und "Chaos" geworden ist. Das alljährliche weihnachtliche Geburtstagsfest steht für die Überzeugung, daß der jahrtausendealte geisterfüllte Traum der religiös empfindenden Menschen von einer kommenden Wirklichkeit des universalen Heils und der umfassenden Heilung in dieser Welt immerzu "Raum" gewinnt und daß eine "Zeit" der Neuschöpfung und Erfüllung bereits geboren ist.

---

39) Vgl. dazu jüngst besonders M. Rösel, Die Jungfrauengeburt des endzeitlichen Immanuel. Jesaja 7 in der Übersetzung der Septuaginta, in: Jahrbuch für Biblische Theologie 6. Altes Testament und christlicher Glaube, Neukirchen-Vluyn 1991, 135-151.

40) Vgl. dazu u.a. E. Norden, Die Geburt des Kindes. Geschichte einer religiösen Idee, Berlin 1924, 25. Rösel, Jungfrauengeburt (Fn.26), 146 mit Anm. 50. Zum ägyptischen Festkalender der griechisch-römischen Zeit vgl. zuletzt A. Grimm, Die altägyptischen Festkalender in den Tempeln der griechisch-römischen Epoche, Ägypten und Altes Testament 15, Wiesbaden 1994. G. Burkard, Spätzeitliche Osiris-Liturgien im Corpus der Asasif-Papyri. Übersetzung, Kommentar, formale und inhaltliche Analyse, Ägypten und Altes Testament 31, Wiesbaden 1995.

KARIN JURCZYK

Zeitordnungen als Ordnung der Geschlechter

Zeit als Machtfaktor. Stabilität und Erosion der unterschiedlichen Zeitmuster von Frauen und Männern im Alltag.

1. Vorbemerkung: Zeit und Geschlecht - Konstruktion und Realität

Weniges eignet sich so sehr wie die Zeit, von den unterschiedlichsten wissenschaftlichen Disziplinen her betrachtet zu werden. Was ist der besondere Gewinn einer soziologischen Perspektive auf Zeit? Da es eine große Vielfalt von soziologischen und inzwischen auch zeit-soziologischen Ansätzen gibt, sind die Antworten, die ich im folgenden gebe, ein bewußt gewählter Ausschnitt aus einem breiten Spektrum: sie sind formuliert auf dem Hintergrund meiner empirischen und theoretischen Arbeiten zu der Frage, wie Menschen in ihrem Alltag mit Zeit umgehen.[1] Doch zunächst soll die Fragestellung dieses Textes präziser formuliert werden. Was meint das: Zeitordnungen als Ordnung der Geschlechter? Welche Ordnung, welche Zeit, welche

---

[1] Die hier formulierten Überlegungen fassen einen Teil meiner derzeit entstehenden Arbeit zum Thema "Moderne Lebensführung und der Umgang mit Zeit" zusammen.

Geschlechter? Daß im folgenden die Rede von Ordnung und nicht von Chaos ist - was ja ebensoviel Sinn machen würde -, ist Resultat einer ganz bestimmten, hier in den Vordergrund gerückten Lesart der Soziologie. Soziologie untersucht und deutet Entstehungsgründe, Strukturen und Bewegungskräfte des Zusammenhangs von Individuen, den wir gewohnt sind, "Gesellschaft" zu nennen. Gesellschaften sind zu verstehen als Versuch eines irgendwie geordneten Miteinanders, und dies auf den unterschiedlichsten Ebenen: auf der Ebene ökonomischer und politischer Systeme, von Familien, Berufen, dörflichen Gemeinschaften u.v.m. Soziologie fragt danach, wie und warum diese Gesellschaft und ihre Teilsysteme funktionieren - oder eben manchmal nicht oder schlecht funktionieren - und was das Ganze zusammenhält. Sie untersucht die Regeln und Ordnungen dieses Zusammenhalts, deren Stabilität und "Kohäsion" bzw. deren Brüchigwerden und "Erosion".

Hier wird Zeit als soziale Kategorie verortet: sie dient als Ordnungs- und Orientierungsmechanismus sozialer Verhältnisse und Aktivitäten, der hilft, das Miteinander zu koordinieren. Diese Ordnungsfunktion der Zeit gilt sowohl auf der Ebene der sog. System- oder Weltzeit, auf der Ebene der Subsystem- oder Bereichszeiten als auch auf individueller Ebene; man könnte also auch sagen: auf der Makro-, Meso- und Mikroebene. Von den "Ordnungen der Zeit" - oder auch den Zeitstrukturen - zu reden, hebt den normativen und regelnden Charakter der Zeit hervor (vgl. auch Schöps 1980). Damit soll zweierlei deutlich gemacht werden:

(1) Zeitordnungen als Teile der sozialen Verhältnisse sind hergestellt, menschengemacht, und damit auch veränderbar. Zeit ist nach Norbert Elias Ausdruck und Ergebnis menschlicher Syntheseleistungen und ist erst im Zusammenhang mit gesellschaftlichen Entwicklungen zu verstehen (nach Weis 1995: 9f; vgl. Elias 1988).

(2) Zeitordnungen sind mit Sinn belegt, sie drücken Werte und Entscheidungen aus, sie sind ausgewählte, spezifische Wahrnehmungsfolien und Deutungsmuster der Welt. Sie sind, wie sich im historischen und interkulturellen Vergleich feststellen läßt, deshalb auch Teil der ganz unterschiedlichen Sinn- und Wertstrukturen und Praktiken von Gesellschaften (vgl. Friese 1993).

Dies lenkt in einem nächsten Schritt den Blick darauf, daß Soziologie nicht nur Zusammenhänge und Regeln sozialen Lebens aufzeigen kann, sondern auch darauf aufmerksam macht, daß viele vermeintliche Grundtatsachen nicht mehr sind als historisch und kulturell begrenzte Übereinkünfte von Menschen, daß deshalb Veränderung möglich ist und immer wieder Neues entsteht. Wirklich interessant wird Soziologie erst dort, wo wir vermeintliche Selbstverständlichkeiten und Alltagswissen infragestellen und frei nach Robert Musil damit beginnen, im Konjunktiv zu denken: vom "so ist das eben" zum "wäre es nicht auch anders möglich?".

Diese Überlegungen gelten auch für das Geschlechterverhältnis: Die Ordnung der Geschlechter, wie wir sie in unserer Gesellschaft als zweigeschlechtliche hierarchische Ordnung von Mann und Frau kennen, ist nicht mehr als der historisch etablierte Versuch einer Regelung des Miteinanders von Menschen. Sie ist eine sozio-kulturelle Setzung, die zur Folge hat, daß Menschen meist von der ersten Sekunde ihres Lebens an unweigerlich und unwiderruflich eingeteilt werden in weiblich und männlich und damit verknüpft - als Resultat der dominanten binären Logik - in ein sozial ungleiches Oben und Unten, in ein Allgemeines: "der Mann als Mensch schlechthin" und ein Besonderes: "die Frau als Abweichung".

"Die moderne Ordnung der Geschlechter", sagt Claudia Honegger in ihrem gleichnamigen Buch, "mit ihrem pathetischem Überschuß an Differenz und Hierarchie ist weder ein Anachronismus, noch eine Residualkategorie, noch gar ein 'Frauenproblem'. Die scheinbar direkt der Natur abgelauschte partikularistische Ordnung der Geschlechter ist mit ihrem Überhang an unreflektierten Deutungen vielmehr konstitutiv für die Moderne insgesamt". (Honegger 1991: X)

Dieses Dogma der allgegenwärtigen Zweigeschlechtlichkeit ist so dominant und so prägend für unsere Kultur, daß uns ein Denken jenseits davon nicht möglich scheint. Wir sind es gewohnt, unsere ganze Welt im Schema des binären Geschlechterunterschiedes zu sehen. Warum aber nicht dreizehn Geschlechter? Was wäre, wenn wir die Zweiteilung der Welt nicht stets zur Prämisse all unseres Denkens machen würden - oder sie zumindest nicht ernster nehmen würden, als dies durch den Tatbestand und die Notwendigkeit der Generativität nahegelegt wird, die sich schließlich auch auf bestimmte Lebensphasen begrenzt - und noch nicht einmal diese "Universalie" gilt ja für alle Menschen. [2)

Auch diese als so zentral angesehene Ordnung der Geschlechter, die dazu noch immer auf das machtvollste aller Argumente, auf die angeblich "natürliche" Ordnung der Dinge zurückgreift, ist als hergestellte, als konstruierte zu betrachten.[3) Deshalb wird auch im folgenden nicht die gängige Unterscheidung zwischen Frauenzeiten und Männerzeiten durch Beschreibung reproduziert, sondern Ziel ist es, diese vermeintlichen Selbstverständlichkeiten zu hinterfragen bzw. ihren Herstellungsprozess als wirklichkeitsstiftende Konstruktionen nachzuzeichnen. Worum es geht, ist zu zeigen, wie diese beiden gesellschaftlichen Ordnungsmechanismen - Zeit und Geschlecht - sich wechselseitig prägen und aufeinander übergreifen. Dafür springen wir im zweiten Teil auf eine ganz konkrete Ebene, auf der vier Typen des Umgangs mit Zeit vorgestellt werden, die aus einer empirischen Untersuchung gewonnen wurden (Abschnitt 2). Nach der Interpretation dieser Typen und ihrer Geschlechtsspezifität wird eine Zwischenbilanz gezogen (Abschn. 3). An diesen Typen werden im vierten Teil die Besonderheiten weiblicher und männlicher Zeit diskutiert und gefragt, inwieweit sich diese mit Macht verknüpfen (Abschn. 4). Fünftens und abschließend wird auf die Erosion dieser Schemata unter den Bedingungen veränderter Zeitstrukturen hingewiesen (Abschn. 5).

---

2) Noch nicht einmal die Phase der körperlichen Fortpflanzungsfähigkeit ist ja für alle Frauen und Männer gleichermaßen wirksam und wird dies im Zuge moderner Verhütungs- und Reproduktionstechnologien immer weniger sein. Und auch die Zuordnenbarkeit zu einem körperlichen Geschlecht ist so eindeutig nicht, wie sich am Transsexuellenphänomen zeigen läßt (vgl. Gildemeister/Wetterer 1992). Sozialwissenschaftliche Argumentationen scheinen hier mit einem time-lag hinter einem Teil der Naturwissenschaften hinterherzuhinken. Diese interessante Rollen-Verkehrung der Disziplinen in politisch-aufklärerischer Hinsicht kann hier nicht verfolgt werden.

3) Diese Argumentation bewegt sich im Rahmen des feministischen (De-) Konstruktivismus (vgl. Gildemeister/Wetterer 1992). Eine historische Analyse der anthropologischen und medizinischen Wissenschaften zur Konstruktion der Geschlechter findet sich bei Honegger 1991.

2. Formen des Umgangs mit der Zeit

Bei der Bearbeitung des Interviewmaterials, aus dem hier berichtet wird, ging es zunächst ganz allgemein darum, wie Menschen ihren Alltag organisieren - wir haben dies "alltägliche Lebensführung" genannt.[4] Unsere Frage war, wie Menschen es schaffen - oder es eben auch fast nicht schaffen -, all das, was sie an einem Tag und jeden Tag aufs neue zu tun haben, zu einem kohärenten und konsistenten Ganzen zusammenzufügen. Wie bringen sie ihre verschiedenen Tätigkeiten unter einen Hut? Dabei interessiert weniger, welche Tätigkeiten zu welchem Zeitpunkt im Detail den Alltag ausfüllen, es geht also nicht um Zeitbudgets, sondern um die *Art und Weise*, wie die vielfältigen Dinge des Alltags praktisch geregelt und miteinander vereinbart werden. Die Umgangsformen mit Zeit sind ein systematischer und unverzichtbarer Teil dieser Alltagsorganisation. Ich verstehe sie als die *Methoden zur zeitlichen Strukturierung des Alltags, als die Praktiken, die die verschiedenen Zeitlogiken - des Berufs, der Familie, der Freizeit, der Körperzeit etc.*[5] *- in einer subjektiven, je persönlichen Zeitordnung zusammenfügen.*

Um dies zu untersuchen, haben wir von 1987 bis 1992 in Bayern ca. 140 Frauen und Männer in offenen Interviews befragt. Auch ausgewertet haben wir mithilfe qualitativer Methoden. Die Befragten wurden ausgesucht nach unterschiedlichen, flexiblen Arbeitszeitfor-

---

4) Diese Untersuchung wurde von einer Projektgruppe am Sonderforschungsbereich 333 zu den "Entwicklungsperspektiven von Arbeit" der Universität München durchgeführt: Teilprojekt A1 "Flexibilisierte Arbeitsverhältnisse und die Organisation der individuellen Lebensführung (Veränderungen in der Arbeitsteilung von Personen)" des SFB 333 "Entwicklungsperspektiven von Arbeit" der Universität München. Projektmitglieder: Karl Martin Bolte (Leitung), Luise Behringer, Wolfgang Dunkel, Karin Jurczyk, Werner Kudera, Maria S. Rerrich und G. Günter Voß.

5) Hierhinein gehören auch, wenn sie auch in diesem Kontext nachrangig sind, in unterschiedlicher Weise die Dimensionen von Zeit als biologischem und natürlichem Zeitrhythmus, als Erfahrung der Vergänglichkeit und Endlichkeit des Lebendigen, als inneres Zeitempfinden und Zeitbewußtsein sowie als biografische Zeit.

men, Berufen und Qualifikationsniveaus.[6] Sie waren im mittleren Lebensalter, lebten in einer Partnerschaft sowie mit mindestens einem Kind. Wir haben Wert darauf gelegt, daß auch die Partnerin bzw. der Partner berufstätig waren, weil dies besondere Anforderungen und Konfliktpotentiale im Alltag vermuten ließ. Zudem wählten wir einen Teil der Befragten aus städtischem, den anderen aus ländlichem Milieu.

Systematisch wurde nach folgenden Beschäftigtengruppen variiert:

(a) ArbeiterInnen und mittlere Angestellte aus der Industrie mit einer Gleitzeitregelung;

(b) Kaufhausverkäuferinnen mit sog. kontingentierter Teilzeitarbeit;

(c) Industriearbeiter aus einer Fabrik mit einem rollierenden Voll-Konti-Schichtsystem;

(d) hochqualifizierte OperatorInnen eines internationalen Rechenzentrums mit Voll-Konti-Schicht;

(e) AltenpflegerInnen mit unterschiedlichen Wechselschichten;

(f) sowie feste freie MitarbeiterInnen aus dem Bereich des Journalismus mit großer individueller Zeitsouveränität, aber nur eingeschränkter Sicherheit des Beschäftigungsverhältnisses.[7]

Die nun vorgestellten, vier unterschiedlichen Zeitmuster zur Organisation des Alltags sind an einer der sechs Teilgruppen entwickelt, den sog. festen freien MitarbeiterInnen, Frauen und Männern aus dem Bereich des Journalismus. Diese Gruppe mag exotisch erscheinen. Ich habe sie v.a. deshalb ausgewählt, weil gerade ihre besonderen zeitlichen Arbeitsbedingungen, ihre individuelle Zeitsouveränität, die Offenheit, aber auch die Unsicherheit ihrer Lebens-

---

6) Zusätzlich wurde seit 1991 in Leipzig eine Parallelerhebung mit ca. 60 Interviews durchgeführt, auf die in dieser Auswertung aufgrund ihrer sozialstrukturellen und politischen Besonderheiten jedoch kein Bezug genommen wird (vgl. Weihrich 1993). Zudem werden weiterhin bei interessanten Teilgruppen (z.B. bei Managern) von Fall zu Fall Befragungen vorgenommen, die jedoch noch nicht systematisch ausgewertet worden sind.

7) Zur Fragestellung des Projektes und empirischen Ergebnissen vgl. Dunkel 1994; Jurczyk/Rerrich (Hg.) 1993 sowie Projektgruppe Alltägliche Lebensführung 1995. Zum theoretischen Konzept vgl. Voß 1991.

und Arbeitsbedingungen sie interessant machen. Denn die Möglichkeiten, Zeit selbst gestalten zu können, sich aber dennoch an Sendeoder Abgabefristen halten zu müssen, machen Spielräume deutlich, ebenso aber Zeitzwänge anderer Art als beispielsweise jeden Morgen zu einer bestimmten Zeit im Büro erscheinen zu müssen. Wo von außen nur wenige zeitliche Strukturen vorgegeben sind, bricht weder Zeitwohlstand aus, noch führt diese Freiheit für alle Personen zur gleichen Umgangsweise mit Zeit. Im Gegenteil: Unterschiede können sich unter diesen Bedingungen erst entfalten und besonders gut ausprägen. Gemeinsam ist allen Befragten lediglich, daß sie sowohl einerseits eine mehr oder weniger grobe Rahmenplanung ihrer alltäglichen Aktivitäten betreiben und dabei auf Routinen zurückgreifen, als sie den Alltag andererseits auch flexibel gestalten; allerdings finden wir Mischungsverhältnisse mit sehr unterschiedlichen Gewichtungen. Diese unterschiedlichen Gewichtungen von Rahmenplanung und Flexibilität haben sich in der Auswertung des Interviewmaterials zu den vier Mustern von *Kontrolle, Disziplin, Jonglieren und Vertrauen* verdichtet. Dabei wird zunächst bewußt offengelassen, ob sich diese Muster nach Geschlecht unterschiedlich verteilen. Ich beginne jeweils mit einem stark stilisierten Fallbeispiel aus dem empirischen Material, wobei die männliche Form der Darstellung hier als geschlechtsneutrale gedacht ist. [8]

2.1 "Kontrolle"

X, ein freiberuflicher Journalist, der als Autor und Regisseur meist an größeren Projekten arbeitet, muß sich nur in spezifischen Arbeitsphasen auf die Arbeitszeiten anderer einstellen und kann sich das, was er tut, wie und wann er es tut, weitgehend frei einteilen. Dafür hat er ein festes Muster etabliert, das ihm hoch konzentriertes und kontinuierliches Arbeiten ermöglicht. Er steht immer um 3/4 sieben auf, am Wochenende nur geringfügig

---

[8] Ausführlich dargestellt werden die Lebensführungsmuster dieser Gruppe in Luise Behringer, Karin Jurczyk: "Umgang mit Offenheit. Methoden und Orientierungen in der Lebensführung von JournalistInnen". In: Projektgruppe Alltägliche Lebensführung 1995

später, beginnt seine Arbeit um acht und arbeitet dann sehr intensiv, bis zur Erschöpfung, allerdings längstens bis mittags um zwölf. Den Rest des Tages läßt er so dahin laufen, oder er erledigt anfallende andere Tätigkeiten. Obgleich er bestimmte Teile der täglichen Sorge für seine Kinder übernimmt, hat er auch diesbezüglich den Ablauf der familialen Dinge streng methodisch geregelt. Das geht jeden Tag so, außer sonntags; das betrifft auch den Urlaub, nur wird dann der Arbeitsblock auf zwei Stunden reduziert.

Die Kontrolleure[9] begegnen der Offenheit ihrer Arbeits- und Lebensbedingungen dadurch, daß sie klare bis rigide Regeln und zeitliche Strukturen für sich und ihre Umwelt setzen. Diese sind auf Dauer angelegt und ermöglichen dadurch, daß sie nicht ständig abgeglichen und verändert werden müssen, effizientes Arbeiten. Ein Interview-Partner kennzeichnet diese Methode plastisch als Einhalten von "Regeln, Ritualen und Revieren". Mit dem Setzen verbindlicher Termine und fester Zeitblöcke für die je spezifischen Tätigkeiten - mit strenger Terminierung und Rhythmisierung also - wird versucht, unstrukturierte Zeit zu kontrollieren und den Alltag sowie die Zukunft erwartbarer und berechenbarer zu machen. Das rigide Einhalten selbstgesetzter Regeln verleiht dem Alltag mangels äußerer Vorgaben Stabilität. In den Familien existieren ausgefeilte, verbindlich festgelegte und oft schriftlich fixierte "Fahrpläne", wo ein Termin exakt auf den anderen abgestimmt ist.

2.2 *"Disziplin"*

"Y", ein freier Journalist, bearbeitet verschiedene Themen und Rubriken für Printmedien. Daneben ist er überwiegend für die familiale Arbeit zuständig. Er teilt sich den Tag nach den Zeiten der Kinder ein, meist bleiben je zwei Stunden vor- und nach-

---

9) Ich verwende diese personalisierende Sprache hier, um plastischer auszudrücken, daß diese Befragten v.a. auf einen ganz bestimmten Mechanismus zur Regulierung ihrer Lebensführung, z.B. auf den der Kontrolle, zurückgreifen. Die folgenden wörtlichen Zitate stammen aus dem Interviewmaterial.

mittags für die berufliche Arbeit. Diese grobe Zeitstruktur gibt den Rahmen für den mittelfristigen Planungshorizont ab. Als freiberuflicher Journalist hat er keinerlei Anspruch auf Aufträge; um sich ein Mindestmaß an Sicherheit und Kontinuität zu verschaffen, arbeitet er beständig an den jeweiligen Themen, ohne Termindruck. Die ohnehin nur kurzen, aber konzentriert genutzten Arbeitsphasen können jederzeit unterbrochen werden, wenn kurzfristig ein Auftrag hereinflattert, die Kinder krank werden oder im Kindergarten Putz- oder Kochdienste anfallen. Was er tun wollte, muß er dann umorganisieren, indem z.B. auch außerhalb der etablierten Zeiten gearbeitet wird. Die situativ geforderte Flexibilität wird bisweilen zur Belastung, "Y" kann sie insoweit abfedern, als er sich "begleitende Maßnahmen", ein soziales Netz zur Kinderbetreuung geschaffen hat.

Die zeitlichen Regelungen der Disziplinierten sind weniger starr und rigide als die der Kontrolleure. Die Verläßlichkeit und Berechenbarkeit, die eine feste zeitliche Ordnung gewährleistet, an die man sich hält, komme, was wolle, wird ersetzt durch bewußt entwickelte Methoden und Rhythmen der Alltagsgestaltung. Sie stellen eine Mischung aus Planung und deutlichen Elementen des Auf-sich-zukommen und Laufen-lassens dar. Der zeitliche Rahmen, innerhalb dessen die jeweiligen Tätigkeiten verrichtet werden, ist zwar, ebenso wie ihr Umfang, für jeden Tag relativ klar und auch über einen längeren Zeitraum festgelegt. Was aber und wieviel konkret gemacht wird, entscheidet sich oft erst in der Situation - nach dem Motto "planen, was zu planen ist, um möglichst viel Freiraum auch zu haben". Daß der Alltag dennoch nicht zum Chaos wird, liegt an der enormen Selbstdisziplin, mit der sie arbeiten, ohne sich dabei aber in ein zeitliches Korsett zu zwängen. Innerhalb des Rahmens, den sie sich geben, vermeiden sie es weitgehend, sich schon vorab durch allzu viele Termine festzulegen, um sich den Erfordernissen des Alltags flexibel stellen und auf seine Wechselfälle angemessen reagieren zu können.

2.3 *"Jonglieren"* [10])

"Z" lebt in ständiger Ambivalenz zwischen seinen beruflichen Ambitionen als Rundfunkjournalist, seiner Rolle als Vater/Mutter und seinen kreativen Nebentätigkeiten, v.a. als Schriftsteller. Dies hat viel damit zu tun, daß er die Hauptverantwortung für die Kinder hat und - meist zuhause arbeitend - seine Tätigkeitsbereiche nur schwer segmentieren kann. Der zeitliche Rahmen, den er sich für seinen Alltag gesetzt hat, verschwimmt unter den widersprüchlichen Anforderungen und Orientierungen. Die wenigen kurzen, vorab verplanten Arbeitsblöcke haben eher den Charakter von Zeit-Nischen in einem ständigen Fluß von Ansprüchen und Wünschen. Immer wenn die eine Seite zu übergewichtig wird, muß er dies in dem anderen Bereich flexibel wieder auffangen, da insgesamt für die Verteilung der Tätigkeiten kaum eine feste zeitliche Struktur etabliert wurde. Die zeitlichen Strategien sind entsprechend dynamisch und wechselhaft, sie schwanken, wenn notwendig, zwischen Beschleunigung, Verdichtung und bewußt genossener Verlangsamung.

Auch die Jongleure setzen sich eine Grobstruktur, einen zeitlichen Rahmen für ihren Alltag, in dem sowohl berufliche wie die Zeiten der Kinder und der PartnerInnen einen Platz finden. Auch sie etablieren jeden Tag kleinere oder größere Blöcke für die berufliche Arbeit, allerdings wird die Anstrengung deutlich, diesen eher groben

---

10) Bei diesem Typus scheint es am schwierigsten, das treffende Bild zu finden - die aktuelle Entscheidung für "Jonglieren" kann nur als vorläufige gelten. Etliche Alternativen wurden diskutiert (an dieser Stelle mein Dank auch an Kurt Weis), die zum gegenwärtigen Zeitpunkt zwar verworfen werden, jedoch die Facetten dieses in sich sehr ambivalenten Typus aufzeigen: "Artistik" und "Akrobatik" sind nicht dynamisch genug und klingen zu technisch; "Virtuosität" assoziiert zu sehr das vollendete, meisterhafte Können und weniger die Vorläufigkeit und Prekarität der Balance; "Seiltanz" wirkt dagegen zu dramatisch und gewagt, und "Flexibilität" schließlich ist zu farblos und schwach - schließlich sind alle geschilderten Typen in unterschiedlichem Ausmaß flexibel.

Rahmen im Alltag auch auszufüllen und ihre unterschiedlichen Aktivitäten und Interessen in ein ausgewogenes und zufriedenstellendes Verhältnis zueinander zu bringen. Dies liegt wesentlich daran, daß ihre Ziele weniger klar sind bzw. es schwer fällt, die vielfältigen Ziele in eine Rangordnung zu setzen: am liebsten gleichzeitig und nicht nacheinander wollen sie diese realisieren. Ihr Motto: "so unentschieden zwischen zwei Welten rumzuhüpfen" erfordert Beweglichkeit und Geschicklichkeit, denn es erschwert, sich diszipliniert und geradlinig auf die jeweilige Tätigkeit einzulassen. Jongleure haben deshalb oft das Gefühl, daß sie mit ihrer Zeit nicht zurechtkommen und diese ihnen entgleitet. Die freien zeitlichen Gestaltungsmöglichkeiten des Alltags zeigen hier ihr doppeltes Gesicht: Es ist zwar ein Privileg, selbstbestimmt mit der Zeit umgehen zu können, "Jongleure" erfahren dies aber auch als Druck, ihren Alltag selbst strukturieren zu *müssen*; manche wünschen sich zur eigenen Entlastung einen festeren äußeren Zeitrahmen, der ihren Alltag strukturiert und ihm Stabilität verleiht. Sie jonglieren zwischen dem Genuß ihrer Freiheiten, der Bemühung, die vielfältigen Tätigkeiten flexibel unterzubringen, sowie dem Versuch, dem Tag überhaupt eine Struktur zu geben. Die Verbindung von teilweise bewußtem Offenhalten der Zeitstrukturen einerseits und stückwerkartigem Erledigen von Pflichten andererseits wirkt oft als Lebenskunst, wobei das Gelingen der Balance prekär bleibt.

2.4 "Vertrauen"

"Q", fester freier Journalist beim Hörfunk, betont die Gleichwertigkeit seiner Lebensbereiche Beruf und Familie. Seine Einstellung, daß beide Partner prinzipiell die gleichen Rechte und Pflichten haben, mündet in einem Arrangement gleicher Zuständigkeiten in beiden Lebensbereichen. Diese sind aber zeitlich nicht durch Stundenpläne festgelegt, sondern beruhen auf dem Vertrauen, daß sich die Arbeit auch auf beide Schultern verteilen wird, ohne daß dies aufgerechnet werden muß. Jeder Tag sieht bei "Q" dementsprechend anders aus, ist weitgehend unstrukturiert und erscheint, wie er formuliert, als "Mischmasch" beruflicher, familiärer und privater Tätigkeiten. Er läßt seinen Alltag weitgehend laufen, da er die Zukunft bewußt offen läßt, auf Sicherheits- bzw. Karriereerwartungen eher verzichtet und auf seine Kompetenzen vertraut, dann, wenn es darauf ankommt, handlungsfähig zu sein. Er verfügt allerdings über bestimmte Ressourcen, die Anker für eine situativ-flexible Lebensführung darstellen, wie z.B. eine gewisse materielle Absicherung als fester freier Journalist oder die Gewißheit der Entlastung durch seine/n Partner/in.

Der Umgang mit Zeit bei den Vertrauensvollen zeichnet sich aus durch einen weitgehenden Verzicht auf Planung, Kontrolle und die Etablierung von Regelmäßigkeiten. Sie regulieren ihre alltägliche Lebensführung statt dessen dadurch, daß sie auf ihre Kompetenzen vertrauen, ihr Leben auch ad-hoc gestalten zu können. Der Alltag der Vertrauensvollen wird danach organisiert, wer wann was besser leisten kann, was allerdings erhebliche Abstimmungsprozesse nach sich zieht. An die Stelle einer klaren zeitlichen Struktur mit einer Wochen- oder Monatsplanung tritt eine diskursive Struktur täglicher Absprachen. Zwar muß der Alltag nicht im ganzen jeden Tag aufs Neue verhandelt werden, aber bestimmte Tätigkeiten und zeitliche Zuständigkeiten stehen immer wieder zur Disposition. Flexibilität und Situativität fordern die Vertrauensvollen nicht nur von sich selber, sondern auch von denen, mit denen sie zu tun haben, den KollegInnen, v.a. dem/der PartnerIn. Die Organisation des Alltags wird dadurch zu einer Dauerleistung, die sich weniger durch Konflikthaftigkeit als durch den notwendigen zeitlichen Aufwand für Gespräche auszeichnet. Denn je mehr sich die zeitliche Schiebemasse im Alltag auf zwei Personen verteilt, desto mehr Zeit muß wiederum in die Koordination der verschiedenen Lebensführungen investiert werden.

2.5 Zeitpraktiken - Ordnung auch unter der Oberfläche

Haben die geschilderten Zeitumgangsweisen ein Geschlecht? Das Rätsel läßt sich auflösen: Zwar sind in fast allen Mustern beide

Geschlechter vertreten, jedoch mit deutlichen Gewichtungen. Kontrolle ist ein überwiegend, Vertrauen ein gänzlich männliches Muster, Disziplin und Jonglieren sind eher weibliche Muster. Wie kommt diese Verteilung zustande? Zur Erklärung ist nochmals daran zu erinnern, daß alle befragten Personen nicht nur für sich selber zu sorgen hatten, sondern auch für Kinder oder andere Familienangehörige.

2.5.1 Kontrolle

Das Muster der Kontrolle findet sich, wie gesagt, eher bei Männern, von den befragten Frauen wird es nur in Ausnahmen und mit Schwierigkeiten praktiziert. Warum? Die Männer verfügen über die besseren sozialen Ressourcen, für sie sind das v.a. die eigenen Frauen; sie können sich deshalb in der Zeit, die sie für ihre Berufstätigkeit reservieren, weit mehr ausschließlich auf diese konzentrieren. Ihnen wird selbstverständlicher als den Frauen der Rücken von anderen Verpflichtungen freigehalten; bzw. setzen sie selbst dies forcierter durch und segmentieren ihre Tätigkeiten und Arbeitsbereiche. Die Frauen müssen mit den Unterbrechungen durch die vielen Dinge des Alltagslebens, den Unwägbarkeiten der Anforderungen durch Kinder oder andere Sorgebedürftige umgehen, und selbst bei strenger Planung und Terminierung kann jederzeit etwas dazwischenkommen, und Pläne müssen umgeworfen werden. Dies stellt einen entscheidenden Hemmschuh bezüglich der Möglichkeiten dar, die eigene und die Zeit anderer unter Kontrolle zu halten. Auch dort, wo Frauen explizit den Wunsch nach stärkerer Kontrolle und Segmentation äußern, sind sie mit Barrieren in Form sich verweigernder Partner und mangelhafter Entlastungsmöglichkeiten konfrontiert. Die Frauen, die wir dennoch dem Muster der "Kontrolle" zurechnen, haben diese Begrenzungen nur mit hohem energetischem Aufwand überwunden: sie sind häufig zu besonders strengen und rigiden Zeitmanagerinnen geworden.

2.5.2 Disziplin

Diesen strukturellen Barrieren in der Lebensführung von Frauen
entsprechen allerdings häufig inneren Ambivalenzen: Viele der
Frauen sind aufgrund ihrer Bezogenheit auf beide Bereiche nicht in
der Lage und nicht willens, ebenso klare zeitliche Trennlinien zu
ziehen wie viele Männer, so daß die Methode einer konsequent
durchgeführten Segmentation von Tätigkeitsblöcken auch nicht die
adäquate Antwort auf ihre spezifischen Interessen und Probleme
darstellt. Kommen solche innere Ambivalenzen zu äußeren
Hindernissen hinzu, überrascht es nur noch wenig, daß die Methode
der Disziplin eher von denjenigen praktiziert wird, die für die
Sorgearbeit zuständig sind, d.h. in unserer Gesellschaft eben immer
noch überwiegend von Frauen. Denn bei dieser Methode sind die
Offenheit und Wechselhaftigkeit des Alltags von vorneherein stärker
und selbstverständlicher einkalkuliert und auch positiv, nicht nur als
Störfaktor, besetzt. Disziplin ist eine adäquate Umgangsweise mit heterogenen und wenig kalkulierbaren Anforderungen und komplexen
Tätigkeitsspektren, die die tagtägliche Sisyphusarbeit der Organisation und Koordination der eigenen Zeit- und Tätigkeitsabläufe sowie
derjenigen der gesamten Familie beinhalten, um für sich selbst
überhaupt Zeiten für berufliche Arbeit freizuräumen.

2.5.3 Jonglieren

Ähnlich lautet die Erklärung, warum eher Frauen als Männer
kunstvoll und virtuos, aber auch begleitet vom Gefühl eines nur labilen Gleichgewichts mit der Zeit jonglieren. Ein Teil der Frauen, der
sowohl auf Beruf wie auf Familie hin orientiert ist und beides
gleichzeitig und nicht in hintereinander geschalteten Phasen realisieren will, erlebt dies als innere Zerreißprobe. Sie müssen sich nicht nur
extern, sondern auch intern mit den gesellschaftlichen Barrieren für
eine solche Verbindung auseinandersetzen. Sind dann zusätzlich die
konkreten Lebensbedingungen gleichfalls in starkem Maß wider-
sprüchlich - so wie bei einer Befragten, die zwar reichlich materielle
Ressourcen hat, deren Mann sie aber nach wie vor auf die ehemals

getroffene Abmachung einer traditionellen Rollenteilung verpflichten will - , so wird das ständige Bemühen um einen Ausgleich labiler Balancen, d.h. Jonglieren, zur adäquaten Methode der Lebensführung auch in zeitlicher Hinsicht. Der Mechanismus des Jonglierens liegt um so näher, wenn nicht in nahezu jeder Lebenslage auf die Fähigkeit zur Selbstdisziplinierung vertraut werden kann, sei dies nun biographisch oder persönlichkeitsstrukturell bedingt oder wenn die entsprechenden Ressourcen fehlen. Folge ist ein offener oder latenter Zwiespalt mit einem entsprechend changierenden Umgang mit Zeit, der häufig ein akrobatischer Balanceakt am Rande der Überforderung ist. Im Alltag kreist vieles um die Frage, wie die Vorteile der Offenheit, z.B. Zeitsouveränität, erhalten werden und dennoch etwas mehr Sicherheiten und klarere Strukturen in ihn eingebaut werden können.

2.5.4 Vertrauen

Und warum schließlich finden wir bei den sog. Vertrauensvollen ausschließlich Männer? Voraussetzung für Vertrauen als Mechanismus der Handlungssteuerung auch auf der Ebene der Zeit ist das reichliche Vorhandensein einer Vielzahl unterschiedlicher Ressourcen. Dies gibt dieser Gruppe ein anderes "Polster" für ihre Lebensführung als den vorgenannten Jongleuren. Die Ressourcen für die situativ-flexible Gestaltung des Alltags liegen zum einen auf materieller Ebene: Beispielsweise ist die finanzielle Situation relativ abgesichert. Auf personaler Ebene sind psychische Gelassenheit, Distanz und Selbstbewußtsein die grundlegenden Elemente der alltäglichen Lebensführung. Auf der sozialen Ebene können sie auf wirklich verläßliche Partnerinnen zählen. Daß nur Männer in dieser Gruppe sind, hat Gründe in einigen fest verankerten Strukturen dieser Gesellschaft. Die gelingende Balance zwischen den verschiedenen zeitlichen Anforderungen und v.a. ihre Gelassenheit hat mit ihrer prinzipiell besonderen Ausgangsposition als Männer zu tun: Sie konnten sich für die Verbindung von Beruf und Familie freiwillig entscheiden - ein Privileg der Wahl, das Frauen spätestens dann, wenn einmal Kinder da sind, nicht mehr haben. Männer lassen sich, ohne dabei ihre Berufsarbeit in Frage zu stellen, in Folge einer freien

Entscheidung auf die Anforderungen der Hausarbeit ein. Wenn sie dies tun, ist ihnen Dankbarkeit gewiß, und sie müssen in der Folge nicht erst gegen Widerstände angehen, um sich Freiräume für die berufliche Arbeit zu verschaffen. Dies ist die ganz gegensätzliche Situation zu der von Frauen. Zudem können sich Männer in der Regel darauf verlassen, bei Bedarf von den familialen Verpflichtungen entlastet zu werden. Denn obgleich in dieser Gruppe die partnerschaftlichen Arrangements weitgehend an Gleichheit orientiert sind, liegt die "wirkliche" anstelle der "zeitlichen" Verantwortung - so die feine und treffende Unterscheidung eines unserer männlichen Befragten - für Kinder und Haushalt auch hier immer noch stärker bei den Frauen, seien es die Partnerinnen und zusätzlich meist die Großmütter, Au-Pair-Mädchen, Tagesmütter, Putzfrauen etc.

3. Zwischenbilanz

Welche Schlüsse lassen sich aus diesem sehr verknappten Einblick in die empirische Untersuchung ziehen? In einer Zwischenbilanz werden sechs kurze Schlußfolgerungen formuliert. "Nie von Zeit allein..." betitelte bereits 1982 Helga Nowotny einen Aufsatz zur Zeit und drückte damit aus, daß Zeit als solche, als reines Substrat sich nicht erfassen läßt. Zeit ist eine relative Größe, ist immer eingebunden in soziales Handeln.

Wir sehen *erstens*, daß Zeiterfahrung und -strukturierung vom jeweiligen sozialen und kulturellen Zusammenhang abhängen. Zusätzlich spielen bei der Wahl bestimmter Formen des Umgangs mit Zeit neben sozialen Ressourcen Persönlichkeitsmerkmale eine erhebliche Rolle.

Wir erkennen *zweitens*, daß im Kontext von Alltag Zeit in ganz verschiedener Bedeutung auftaucht: als verfließende Zeit, als Uhrzeit, als Ereignisrahmen, als Ressource, über die ich mehr oder weniger Verfügung haben kann, als Arbeitszeitordnung u.a.m. Zeit wird v.a. als Strukturierungsmoment der alltäglichen Lebensführung, als Handlungsbegriff von Bedeutung: Zeit als subjektive Praxis, als Medium, mit dem Personen ihren Alltag gestalten und sie individuell mit

Gehalt versehen.

Drittens spiegeln sich in diesen subjektiven Praktiken, den Umgangsweisen mit Zeit, wie gezeigt, Geschlechterordnungen. Die Strukturen des Geschlechterverhältnisses prägen Zeitstrukturen, ebenso wie umgekehrt die vorfindlichen Zeitstrukturen auf die Gestalt der Verhältnisse zwischen Frauen und Männern zurückwirken.

Viertens erweisen sich diese geschlechtsspezifischen Ordnungen als prozessual hergestellte. Die individuellen Zeitordnungen sind nicht in irgendeiner Weise ontologisch, natürlich usw. an das Frau- oder Mannsein gekoppelt, sondern sie entstehen durch die Zuweisung und Aneignung von Tätigkeiten, Verantwortung und Deutungsmuster an und durch die Geschlechter.

Die Prozessabhängigkeit dieser Ordnungen bestätigt sich *fünftens* darin, daß es zwar die Grobraster der vorfindlichen geschlechtsspezifischen Muster gibt, ebenso aber Variationen und Abweichungen. Wir finden eben auch Frauen, die Zeit kontrollierend handhaben und auch Männer, die zeitliche Balanceakte üben.

Daraus läßt sich die *sechste*, zentrale Schlußfolgerung ziehen: Zwar existieren sogenannte typische (Zu-)Ordnungen von Zeit und Geschlecht, doch bilden sie nur einen Teil der empirischen Konstellationen ab. Obgleich sie unsere Wirklichkeit dominieren, ist die soziale Realität vielfältiger, als die normativ abgesicherten Ordnungsraster suggerieren. Variieren die Rahmenbedingungen, Tätigkeiten, Werte und Orientierungen im Alltag, weichen sie von den geschlechtsspezifischen Standards ab,[11] so vervielfältigen sich auch die Zeitmuster der Geschlechter.

Konsequenter als in Alltagskontexten ist es notwendig, bei wissenschaftlichen Argumentationen das Denken und Wahrnehmen nicht auf das starre Schema der Zweigeschlechtlichkeit zu beschränken, sondern die vorfindlichen Ordnungen nur als das zu nehmen, was sie sind: als wirklichkeits-mächtige Stereotype. Sie lenken den Blick zwar auf Typisches, aber sie verengen ihn damit und machen vor allem den Prozeß seiner Herstellung (=Konstruktion) unsichtbar.

---

11) Auch wenn dies oft nur gegen innere und äußere Widerstände möglich ist.

4. Die Besonderheiten der geschlechtsspezifischen Zeitordnungen und ihre Verknüpfung mit Macht

Im folgenden wechseln wir von den konkreten, subjektiven[12] Zeitpraktiken zu den sozial objektivierten, idealtypisch und theoretisch rekonstruierten gesellschaftlichen Zeitordnungen, um diese genauer zu beschreiben. Auch diese sind zwar letztendlich das Ergebnis des Handelns von Individuen, doch sie haben sich verdichtet, verfestigt und verselbständigt zu gesellschaftlichen Strukturmomenten[13], die von einzelnen nicht oder wenig beeinflußbar sind und zu vorgegebenen Rahmenbedingungen des Alltags werden. [14]

4.1 Berufszeit und Familienzeit

Die Frauen und Männer, die ich zuvor beschrieben habe, sind konfrontiert v.a. mit zwei relevanten Zeitordnungen, der Berufs- und Familienzeit. Wie lassen sich deren Unterschiede nun allgemeiner fassen? In der Literatur werden die Zeitlogiken von Beruf und Familie idealtypisch mit den Stichworten zweckrational, linear und öko-

---

12) Der Begriff des "Subjektiven" meint hier die Bindung an handelnde Personen, Individuen oder Subjekte. Er zielt auf die Unterscheidung der Subjekt- von der Strukturebene.

13) Hier ist die Theorie der Konstitution objektivierter Strukturen von Giddens (1988) hilfreich, auch wenn er diesen Gedanken selbst nicht auf Zeitstrukturen bezieht.

14) Eine weitere wichtige Differenzierung ist demnach die zwischen *sozial objektivierten Zeitstrukturen und subjektiven Zeitstrukturen.* Dieser Differenzierung liegt ein Denken zugrunde, das wir "subjektorientiert" nennen (vgl. Bolte/Treutner 1983). Für das Beispiel "Zeit" bedeutet dies: Gesellschaftliche, objektivierte Zeitstrukturen stellen einerseits eine Größe dar, an der sich Personen täglich abarbeiten müssen. Andererseits geben Personen diesen "äußeren" Zeitstrukturen gleichzeitig durch ihr Handeln stets neue Bestätigung und Gestalt. Indem sie z.B. Tag für Tag zur Arbeit gehen und sich dort in ein bestimmtes Arbeitszeitregime einpassen, geben sie diesem erst Leben. In einer solchen Perspektive "tragen", "machen" Menschen Strukturen; Strukturen verselbständigen sich zwar, doch über einen längeren Zeitraum können sie, ohne mit Handlung gefüllt zu werden, nicht existieren. Eine Trennung zwischen beiden ist deshalb stets nur in analytischen Denkschritten möglich.

nomisch für den Beruf versus affektiv-traditional, zyklisch und personen- und körpergebunden für die Familie beschrieben (vgl. Ostner 1978) [15].

Die besonderen zeitlichen Anforderungen beim Umgang mit Kindern hat Barbara Sichtermann anschaulich beschrieben: sie weist vor allem auf die Qual der permanent "unterbrochenen Handlungsbögen" hin, auf die Notwendigkeit des Aufschubs dessen, was man zuende bringen möchte, sowie auf die Gleichzeitigkeit parallel ablaufender Aktivitäten. Denn Hausarbeit ist "vermischtes Tun". Weitere Charakteristika der familialen Zeitstruktur sind Vergeblichkeit, Wiederholung, Endlosigkeit und Langeweile (Sichtermann 1982: 94ff.), sowie ein nicht-selbstbestimmbarer Wechsel zwischen Zeitmangel und Zeitverschwendung (Becker-Schmidt u.a. 1982). Familiale Zeit hat (mindestens) zwei Seiten: einerseits ermöglicht sie prinzipiell Selbstdisposition und erlaubt, persönlicheren, eigenwilligeren, körperbezogenen Zeitrhythmen nachzugehen als im Beruf. Andererseits erfährt die hausarbeitende Person täglich, daß sie ihre Zeit strukturell den "wichtigeren" Zeiten anderer Personen (Mann, Kinder etc.) nachordnen muß und sie unbegrenzt deren Zugriff ausgesetzt ist.

Berufliche Zeit dagegen ist zwar prinzipiell - durch die Regelungen des Arbeitgebers - fremdbestimmt, aber sie unterliegt damit auch klaren Regelungen, deren positive Seite vertraglich definierte arbeitsfreie Zeiten sind. Das Ziel der Arbeitsproduktivität erfordert einen ökonomischen, auf größtmöglichen Nutzen ausgerichteten Umgang mit Zeit, doch bedeuten berufliche Zeitregelungen gleichzeitig auch, sich auf bestimmte begrenzte Tätigkeit zurückziehen und konzentrieren zu können, diese können "entmischt", hintereinander erledigt werden. Planung macht hier deshalb Sinn, weil die Chance besteht, eine Aufgabe nicht nur klar definieren, sondern sie auch zuende bringen zu können.

---

15) Im konkreten Leben gehen diese Zuordnungen eher durcheinander und lassen sich nicht so sauber trennen. Diese Idealtypen lassen auch vergessen, daß berufliche Arbeit zum einen immer auch zyklische, aufgaben- und personengebundene Zeitelemente beinhaltete, ebenso wie familiale Arbeit in Teilen streng linear und zweckrational ausgerichtet ist.

Aufgrund der unterschiedlichen Wertigkeit der gesellschaftlichen Sphären gelten bei uns die öffentlichen und Erwerbszeiten als die dominanten Zeitordnungen.[16] Diese Dominanz konnte sich erst mit dem Prozess der Ökonomisierung der Zeit als Begleiterscheinung der Industrialisierung herausbilden, mit dem Zeit zum wertvollen Gut wurde. Erst dadurch konnte die Idee um sich greifen, daß Zeit etwas ist, mit dem man planvoll und effektiv umzugehen hat, daß sich mit ihr Wert erwirtschaften läßt. Erst mit der Einführung der Lohnarbeit und der Umrechnung des Wertes der Arbeitskraft in verausgabte Zeiteinheiten macht der Satz "Bedenke, daß die Zeit Geld ist" von Benjamin Franklin (1748) Sinn (vgl. Maurer 1992). Mit der Trennung in die gesellschaftlichen Sphären des Erwerbs und des Privaten, der Familie, bildeten sich sukzessive auch Arbeitszeitsysteme heraus, die ausgerichtet sind auf den männlichen "Normalarbeiter", der als Familienernährer freigestellt oder auch "frei-verpflichtet" ist für seine berufliche Arbeit. Er wird versorgt von einer weiteren Person, die unentgeltlich diese Arbeit übernimmt, dadurch von ihm ökonomisch abhängig ist und sich seinen Zeiten, die auch zur Sicherung ihres Lebensunterhalts beitragen, unterzuordnen hat.[17] Insofern lassen sich die heute sog. Normalarbeitszeiten als "männliche" bezeichnen. Diese hierarchische Ordnung des Zusammenhangs von beruflicher und familialer Zeit impliziert strukturell Machtbeziehungen, die unabhängig vom good-will der beteiligten Personen bestehen.

Was bei der Beschreibung dieser unterschiedlichen Zeitordnungen meist vergessen wird, ist, daß die heute dominante abstrakte, lineare, ökonomisierte Zeit sich überhaupt nur durch die Ausgrenzung

---

16) Auch diese Zeitordnungen sind in sich je nach spezifischem Bereich sehr heterogen: z.B. das Rechtssystem, die Medien, öffentliche Infrastruktur etc. Diese Differenzen müssen hier beiseite gelassen werden.

17) An den Folgen der Arbeitszeitflexibilisierung lassen sich geschlechtsspezifische Unterschiede demonstrieren. Sie hat für Frauen eine andere und widersprüchlichere Bedeutung als für Männer. Durch flexible Arbeitszeit ist es Frauen einerseits erst möglich, Beruf und Familie zu verbinden, andererseits müssen sie ihre prinzipiell variierbaren Arbeitszeiten ständig gegen Übergriffe aus anderen Lebensbereichen verteidigen; vgl. Jurczyk 1993 a: 235 ff. und 1993 b: 346 ff.

lebendiger, unvorhersehbarer und unregelmäßiger Prozesse - mit jeweiligen Zuweisungen zu den Geschlechtern - entwickeln konnte (Adam 1989; Hahn 1992).

4.2 Frauen - Zwischen den Zeiten

Trotz der nach wie vor wirksamen Zuweisungen von Arbeitsbereichen zu den Geschlechtern gehen jedoch die Zeiterfahrungen von Frauen und Männern nicht in den beiden Idealtypen auf: Berufszeit ist nicht einfach Männerzeit, und Familienzeit nicht Frauenzeit. Da die Zeiterfahrungen von Frauen durch ihre Einbindung in zwei Arbeitsbereiche in der Regel komplexer sind als die von Männern, werde ich mich im folgenden Punkt auf ihre Besonderheiten konzentrieren.

Frauen waren oder sind heute in mehr oder minder großem Umfang im Verlaufe ihres Lebens erwerbstätig, auch wenn dies nur zum Teil dem männlichen Modell der lebenslangen, ununterbrochenen Vollzeiterwerbstätigkeit folgt. Aufgrund der Mischungsverhältnisse unterschiedlicher Arbeitsformen mit je unterschiedlichen Zeitlogiken in unterschiedlichen Lebensphasen (vgl. Krüger/Born 1991) entwickeln sie, wie gezeigt, spezifische Zeitpraktiken, haben aber auch besondere Zeitprobleme. Denn alle - Arbeitgeber, KollegInnen, Schulen, Familienmitglieder etc. - gehen von ihrer Verfügbarkeit für die jeweiligen Belange aus. In der Öffentlichkeit und im Erwerbsleben wird auf die zeitliche Einbindung der Frauen durch ihre konkrete Lebensform und -situation keine Rücksicht genommen: sie gilt als Privatsache. Absurderweise wird im familiären Umfeld die Berufstätigkeit der Frau gleichfalls zu ihrer Privatsache gemacht. Für ihre Entlastung müssen Frauen deshalb selber sorgen, und sie tun dies meist mit Hilfe eines Netzwerks von bezahlten und unbezahlten Helferinnen. Diese Kooperationsmuster ziehen wiederum eine Reihe zeitlicher Koordinations-, Abstimmungs- und Aushandlungsleistungen nach sich. Die Frauen befinden sich in einem engmaschigen und verästelten Netz ständiger Terminabsprachen mit Tanten, Kindergärtnerinnen, Tagesmüttern und Nachbarinnen.

Aufgrund der täglichen Synchronisationserfordernisse verschiedener Zeitordungen praktizieren die Frauen *eine eigene Qualität des Umgangs mit Zeit,* die durch Vielfalt, Widersprüchlichkeit und Gleichzeitigkeit gekennzeichnet ist.

Eine Besonderheit des Umgangs von Frauen mit Zeit zeigt sich durchgehend durch alle untersuchten Gruppen und Typen: Frauen erledigen im Alltag Tätigkeiten häufig nebeneinander, Männer ordnen sie hintereinander. Die Zeitmuster der Frauen sind entsprechend eher von Gleichzeitigkeit, von Synchronie gekennzeichnet als von Diachronie und Linearität, wie es bei Männern der Fall ist. Die Neigung von Männern, Tätigkeiten zu segmentieren, gilt auch dann, wenn sie bereit sind, sich in der häuslichen Arbeit zu engagieren. Während Frauen berichten, daß sie auf dem Nach-Hause-Weg eher einmal "spontan" und "nebenher" bei der Reinigung oder beim Bäcker vorbeigehen, finden Männer eher Zeit für den geplanten Großeinkauf, der als fixer Termin en bloc erledigt wird und für den extra Zeit reserviert wird (vgl. Jurczyk/Rerrich 1993: 292 f).

Frauen leben den Alltag gefordertermaßen gegenwartsbezogener, sie machen sich zu Expertinnen des Alltäglichen; bei Männern hingegen, die vieles von dem, was über ihren Beruf hinausgeht, Frauen überlassen, läßt sich nahezu - in Abwandlung eines Begriffs von Heidegger - von "Alltagsvergessenheit" reden.

Als Ergebnis der unterschiedlichen Arbeitserfahrungen unterscheiden sich bei einem Versuch der Systematisierung die Zeitstrukturen der Frauen in mehrerlei Hinsicht von denen der Männer:
-     durch eine insgesamt größere quantitative und qualitative Beanspruchung
-     durch eine intensive Partizipation an der anderen, familialen Zeitlogik
-     sowie durch eine quantitativ und qualitativ andere berufliche Zeitstruktur.

Mit anderen Worten: die Zeitstrukturen von Frauen sind *extensiver, intensiver und widersprüchlicher, endloser und körperbezogener,* ihre Erwerbsarbeitszeiten sind *kürzer und flexibler.*

Als diejenigen, die gesellschaftlich eine Scharnierfunktion zwischen Erwerbs- und privatem Bereich einnehmen, sind Frauen also zum einen mit der gesellschaftlichen Dominanz der beruflichen Zeit konfrontiert, zum anderen sind sie für die Abstimmung zwischen den auseinanderstrebenden zeitlichen Anforderungen der am Alltagsleben beteiligten Personen zuständig. Frauen sind deshalb in vielerlei Hinsicht "zwischen den Zeiten" (Jurczyk 1994).

Ist aber aufgefallen, daß ich im letzten Abschnitt von Frauen als einheitlicher Gruppe rede, obgleich ich doch nur eine ganz bestimmte im Auge habe: diejenigen, die für andere Personen sorgen, seien es nun Kinder, kranke oder pflegebürftige Personen (und auch hier sind notwendigerweise bereits grobe Verallgemeinerungen vorgenommen worden)? Die typisch "weibliche" Zeit, die ich beschrieben habe, wäre genauer bezeichnet als Mütterzeit oder Sorgezeit. Diese unzulässige Gleichsetzung - denn nicht alle Frauen sind Mütter oder "Sorgende" - fällt deshalb so wenig auf, weil sie das gängige Stereotyp von Frauen reproduziert, und weil die Anforderung an Frauen, sich in bestimmter, typisch "weiblicher" Weise zu verhalten, unabhängig von ihrer konkreten Lebenssituation und -form besteht und verallgemeinert wird. Dies genau ist der Gehalt der Ordnung der Geschlechter; dies meint der Begriff "Geschlecht" als gesellschaftliche Strukturkategorie. Doch im Lebenszusammenhang von Frauen ist das Stereotyp der "weiblichen Zeit" nur *ein* Aspekt in der Vielfalt der zeitlichen Erfahrung und Praxis von Frauen.[18] Es dient neben vielen anderen dazu, Frauen als einheitliche Gruppe zu "konstruieren".

4.3 Zeit, Macht und Geschlecht

Die Vereinheitlichungsprozesse, die über die Kategorie Geschlecht transportiert werden, haben mit Macht zu tun, doch sind die Machtverteilungen zwischen den Geschlechtern wirklich so einfach

---

18) Dies gilt ebenso für die generell unterstellten spezifischen Körperzeiten des Menstruationszyklus von Frauen und ihre begrenzte Phase der Fruchtbarkeit: nie hat dies für alle Frauen gegolten, Zyklen von Männern verlaufen vielleicht nur nach anderen Logiken - und spätestens im Zeitalter der Reproduktionstechnologien wird die Bezugnahme auf solche biologischen "Gesetze" zur Konstruktion von Einheitlichkeit noch fragwürdiger.

und stabil, wie die Beschreibung von Erwerbszeit als dominanter Zeit und Familienzeit als nachgeordneter Zeit (s.o.) nahelegen? Ist Männerzeit mächtige Zeit?

Bedeutete Macht im Kontext von Zeit - worauf schon Machiavelli hingewiesen hat - immer schon, andere warten lassen zu können und ihnen die eigenen Zeiten zu diktieren, so hat sich dieser Mechanismus mit der zunehmenden Bedeutung von Zeit und der Verzeitlichung des sozialen Lebens heute bis in die Mikroebene des Alltags hineingenagt. Verschärfen sich damit zeitliche Machtungleichgewichte zwischen Männern und Frauen? Die Antwort kann nicht eindeutig ausfallen. Denn einerseits ist der Standard der "männlichen" Normalarbeitszeit nach wie vor gültig, wie sich an den Tarif- und Arbeitszeitverhandlungen von Gewerkschaften und Arbeitgebern verfolgen läßt. Immer noch haben Männer längere und festere Arbeitszeiten, Frauen sind dagegen zu mehr als einem Drittel (39%) teilzeitbeschäftigt (vgl. Bauer u.a. 1996, S.15). Doch gleichzeitig läßt sich eine Erosion dieser Standards beobachten. Im Zuge von Arbeitszeitverkürzung und -flexibilisierung und Erwerbsbeteiligung der Frauen nähern sich die Verteilungen an. Frauen verändern die etablierten Zeitgefüge, sie bringen sie sowohl im Beruf wie in den Familien durcheinander. Im Beruf akzeptieren sie nicht so bedingungslos die zeitlichen Anforderungen auf volle Präsenz wie die meisten Männer, die das ja nur als "Freigestellte" leisten können. In ihren Familien sind Frauen nicht mehr so allzeit verfügbar für die Ansprüche der anderen. Damit gerät in beiden Bereichen auf der Zeitschiene etwas in Bewegung, was wiederum auf andere Zeitstrukturen - wie z.B. Schulzeiten, Öffnungszeiten etc. - übergreift.

Wir treffen deshalb auf das historisch vermutlich neue Phänomen der "Zeitkämpfe". Die häufig geschilderten Auseinandersetzungen in Familien und Beziehungen, darüber, wem welche Zeit wofür "gehört", sind meist von Frauen initiiert. Denn sie treten, indem sie berufstätig werden, aus dem System von Frauenzeit als "gebundener Zeit" (Hernes 1988) heraus. Sie nehmen wahr, daß Berufstätigkeit ihnen eine Legitimation verschafft, unbegrenzte Anforderungen der Familie abzuwehren. Frauen profitieren vom gesellschaftlichen Vorrang beruflicher und öffentlicher Zeiten, sobald sie selber daran partizipieren. Berufliche Pflichten sind auch für Frauen unabweisbare Pflichten, mit deren notwendiger Einhaltung der tägliche Begründungszwang für das Gehen eigener Wege - und sei es nur bis an den Arbeitsplatz - entfällt. Männer wissen schon länger um das Privileg, die Tür hinter sich ins Schloß fallen lassen zu können.

Diese Erfahrung von mehr zeitlicher Selbstbestimmung *durch* berufliche Arbeit (in paradoxer Verschränkung mit zunehmender Zeitnot) gilt nicht nur für hochqualifizierte und berufsinhaltlich motivierte Frauen, sondern in Grenzen und Abstufungen auch bei Frauen mit niedrigerer Qualifikation, z.B. bei Arbeiterinnen (vgl. Becker-Schmidt u.a. 1982). "Frei ist mehr, wenn ich in der Arbeit bin", bringt dies eine der Befragten aus der Gruppe der Verkäuferinnen auf den Begriff, die seit vielen Jahren in der gleichen Abteilung arbeitet und die mit familialer Arbeit erheblich belastet ist. Sie formuliert damit, daß berufliche Arbeit für Frauen - relativ betrachtet - (auch) den Charakter von Freiheit, in gewisser Weise gar von Freizeit hat.

Die Auseinandersetzungen um Zeit gehen jedoch, schon aufgrund des höheren Verdienstes von Männern, meist zuungunsten der Frauen aus. Deshalb haben Frauen vor allem in den (wenigen) sozialen Gruppen größere Durchsetzungschancen, wo sich Qualifikationen zwischen den Geschlechtern angleichen und Verdienste annähern, wo beide über ihre Arbeitszeiten mitbestimmen können. In unserer Untersuchung sind dies die Journalisten und Journalistinnen. Daß auch sie die gegebenen Spielräume oft nicht entsprechend nutzen, verweist auf die Kompliziertheit der Machtverhältnisse zwischen den Geschlechtern.

Denn Frauen haben selber Teil an ihnen und ziehen offensichtlich auch einen Nutzen daraus (Knapp 1992: 309). Bezogen auf Zeitverhältnisse, erweist sich beispielsweise die besondere Zeitnot von Frauen auch als selbst hergestellt. Es ist zwar bekannt und wird auch von der aktuellen Zeitbudgetuntersuchung (Statistisches Bundesamt 1994) bestätigt, daß Männer trotz ihrer zeitlich größeren beruflichen Beanspruchung mehr freie Zeit für sich als Frauen haben. Überraschend - zumindest aus feministischer Perspektive - ist jedoch, wie häufig und wie selbstverständlich Frauen auch in unserer Befragung schildern, daß sie ihren Männern bewußt "den Rücken freihalten", nicht nur für deren Beruf, sondern auch für die notwendige Erholung, gleich wie belastet sie selber sind. Eine Erklärung für dieses scheinbar aufopferungsbereite Verhalten liegt in den als positiv wahrgenommenen Seiten familialer Arbeit und Zeitstrukturen, eine andere darin, daß Frauen "ihren" angestammten Bereich nicht abgeben möchten. Dieser beinhaltet nämlich auch Macht, die Frauen in Beziehungskonstellationen u.a. dadurch ausüben, daß sie als die "Zeitwächterinnen" des Familienlebens den Überblick über die Termine aller haben, deren Aktivitäten einteilen und koordinieren können. Dazu kommt, daß das Erleben permanenter Zeitknappheit es auch ermöglicht, sich hinter den Ansprüchen anderer zu verstecken, da die Zeit immer schon mit dem sich so unmittelbar aufdrängenden Tun "für andere" angefüllt ist. Hier schlägt, wie Luhmann (1971) formuliert, die "Vordringlichkeit des Befristeten" zu. Das Syndrom der Zeitnot von Frauen ist also nicht nur Ausdruck von Fremdbestimmung dadurch, daß sich zumindest in den betreuungsintensiven Phasen Zeitzwänge verselbständigen und Handlungsspielräume faktisch minimal werden. Es ist auch eine, in aller Ambivalenz, selbst gewählte Zeitpraxis, die Vorteile für den psychischen Haushalt hat. Denn zum einen entsprechen Frauen, die "doppelbelastet" sind, in hohem Maß dem gesellschaftlichen Arbeitsethos - und erfahren hierfür auch Anerkennung. Zum anderen kann sich das durchaus bedrohliche Gefühl von Zeitleere erst gar nicht einstellen. Permanente Zeitnot ist an die Phantasie gekoppelt, unverzichtbar zu sein.

Frauen sind also auf komplizierte Art an der Ungleichheit der geschlechtlichen Zeitmuster beteiligt. Aber auch unabhängig von der partiellen Einwilligung von Frauen in diese Verhältnisse zeigen sich Grenzen, über Veränderungen von Zeitstrukturen die grundlegenden Geschlechterhierarchien verändern zu können. Weder eine Berufstätigkeit als solche noch das perfekteste Zeitmanagement von Frauen sind hinreichende Bedingungen dafür, daß diese brüchiger werden. Selbst dort, wo ansatzweise Zeit umverteilt wird - wie am Beispiel Arbeitszeitverkürzungen zu sehen ist - , werden nicht *automatisch* Arbeit, Macht und Ressourcen umverteilt.[19] Eine gerechtere Aufteilung

---

19) Auch andere Untersuchungen zeigen, daß Ressourcentheorien, die die Beteiligung an der Erwerbsarbeit, die Verfügung über Einkommen oder Bildung,

der Zeit und das Erwerben von Kompetenzen, mit Zeit selbstbestimmt umzugehen, sind nicht mehr als Ansatzpunkte zur Veränderung der Geschlechterverhältnisse. Zeit als Ressource erweist sich nur als Mittel, mit dem Machtverhältnisse transportiert werden. Zeit *ist* eben nicht Macht, aber sie kann als Machtmittel eingesetzt werden.

5. *Fazit: Lösungen in Unordnung*

Welche Schlüsse lassen sich ziehen, welche Perspektiven zeichnen sich ab?

5.1 *Doing time, doing gender*

Die Ergebnisse der vorgestellten Überlegungen sind nicht eindeutig, denn es lassen sich sowohl Belege für die Stabilität als auch die Erosion von Geschlechter- wie von Zeitordnungen finden. Es lassen sich Gemeinsamkeiten *und* Unterschiede von Frauen und Männern in ihrem Umgang mit Zeit dokumentieren. Die Entscheidung, welche Seite jeweils herausgegriffen und betont wird, hängt - schlicht genug - vorrangig von forschungssrategischen und -politischen Interessen ab, davon, was mit den Argumenten erreicht werden soll. Hier soll jedenfalls für eine Sichtweise plädiert werden, die die gesellschaftlichen Ordnungen von Geschlecht und von Zeit aus der Perspektive der handelnden Subjekte als hergestellte, erzeugte, veränderbare und in Veränderung begriffene betrachtet. Es scheint sinnvoll, für beide Themenbereiche konstruktivistisch zu argumentieren, d.h. die

oder zeitliche Bedingungen zu den ausschlaggebenden Faktoren für Machtverteilungen bestimmen, zu kurz greifen (vgl. Gather 1993). Es ist dies eine Frage der Wertigkeit, die in der hierarchischen Geschlechterordnung als "Gleichheitstabu" (Gildemeister/Wetterer 1992) impliziert ist und die unabhängig von konkreten Ressourcen weiterbesteht. Soziale Unterschiede zwischen den Geschlechtern bei scheinbar gleichen äußeren Bedingungen deuten auf ein stabiles patriarchales System von Aufwertung von Männern und Abwertung von Frauen hin, das nicht allein *materiell* (durch Einkommen, Arbeit, soziale Netzwerke etc.) begründet ist, sondern das zusätzlich *symbolisch durch kulturelle Deutungen* fundiert wird.

Themen Geschlecht und Zeit mithilfe der Kategorien des *"doing gender"* und des *"doing time"* zu betrachten. Dies ist zeittheoretisch eine Annäherung an Norbert Elias, der vorgeschlagen hat, anstelle des statischen und verdinglichenden Substantivs "Zeit" die Verbform "zeiten" zu verwenden, um auf das "Machen von Zeit" hinzuweisen (Elias 1988:7ff).

5.2 Zeitkompetenzen als Antwort auf veränderte Alltags- und Zeitstrukturen

Abschließend wenden wir uns nochmals aktuellen Veränderungen der Zeitstrukturen zu. In welche Richtung verändern sich diese, was bedeuten sie für die Geschlechter? Hier sollen nur zwei Tendenzen genannt werden, die unseren Umgang mit Zeit zunehmend bestimmen: Erstens die fortschreitende Erosion der "Normalarbeitszeit" v.a. in Form von Flexibilisierungen und zweitens die Kontinuierung gesellschaftlicher Zeit-, nicht nur Arbeitszeitstrukturen. [20]

Hand in Hand mit der Verkürzung der Arbeitszeiten geht der Prozeß der Erosion der allgemeinverbindlichen festen Arbeitszeiten, die viel weiter fortgeschritten ist, als gemeinhin bekannt. Denn nur noch 17% aller abhängig Beschäftigten arbeiteten 1995 in Deutschland mit sog. Normalarbeitszeit (vgl. Bauer u.a. 1996). Im Verlauf vor allem des letzten Jahrzehnts ist es zu einer dramatischen Verbreitung ehemals ungewöhnlicher Arbeitzeiten gekommen. Man kann pointiert sagen: *Im Hinblick auf die Arbeitszeit ist die Ausnahme heute fast zur Regel geworden.* Nicht der Mensch, der entweder Schicht arbeitet oder auch samstags oder Teilzeit arbeitet oder derzeit nur befristet beschäftigt ist, stellt heute die Ausnahme dar. Die Ausnahme ist heute der Mensch, der in seiner Lebensführung unserer Normalvorstellung entspricht: der jeden Tag morgens um 7 aus dem Haus geht und abends nach einem 8-Stunden-Tag nach Hause kommt, immer im

---

20) Brose u.a. (1993) nennen noch eine andere Entwicklung: Das absehbare Ende oder die Krise des Fortschritts, v.a. die ökologischen Bedrohungen, hätten nachhaltigen Einfluß auf unser Zeitbewußtsein. Die Zukunft schiene uns nicht mehr, wie lange Zeit, offen und gestaltbar, deswegen ändere sich auch unser lineares Zeitbewußtsein (ebd.: 14).

gleichen Rhythmus Montag bis Freitag, Monat für Monat, Jahr für Jahr. Aber auch hier sind die Folgen nicht eindeutig: Eine größere Beweglichkeit der Zeitstrukturen führt nicht automatisch zu mehr Zeitwohlstand (vgl. auch Garhammer 1994).

Die zweite Tendenz der "Kontinuierung" hat der Zeitforscher Jürgen Rinderspacher plastisch mit dem Begriff der "Rund-um-die-Uhr-Gesellschaft" (1988) beschrieben. Damit ist gemeint, daß immer mehr gesellschaftliche und individuelle Aktivitäten von den kollektiv festgelegten Rhythmen wie z.B. Arbeitstag, Feierabend und Nachtruhe abweichen und kontinuierlicher werden. Neue Technologien ermöglichen immer mehr und immer schnellere Fortbewegung, Information, Kommunikation und Dienstleistungen rund um die Uhr etwa in der Form so gewöhnlich gewordener Dinge wie Anrufbeantworter und Telefaxgeräte, Fernsehprogramme, die immer tiefer in die Nacht hinein dauern und immer früher am Morgen beginnen, Bankautomaten und On-Line-Bestellmöglichkeiten der Versandhäuser (vgl. auch Virilio 1992). Zeiteinteilungen, die als Routinen zum Halt im Alltag werden konnten, die ein Stück sozialen Zusammenhalt und Verläßlichkeit gestiftet haben, werden durch beide Tendenzen - Flexibilisierung und Kontinuierung - weniger verbindlich. [21]

Diese Umbrüche der Zeitstrukturen sind jedoch nur Teil umfassender gesellschaftlicher Veränderungen. Mit der Vervielfältigung privater Lebensformen, Bildungswege und Berufsbiographien sind viele gesellschaftliche Strukturmomente weniger eindeutig und allgemeingültig vorgegeben. Je mehr Personen, Frauen wie Männer, in unterschiedliche Aktivitätsbereiche eingebunden sind, je mehr sich zeitliche Strukturen differenzieren, um so mehr erhöht sich die Notwendigkeit der Abstimmung und Synchronisation. Dies intensiviert nicht nur quantitative, sondern auch qualitative Anforderungen, weil

---

21) Routinen, d.h. nicht ständig neu reflektierte Wiederholungen, und Gleichmaß, das darin liegt, daß bestimmte Dinge nur zu bestimmten Zeiten getan werden, sind das Wesen des Alltags. Sie verlieren mit den o.g. Entwicklungen an Sinn. Damit fallen auch etliche zuvor automatisch gegebene Anlässe weg, mit anderen Menschen Aktivitäten zu teilen. Solche Neuerungen mögen Erleichterungen für die einzelne Person bedeuten; gemeinsam mit anderen die Zeit zu teilen und zu erleben, wird dadurch jedoch schwieriger.

es zunehmend gilt, die Widersprüchlichkeit verschiedener nebeneinander existierender, bereichsspezifischer Zeitlogiken auszutarieren.[22] In diesem aktuellen Kontext spielen die Verfügung über Zeit sowie die Fähigkeit zu einem bewußten Umgang mit ihr immer wichtigere Rollen. *Eigene* Rhythmen, die auf die jeweilige Lebens- und Arbeitssituation passen, müssen und können an Stelle äußerer Zwänge etabliert werden. Auch aus diesem Grund wurde die Gruppe der JournalistInnen vorgestellt, denn ihre offenen, selbstbestimmbaren zeitlichen Bedingungen stehen für *eine* wichtige Entwicklung der Zukunft.

In diesem Prozeß, in dem Zeit zu einer entscheidenden Ressource für die Bewältigung eines komplizierteren Alltags wird, gibt es GewinnerInnen und VerliererInnen. Die Kompetenz, mit Zeit umgehen zu können, sie richtig einzusetzen und nicht unterzugehen im Strudel der Anforderungen, den richtigen Mittelweg zwischen Planung und die Dinge-auf-sich-zukommen-lassen zu finden, entscheidet unter solchen offener werdenden Bedingungen mit über einen gelingenden Alltag, auch über einen gelingenden Lebensverlauf. In diesem Sinn wird Zeit zunehmend zu einem Medium sozialer Chancen. Welche Möglichkeiten und Probleme impliziert dies für Frauen und Männer? Es spricht vieles dafür, daß unter den geschilderten Bedingungen zunehmend artistische Balanceakte in der Lebensführung erbracht werden müssen, bislang vom Gros der Frauen, zunehmend vermutlich auch von Männern. Es kann hier zum Vorteil von Frauen ausschlagen, daß sie biographisch und alltäglich darin geübt sind, gerade in prekären Situationen mit unterschiedlichen und wechselnden zeitlichen Anforderungen kunstvoll zu jonglieren. In gewisser Weise sind Frauen Zeitpionierinnen. Die Abnahme der Stabilität äußerer Arbeits- und Lebensbedingungen können sie möglicherweise ausgleichen durch ihre antrainierten besonderen alltagspraktischen und personalen Fähigkeiten.

---

22) Jenseits der Erwerbsarbeit herrscht ja nicht das "Reich der Freiheit", heute genausowenig wie früher. Um so absurder und zynischer ist die Rede von Deutschland als "kollektivem Freizeitpark", nicht nur weil fälschlich verallgemeinernd für alle mehr Freizeit unterstellt wird, sondern weil die erheblichen Ansprüche an Menschen jenseits vom Beruf ignoriert werden; vgl. Jurczyk/ Rerrich 1993: 11ff.

Andererseits sind die Chancen von Frauen, ihr Interesse an mehr eigener Zeit und an einer selbstbestimmteren Gestaltung der Zeit durchzusetzen, nach wie vor schlechter als die von Männern. Denn die Durchsetzung dieser Interessen setzt Macht voraus, die u.a. in der Verfügung über die Arbeitskapazität anderer, in der Definitionsmacht, welche Tätigkeit wichtig ist, in der Verfügung über Geld sowie in der Möglichkeit, Störungen fernzuhalten, besteht - d.h. zusammengenommen, in der Möglichkeit, die eigenen Lebensumstände prinzipiell selbstbestimmt steuern zu können. Es soll nicht gesagt werden, daß dies allen Männern möglich wäre, doch sind auch in absehbarer Zukunft hierfür die Chancen strukturell zuungunsten von Frauen verteilt. Nicht mit den Zeitinteressen selber, sondern mit der unterschiedlichen Verteilung ihrer Durchsetzungschancen bestätigen sich vermutlich auch zukünftig Unterschiede entlang der Trennlinie Geschlecht. Andererseits jedoch ist denkbar, daß sich manche der heute noch markanten Unterschiede zwischen den Geschlechtern auflösen: nicht nur im Hinblick auf Alltagszeit angesichts der Kontinuierung gesellschaftlicher Zeitstrukturen, sondern auch im Hinblick auf die Ent-Rhythmisierung weiterer Anteile körpergebundener Zeitstrukturen im Zuge neuer Fortpflanzungstechnologien.

Literatur

Adam, Barbara 1989: Feminist social theory needs time. Reflections on the relation between feminist thought, social theory and time as an important parameter in social analysis. In: Sociological Review, Vol. 37, No. 3, pp. 458-473

Bauer, Frank, Hermann Groß, Gabi Schilling 1996: Arbeitszeit '95. Arbeitszeitstrukturen, Arbeitszeitwünsche und Zeitverwendung der abhängig Beschäftigten in West- und Ostdeutschland. Hrsg.: Ministerium für Arbeit, Gesundheit und Soziales des Landes Nordrhein-Westfalen. Neuss

Becker-Schmidt, Regina u.a. 1982: Nicht wir haben die Minuten, die Minuten haben uns. Bonn: Verlag Neue Gesellschaft

Behringer, Luise, Karin Jurczyk 1995: Umgang mit Offenheit. Methoden und Orientierungen in der Lebensführung von JournalistInnen. In: Projektgruppe Alltägliche Lebensführung, a.a.O.

Bolte, Karl M., Erhard Treutner (Hg.) 1983: Subjektorientierte Berufs- und Arbeitssoziologie. Frankfurt/New York: Campus

Brose, Hanns-Georg, Monika Wohlrab-Sahr, Michael Corsten 1993: Soziale Zeit und Biographie", Opladen: Westdeutscher Verlag

Dunkel, Wolfgang 1994: Pflegearbeit - Alltagsarbeit. Eine Untersuchung der Lebensführung von AltenpflegerInnen. Freiburg: Lambertus

Elias, Norbert 1988: Über die Zeit. Frankfurt/M.: Suhrkamp

Friese, Heidrun 1993: Die Konstruktionen von Zeit. In: Zeitschrift für Soziologie. Jg. 22, H. 5, S. 323-337

Gather, Claudia 1993. Strategien von Ehepartnern angesichts von Machtressourcen: Ein Fallbeispiel. In: Claudia Born, Helga Krüger (Hg.): Erwerbsverläufe von Ehepartnern und und die Modernisierung weiblicher Lebensläufe. Weinheim: Deutscher Studien Verlag, S. 113-130

Garhammer, Manfred 1994: Balanceakt Zeit. Auswirkungen flexibler Arbeitszeiten auf Alltag, Freizeit und Familie. Berlin: Sigma

Giddens, Anthony 1988: Die Konstitution der Gesellschaft. Grundzüge einer Theorie der Strukturierung. Frankfurt/New York: Campus

Gildemeister, Regine, Angelika Wetterer 1992: Wie Geschlechter gemacht werden. Die soziale Konstruktion von Zweigeschlechtlichkeit und ihre Reifizierung in der Frauenforschung. In: Knapp, Gudrun-Axeli/Angelika Wetterer (Hg.): a.a.O., S. 201-254

Hahn, Kornelia 1992: Flexible Frauen - Die geschlechtsspezifische Konstruktion der Alltagszeit. In: Dirk Oblong (Hg.): Zeit und Nähe in der Industriegesellschaft. Alheim: Verlagshaus Riedmühle, S. 172-196

Hernes, Helga M. (Hg.) 1988: Frauenzeit - Gebundene Zeit. Bielefeld: AJZ

Honegger, Claudia 1991: Die Ordnung der Geschlechter. Die Wissenschaft vom Menschen und das Weib. Frankfurt/New York: Campus

Jurczyk, Karin 1993 (a): Bewegliche Balancen - Lebensführungsmuster bei "flexiblen" Arbeitszeiten. In: Dies., Maria S. Rerrich 1993 (Hg.), a.a.O., S. 235-261

Jurczyk, Karin 1993 (b): Flexibilisierung für wen? Zum Zusammenhang von Arbeitszeiten und Geschlechterverhältnissen. In: Dies., Maria S. Rerrich 1993 (Hg.), a.a.O., S. 346-374

Jurczyk, Karin 1994: Zwischen Selbstbestimmung und Bedrängnis. Zeit im Alltag von Frauen. In: Margrit Brückner, Birgit Meyer (Hg.): Die sichtbare Frau. Die Eroberung der gesellschaftlichen Räume. Freiburg: Kore, S. 198-233

Jurczyk, Karin, Maria S. Rerrich 1993 (Hg.): Die Arbeit des Alltags. Beiträge zu einer Soziologie der alltäglichen Lebensführung. Freiburg: Lambertus

Jurczyk, Karin, Maria S. Rerrich 1993: Lebensführung weiblich - Lebensführung männlich. Macht diese Unterscheidung heute noch Sinn? In: Dies. (Hg.): a.a.O., S. 279-309

Knapp, Gudrun-Axeli 1992: Macht und Geschlecht. Neuere Entwicklungen in der feministischen Macht- und Herrschaftsdiskussion. In: Knapp; Wetterer, a.a.O., S. 287-321.

Knapp, Gudrun-Axeli, Angelika Wetterer (Hg.) 1992: Traditionen Brüche. Entwicklungen feministischer Theorie. Freiburg: Kore

Krüger, Helga, Claudia Born 1991: Unterbrochene Erwerbskarrieren und Berufsspezifik: Zum Arbeitsmarkt- und Familienpuzzle im weiblichen Lebenslauf. In: Karl-Ulrich Mayer u.a. (Hg.): Vom Regen in die Traufe. Frauen zwischen Beruf und Familie. Frankfurt/New York: Campus, S. 262-287

Luhmann, Niklas 1971: Die Knappheit der Zeit und die Vordringlichkeit des Befristeten. In: Politische Planung. Opladen: Westdeutscher Verlag, S. 143-164

Maurer, Andrea 1992: Alles eine Frage der Zeit? Die Zweckrationalisierung von Arbeitszeit und Lebenszeit. Berlin: Sigma

Nowotny, Helga 1982: Nie von Zeit allein.... Feministische Studien, Jg. 1, Heft 1/1982, S. 9-18

Ostner, Ilona 1978: Beruf und Hausarbeit. Die Arbeit der Frau in unserer Gesellschaft. Frankfurt/New York: Campus

Projektgruppe Alltägliche Lebensführung 1995: Alltägliche Lebensführung - Arrangements zwischen Traditionalität und Modernisierung. Opladen: Leske + Budrich

Rinderspacher, Jürgen 1988: Wege der Verzeitlichung. In: Dietrich Henckel (Hg.): Arbeitszeit, Betriebszeit, Freizeit. Auswirkungen auf die Raumentwicklung. Stuttgart: Kohlhammer, S. 23-66

Schöps, Martina 1980: Zeit und Gesellschaft. Stuttgart: Enke

Sichtermann, Barbara 1982: Vorsicht, Kind. Eine Arbeitsplatzbeschreibung für Mütter, Väter und andere. Berlin: Wagenbach

Statistisches Bundesamt und Bundesministerium für Familie und Senioren (Hg.) 1994: Wo bleibt die Zeit? Die Zeitverwendung der Bevölkerung in Deutschland. Wiesbaden

Virilio, Paul 1992: Rasender Stillstand. München: Hanser

Voß, G. Günter 1991: Lebensführung als Arbeit. Über die Autonomie der Person im Alltag der Gesellschaft. Stuttgart: Enke

Weihrich, Margit 1993: Lebensführung im Wartestand. Veränderung und Stabilität im ostdeutschen Alltag. In: Jurczyk/Rerrich (Hg.): a.a.O., S. 210-234

Weis, Kurt 1995: Was verdeutlicht das Fragen nach Zeit? In: Ders. (Hg.): Was ist Zeit? Zeit und Verantwortung in Wissenschaft, Technik und Religion. München: dtv, S. 9 - 22.

KURT WEIS

Zeit als Maß für Reife und Strafe

Zeit im Recht und Menschen hinter Mauern: Fristen, Gefängnisse und Klöster als Verdeutlichungsagenten menschlicher Zeitbewertung. Warum aber sammelt der Häftling Frust und der Mönch Kraft in der Zelle?

1. Zeit als Maß für Ordnung und Inhalt

Die Vorstellung, Zeit sei ein Maß und in Zahlen zu messen, geht auf die alten klassischen Zeit-Definitionen von Physikvorlesungen zurück, die in einer frühen Hochphase europäischen naturwissenschaftlichen Denkens gehalten wurden und die ich an einer Technischen Universität sicher zitieren darf. Bei Aristoteles (384/383 - 322/321 v. Chr.) lesen wir im elften Kapitel des vierten Buches seiner Physikvorlesung:

$$\text{ὁ χρόνος ἀριθμός ἐστι κινήσεως}$$
$$\text{κατὰ τὸ πρότερον καὶ ὕστερον.}$$

Zeit ist die Zahl der Bewegung gemäß dem Früher und Später.

Zeit ist also nicht Bewegung, sondern das Maß, das Zahlmoment an der Bewegung.[1] Für die griechisch orientierten Philosophen erinnere ich noch daran, daß der älteste überlieferte Spruch des abendländischen Denkens, der Satz des Anaximander von Samos (7./6. Jhdt. v. Chr.), davon handelte, daß die Dinge "Strafe und Buße nach der Ordnung der Zeit zahlen" müssen. Mit all seinen Inhalten ist unser Thema also wirklich nicht neu.

Seither wachsen die klassischen Zitate mit dem Fragen nach der Zeit. Der nordafrikanische Kirchenlehrer Augustinus (354-430) faßte seine eigenen Fragen nach dem Wesen der Zeit im elften Buch seiner "Bekenntnisse" noch einmal mit der bekannten problematischen Erfahrung zusammen:

"Quid est ergo 'tempus'? Si nemo ex me quaerat, scio; si quaerenti explicare velim, nescio." *(Was also ist 'Zeit'? Wenn mich niemand danach fragt, weiß ich es; will ich es einem Fragenden erklären, weiß ich es nicht.*[2]

In unserem Kulturkreis gilt Zeit vielen als lineares Ordnungssystem, das an der Existenz der Materie klebt. Wenn man Zeit instrumentalisiert, wird sie ein Mittel zur Periodisierung. Dann dient Zeit als Ordnungsstruktur zur Reihung von Vorgängen, oder auch als Netz zum Einfangen kausaler Abfolgen. Das Rechnen mit Zeit und alle Kalenderrechnungen machen es möglich, Vorgänge in Beziehung zu setzen. "Zeit" als große menschliche Syntheseleistung schafft diesen Zusammenhang, bringt Ordnung und unterwirft Menschen dieser Ordnung. Der Soziologe Norbert Elias erinnerte uns:

"Auf ihrem gegenwärtigen Entwicklungsstand ist die Zeit, wie man sieht, eine symbolische Synthese auf sehr hoher Ebene, eine Synthese, mit deren Hilfe Positionen im Nacheinander des physikalischen Naturgeschehens, des Gesellschaftsgeschehens und des individuellen Lebenslaufs in Beziehung gebracht werden können."[3]

---

1) Vgl. deutsch: Aristoteles: Physikvorlesung. Übersetzt von Hans Wagner. Darmstadt: Wissenschaftliche Buchgesellschaft 1967, Buch 4, Kap. 11, 219 b 1f., 220 a 24f. u.a.m., S. 113ff.

2) Augustinus: Bekenntnisse. Lateinisch und Deutsch. Eingeleitet, übersetzt und erläutert von Joseph Bernhart. Frankfurt a.M.: Insel Verlag 1987, Liber XI, 14, 17, S. 628 f. Vgl. oben in diesem Buch S. 11 f.

3) Norbert Elias: Über die Zeit. Frankfurt a.M.: Suhrkamp TB, 5. Aufl. 1994, S. XXIV

Zeit ist insoweit ein Konstrukt. Der Mensch ist dessen Schöpfer und zugleich Opfer. [4] Zeit liefert also ein Ordnungssystem, sie dient als Instrument, um Ordnung zu schaffen. Die Rechtswissenschaft ist eine normative Disziplin, die Recht und Ordnung schaffen will. Da liegt es auf der Hand, daß das Recht Zeitvorstellungen vielfältig nutzt. Von einigen Beobachtungen berichtet dieser Beitrag.

Zeitmaßvorstellungen beherrschen unseren Alltag und nehmen mit ihren jeweiligen juristischen Ausgestaltungen laufend zu: Schulpflichtzeiten, Studienlängen, Amtsperioden, Pensionsalter, Einspruchsfristen, Haftdauer für Straftaten, Arbeits- und Öffnungszeiten für Bäckerein, Erholungspausenvorschriften für Busfahrer u.v.a.m. Die Maschen des sozial konstruierten Zeitnetzes werden dichter.

Zeit verdeutlicht, markiert und begrenzt Leben. Leben, soweit uns irdisch bekannt, ist durch eine Kürze in der Zeit, wie etwa durch Kommen und Gehen, Entstehen und Vergehen, Geburt und Tod gekennzeichnet. Zeit ist Leben, Leben ist kurz, Zeit ist Frist. So jedenfalls spüren es betroffene Menschen. Sonne und Erde, Vulkane und Bäume, Menschen und Eintagsfliegen, alles hat seine Lebenszeit. Der Mensch ist sich der Kürze seiner Verweildauer bewußt, leidet darunter und klagt darüber. Er ist das "Zeitmangel-Wesen". [5]

Unsere Zeit wird nach Episoden und Inhalten bestimmt. Der Inhalt charakterisiert für das menschliche Leben die Zeit zum Beispiel als Kinderzeit, Schulzeit, Ferienzeit, Flüchtlings-, Kriegs-, Gefängniszeit, Arbeits- und Urlaubszeit, Badezeit, unlängst die Weihnachtszeit, bald nun die Faschingszeit. Menschliche Zeit ist erlebte Zeit.

Der französische Philosoph Henri Bergson ist in diesem Jahrhundert mit seinen Arbeiten über die Zeit und *die Dauer, la durée*, bekanntgeworden. Er hat gegen eine objektiv naturwissenschaftlich festgestellte und gemessene Zeit die *subjektiv erlebte Zeit* betont und

---

4) Vgl. Kurt Weis: "Zeitbild und Menschenbild. Der Mensch als Schöpfer und Opfer seiner Vorstellungen von Zeit." In: Ders. (Hrsg.): Was ist Zeit? Zeit und Verantwortung in Wissenschaft, Technik und Religion. München: dtv-TB 2. Aufl. 1996, S. 23-52

5) Odo Marquard: "Zeit und Endlichkeit" In: Hans Michael Baumgartner (Hrsg.): Das Rätsel der Zeit. Philosophische Analysen. Freiburg, München: Verlag Karl Alber 1993, S. 363 - 394, 375

auszuspielen gesucht. Bergson rückte die Entwicklung der Zeitdiskussion wieder zurecht und brachte einen für uns ganz wichtigen und neuen Ansatz mit vielleicht auch überspitzten Formulierungen in die damalige Auseinandersetzung.

2. *Frist und Reife*

Juristen sind Menschen, die Vieles regeln wollen. Unsere Zeit ist nicht durch große Kodifikationsleistungen gekennzeichnet, sondern durch einen Hang zur Überreglementierung, durch einen schnell wachsenden Wust nationaler und europäischer, gelegentlich auch spitzfindiger Regelungen. Die Zahl der notwendigen Juristen und der notwendigen Regelungen wächst in stetiger gegenseitiger Abhängigkeit. Juristen gießen Reife in das Maß von Jahren, sie gießen Schuld und Strafe in Maßeinheiten von Jahren. Sie schütten manchmal Rechtssicherheit aus dem Maßkrug voll abgelaufener Fristen.

Auf die "Fristen" als Ordnungspeitsche gehe ich nur kurz ein. An Fristen zu erinnern hat immer einen hohen Unterhaltungswert und weckt unter Anwesenden peinliche Gefühle: Abgabefristen für Seminararbeiten und Steuererklärungen, für Manuskripte und Druckfahnenkorrekturen für Zeit-Bücher, Fristen für Bewerbungen und Mahnungen wie auch alle Fristen unserer gerichtlichen Prozeßordnungen wie Antragsfristen, Widerspruchs-, Berufungs- und Revisionsfristen. Unser Rechtssystem lebt ja in dem Konflikt zwischen erstrebter Rechtssicherheit und versuchter Gerechtigkeit. Der Gerechtigkeit sucht man dadurch zu dienen, daß man Entscheidungen durch das Einlegen von Widerspruch, Berufung, Revision erneut überprüfen läßt. Rechtssicherheit tritt dann ein, wenn eine Frist abgelaufen ist und damit eine korrigierbare Entscheidung endgültig wurde.

Auch Reife lassen Juristen regeln. Als Maß für Reife wird verbrachte Lebenszeit angesehen. Unsere Gesetze sind voller Einzelheiten. Inwieweit die Zeit sinnvoll verbracht wurde, wird hier sinnigerweise nicht berücksichtigt. Die folgendende umfangreiche Zusammenstellung vieler Paragraphen braucht sicher nicht eingehend gelesen zu werden; sie beeindruckt vielleicht schon optisch. Hier werden über hundert Paragraphen aus verschiedenen Gesetzen zitiert, allein über dreißig zu den Reifewirkungen der Volljährigkeit:

Rechtlich bedeutsame Altersstufen
(§§ ohne Gesetzesangabe sind solche des BGB.)
Zusammenstellung nach dem Münchener Kommentar
zum Bürgerlichen Gesetzbuch [6]

1) 7. Lebensjahr	a) § 106: Beschränkte Geschäftsfähigkeit. b) §§ 276 Abs. 1 S. 2, 828 Abs. 2 S. 1: Haftung für Vertragsverletzungen und unerlaubte Handlungen bei vorhandener Einsichtsfähigkeit
2) 10. Lebensjahr	a) § 2 Abs. 3 RelKErzG: Ein Kind ist unter bestimmten Voraussetzungen bei Änderung des religiösen Bekenntnisses zu hören. b) § 3 Abs. 2 RelKErzG: Bei Bestimmungen des religiösen Bekenntnisses durch den Vormund oder Pfleger ist das Kind zu hören.
3) 12. Lebensjahr	a) § 5 S. 2 RelKErzG: Religiöses Bekenntnis kann nicht gegen den Willen des Kindes geändert werden. b) Art. 2 Abs. 2 Bay FischereischeinG: Jugendfischereischein kann erteilt werden.
4) 14. Lebensjahr	a) § 5 S. 1 RelKErzG: Uneingeschränkte Bekenntnisfähigkeit b) § 2 Abs. 2 JArbSchG: Jugendlicher im Sinne dieses Gesetzes c) §§ 1 Abs. 2, 3 JGG: Strafrechtliche Verantwortlichkeit bei vorhandener Einsichtsfähigkeit d) §§ 1726 Abs. 1, 1729, 1746, 1740 c: Einwilligung des Kindes zur Ehelichkeitserklärung und Annahme als Kind erforderlich. Das Kind selbst kann einen Antrag auf Ehelicherklärung stellen.

6) Vgl. Gitter: § 2 Randnr. 6 in: Kurt Rebmann, Franz-Jürgen Säcker (Hrsg.): Münchener Kommentar zum BGB, München: C.H. Beck, Band 1, 3. Aufl. 1993

4) 14. Lebensjahr (Forts.)	e) § 59 FGG: Beschwerderecht in allen Angelegenheiten, welche die Person des Minderjährigen betreffen oder bei denen ein Mündel vor Entscheidung des Vormundschaftsgerichts gehört werden soll.
5) 15. Lebensjahr	a) § 11 Abs. 1 Nr. 2 SGB X iVm. § 36 SGB I: Minderjähriger kann Anträge auf Sozialleistungen stellen und verfolgen sowie Sozialleistungen entgegennehmen. b) § 71 Abs. 2 SGG iVm. § 11 Abs. 1 Nr. 2 SGB X iVm. § 36 SGB I: Prozeßfähigkeit des Minderjährigen im sozialrechtlichen Bereich
6) 16. Lebensjahr	a) §§ 2229 Abs. 1, 2247 Abs. 4: Eingeschränkte Testierfähigkeit b) § 2 Abs. 2 FamiliennamensänderungsG: Vormundschaftsgericht hat den Minderjährigen über einen Namensänderungsantrag zu hören. c) §§ 393, 455 Abs. 2 ZPO, 60 Nr. 1, 61 Nr. 1 StPO: Vereidigung des Minderjährigen möglich d) § 7Abs. 1 Nr. 4 StVZO: Erwerb des Führerscheins Klasse 1b; 4 und 5 möglich e) § 1 Abs. 2 EheG: Vormundschaftsgericht kann auf Antrag vom Erfordernis der Volljährigkeit bei Eheschließungen befreien. f) § 1 Abs. 1 PersAuswG: Personalausweispflicht g) § 16 BJagdG: Erteilung des Jugendjagdscheins möglich h) § 50 Abs. 1 Nr. 2 SGB IV: Aktives Wahlrecht in der Sozialversicherung i) § 61 PStG: Einsichtsrecht in das Personenstandsbuch

7) **18. Lebensjahr**	a) § 2: Beginn der Volljährigkeit
	b) §§ 104ff.: Unbeschränkte Geschäftsfähig- keit
	c) § 52 ZPO: Unbeschränkte Prozeßfähigkeit
	d) § 1 EheG: Ehemündigkeit
	e) §§ 1626 Abs. 1, 1882: Ende der elterlichen Gewalt bzw. der Altersvormundschaft
	f) §§ 30ff. SGB VIII.: Ende der Erziehungs- beistandschaft, der Vollzeitpflege bzw. der Heimerziehung
	g) Art. 38 Abs. 2 GG: Aktives und passives Wahlrecht
	h) § 1598 iVm. § 1596: Das volljährige Kind kann seine Ehelichkeit selbst anfechten.
	i) §§ 2247 Abs. 4, 2275 Abs. 1: Erlangung der unbeschränkten Testier- und Erbvertragsfä- higkeit
	j) § 1726 Abs. 1: Keine Einwilligung der Mutter zur Ehelicherklärung erforderlich
	k) § 2201: Ernennung zum Testamentsvoll- strecker möglich
	l) § 26 Abs. 2 Nr. 2 BeurkG: Zeugenfähigkeit bei der Beurkundung
	m) §§ 7, 8 BetrVG, 13, 14 BPersVG: Aktives und passives Wahlrecht zum Betriebsrat bzw. zur Personalvertretung
	n) § 51 Abs. 1 Nr. 2 SGB IV: Passives Wahl- recht in der Sozialversicherung
	o) §§ 276 Abs. 1 S. 3, 828: Uneingeschränkte Haftung für Vertragsverletzungen und uner- laubte Handlungen
	p) § 1 JArbSchG: Ende des Jugendarbeits- schutzes
	q) § 77 Abs. 3 S. 2 StGB: Strafantragsberech- tigung auch bei eingeschränkter Geschäfts- fähigkeit

7.) 18. Lebensjahr (Forts.)	r) § 7 Abs. 1 Nr. 3 StVZO: Regelmäßiges Mindestalter zum Führen von Kraftfahrzeugen der Klasse 1a und 3 s) § 1 WehrpflG: Beginn der Wehrplicht t) § 1 Abs. 3 JugendschutzG: Ende des Jugendschutzes u) § 17 BJagdG: Regelmäßig Altersgrenze für den Erwerb des Jagdscheins
8) 21. Lebensjahr	a) § 7 Abs. 1 Nr. 1 StVZO: Erwerb des Führerscheins der Klasse 2 möglich b) § 1 Abs. 2 JGG: Ende des Heranwachsendenstatus
9) 24. Lebensjahr	§ 61 Abs. 2 BetrVG: Ende des passiven Wahlrechts zur Jugendvertretung
10) 25. Lebensjahr	a) §§ 21 Abs. 1 ArbGG, 16, Abs. 1 SGG: Berufung zum ehrenamtlichen Richter am Arbeits- bzw. Sozialgericht möglich b) § 3 Abs. 2 VerschG: Todeserklärung unter gewissen Voraussetzungen möglich c) § 1743: Mindestalter eines Ehegatten bei der Annahme als Kind d) § 33 Nr. 1 GVG: Berufung zum Schöffen
11) 27. Lebensjahr	§§ 6 BRRG, 9 Abs. 1 BBG: Ernennung zum Beamten auf Lebenszeit
12) 30. Lebensjahr	a) §§ 37 Abs. 1 ArbGG, 35 SGG: Berufung zum ehrenamtlichen Richter am Landesarbeits- bzw. Landessozialgericht möglich b) § 109 GVG: Berufung zum Handelsrichter möglich
13) 35. Lebensjahr	a) §§ 125 Abs. 2 GVG, 15 Abs. 3 VwGO, 42 Abs. 2 ArbGG, 38 Abs. 2 SGG, 14 Abs. 2 FGO: Berufung zum Bundesrichter möglich b) §§ 43 Abs. 2 ArbGG, 47 SGG: Berufung zum ehrenamtlichen Richter am Bundesarbeits- bzw. Bundessozialgericht möglich

14) 40. Lebensjahr	a) Art. 54 Abs. 1 GG: Wählbarkeit zum Bundespräsidenten b) § 3 Abs. 1 BVerfGG: Mindestalter für Richter des Bundesverfassungsgerichts
15) 45. Lebensjahr	§ 3 Abs. 3 WehrpflG: Regelmäßiges Ende der Wehrpflicht
16) 60. Lebensjahr	a) §§ 1786 Abs. 1 Nr. 2, 1915: Die Übernahme von Vormundschaft und Pflegschaft über Minderjährige kann abgelehnt werden. b) §§ 1889 Abs. 1, 1915: Vormund oder Pfleger von Minderjährigen haben ein Entlassungsrecht. c) § 3 Abs. 4 WehrpflG: Ende der Wehrpflicht für Offiziere und Unteroffiziere d) §§ 5 BPolBG, 45 Abs. 1 SoldG: Altersgrenze für Polizeivollzugsbeamte und Berufssoldaten
17) 65. Lebensjahr	a) § 41 Abs. 1 BBG: Regelmäßige Altersgrenze für den Eintritt des Beamten in den Ruhestand b) §§ 24 Abs. 1 Nr. 1, 37 Abs. 2, 43 Abs. 3 ArbGG: Das Amt des ehrenamtlichen Richters am Arbeitsgericht, Landesarbeitsgericht und Bundesarbeitsgericht kann abgelehnt oder niedergelegt werden. c) §§ 18 Abs. 1 Nr. 1, 35 Abs. 1, 47 SGG: Das Amt des ehrenamtlichen Richters am Sozialgericht, Landessozialgericht und Bundessozialgericht kann abgelehnt oder niedergelegt werden.
18) 80. Lebensjahr	§ 3 Abs. 1 VerschG: Bei der Todeserklärung wegen allgemeiner Verschollenheit gelten kürzere Fristen.

Aus den meisten der vorgenannten Angaben ergeben sich mit zunehmendem Alter Qualifikationen für zunehmende gesellschaftliche Reife und Verantwortung. Nur zum Ende, erst beim Verteidigungshandwerk, dann beim Schreibtischhandwerk, nimmt die gesellschaftliche Reife und Qualifikation wieder ab, so daß mit Erreichung des Dienstunfähigkeitsalters ausgeschieden werden muß.

Wo es weniger um gesellschaftliche Reife, sondern um körperliche Kraft und Blüte geht, sehen die Maßstäbe für Alter als Maß für Abbau und Verfall ganz anders aus. Die folgende Übersicht zeigt einige nach Alter schwindende Anforderungen für den Erwerb des Deutschen Sportabzeichens. Auch hier, in dem manchmal irrtümlich als zeitfrei und rechtsfrei gewähnten Freizeitbereich, ist alle Ordnung schematisiert und nach Zeit und Jahren geregelt. Nach dieser Aufstellung beginnt der unaufhaltsame Prozeß des "Dahinsiechens" spätestens mit 30 Jahren.

Auszug aus einigen Bedingungen für die Mindestleistungen für Männer zum (alljährlichen!) Erwerb des Deutschen Sportabzeichens

Alter	Disziplin				
	100m-Lauf in Sek.	5000m-Lauf in Min.	Hochsprung in Meter	100 m Schwimmen in Min.	Schwimmen Können 200 m in Minuten
18 - 29 J.	13,4	23:00	1,35	1:40	6:00
30 - 39 J.	14,0	26:00	1,30	1:45	7:00
40 - 44 J.	14,5	29:00	1,25	1:50	7:30
45 - 49 J.	16,0	31:00	1,15	2:00	8:00
50 - 54 J.	17,0	34:00	1,05	2:10	8:30
55 - 59 J.	18,0	36:00	1,00	2:20	9:00
60 - 64 J.	19,0	36:00	0,95	2:30	9:30
ab 65 J.	20,0	36:00	0,90	2:40	10:00

3. Zeitgefangenschaft

Zeit ist nicht Macht, aber die Frage nach der Zeit verdeutlicht, wer Macht über Menschen hat, wer wen wielange warten lassen kann, wer verlangen kann (besonders wenn er Mann ist), daß er bei wichtiger Arbeit nicht gestört wird, und wie unsere Gesellschaft davon ausgeht, daß Menschen (besonders wenn sie Frauen sind) mit ihrer Zeitplanung permanent improvisieren müssen, weil sie dauernd von Kindern und Männern gestört werden.

Wenn Zeit gleich Leben ist, dann ist die "Zeit hinter Gittern", die Gefängniszeit, weggenommene Lebenszeit. Wer jemanden einsperrt, will Macht über dessen Lebenszeit ausüben. Auch deswegen sind die meisten Menschen so vehement gegen das Eingesperrtsein. - Inwieweit wir alle in "Zeit-Gefängnissen" leben, zeitlichen Einschränkungen unterworfen sind, unter zunehmendem Zeitdruck leiden, mag jeder selbst entscheiden.

Zeit kann man ganz verschieden wahrnehmen. Manche spüren sich wie in den erwähnten "Zeitgefängnissen". Gilt das treffliche Bild dieser Metapher nicht für uns alle? Hier bündeln sich Fortschritt und Fesseln unserer Zivilisation gleichermaßen. Gefängnisse sind erfahrungsgemäß Einrichtungen, in denen sich die sozialen Probleme einer Gesellschaft überdeutlich widerspiegeln.

Ich zitiere aus einem Interview einer Patientin von Viktor Emil von Gebsattel. Die Patientin gehörte zu den seltenen Fällen mit endogener Depression, die das Verstreichen der Zeit beachten, die Zeit in immer kleinere Abschnitte zerlegen und unter dem Druck des unaufhörlichen Fortschreitens der Zeit und der eigenen zeitlichen Begrenztheit leiden:

"Ich habe den ganzen Tag ein Gefühl, das mit Angst durchsetzt ist und das sich auf die Zeit bezieht. Ich muß unaufhörlich denken, daß die Zeit vergeht. Während ich jetzt mit Ihnen spreche, denke ich bei jedem Wort: 'vorbei', 'vorbei', 'vorbei'. Dieser Zustand ist unerträglich und erzeugt ein Gefühl von Gehetztheit. Ich bin immer in Hetze. Das fängt beim Erwachen an und knüpft an Geräusche an. Wenn ich einen Vogel piepsen höre, muß ich denken: 'das hat eine Sekunde gedauert'. Wassertropfen sind unerträglich und machen

mich rasend, weil ich immer denken muß: 'jetzt ist wieder eine Sekunde vergangen, jetzt wieder eine Sekunde.' Ebenso wenn ich die Uhr ticken höre. Ich habe meine Uhren stehen lassen und versteckt. Aber auch die Uhren an fremden Armbändern stören mich, ja, sie machen mich rasend. Ich kann auch nicht im Zug fahren, weil mir der Gedanke, ich muß um zwei Uhr fünf Minuten am Bahnhof sein, ebenso unerträglich ist und mir Angst macht wie der Gedanke, ich brauche zwanzig Minuten nach X. ... Wenn die Menschen reden, so kann ich sie nicht verstehen, das heißt mit dem Verstand schon, aber eigentlich verstehe ich doch nicht, daß sie so einfach und ruhig reden und nicht unaufhörlich denken, jetzt rede ich, das dauert so und so lange, dann tue ich das, dann jenes, und das alles dauert 60 Jahre, dann sterbe ich, dann kommen andere, die leben auch ungefähr solange und essen und schlafen wie ich, und dann kommen wieder andere und so geht es weiter, ohne Sinn, tausende von Jahren. ... Diese Gedanken sind fortwährend in mir. Auch wenn ich sie nicht ausdrücklich denke, sind sie als Gefühl in mir. Ich denke oft, daß ich nicht krank bin, sondern, daß ich etwas erkannt habe, was die anderen nicht erkannt haben ... Ich verstehe überhaupt nicht, daß man anders denken kann. ... Das Beunruhigende ist, daß dieser Zustand sich verschärft. Er verschärft sich, weil die Zeitabschnitte, die ich denken muß, immer kürzer werden, wodurch die Hetze immer größer wird, also daß schließlich der Zustand ins Irrenhaus führen muß ... Auch wenn ich zum Beispiel häkele, liegt der Nachdruck nicht darauf, daß die Decke wächst, die ich häkele, sondern darauf, daß durch das Wachsen der Decke die Lebensstrecke immer kürzer wird. Das finde ich furchtbar. Darum will ich mir immer das Leben nehmen, um von diesem Denken loszukommen, habe aber das Leben sehr gern. ... Ich muß mich furchtbar zwingen, überhaupt zu leben. Das Schreckliche ist, daß ich mich so gut beherrschen kann, so daß die anderen gar nichts merken ...". [7]

---

7) Viktor Emil von Gebsattel: "Zeitbezogenes Zwangsdenken in der Melancholie" (1928). In ders: Prolegomena einer medizinischen Anthropologie. Berlin: Springer Verlag 1954, S. 2-4. (Den Hinweis verdanke ich Gabriele Heister: Wie Denken die Zeit bestimmt. Unveröff. psychol. Diplomarbeit, Universität München 1994.)

Ist es nicht eigentlich faszinierend, daß die meisten von uns das Leben so positiv sehen, und daß die Fakten, die ja für die Patientin genauso wie für uns zutreffen, uns nicht blockieren? Es mag wohl sein, daß einige von uns so herumhetzen, daß sie der Wahrnehmung dieser Fakten entfliehen wollen. Doch das ist ja bei der Zeit das Seltsame, je mehr man ihr entfliehen will, desto schneller holt sie einen ein.

4. Gefängnisse

Die Erfindung von Gefängnissen mit Zeitstrafen ist eine erst ziemlich junge menschliche Errungenschaft. Sie markiert einen weiteren Schritt in Richtung auf eine Humanisierung menschlicher Strafen und eine Abstraktion und Entkörperlichung unseres gesellschaftlichen Lebens. Ein erster richtiger Fortschritt war das allbekannte alttestamentliche "Auge um Auge, Zahn um Zahn", das erstmal nur bedeutete, daß man für einen ausgeschlagenen Zahn den Täter nicht gleich umbringen durfte. Aber dann gab es immer noch genügend Körper-Strafen, wie sie derzeit ja auch von einigen fundamentalistischen islamischen Regimen wieder als Shari'a eingeführt werden: Zum Beispiel Fußabhacken oder Handabhacken, wenn mit Fuß oder Hand etwas Böses angestellt worden war. Der mittelalterliche Versuch, auf dem Weg über die Folter zu verwertbaren Geständnissen und damit klaren gerichtlichen Entscheidungsgrundlagen zu kommen, war ebenfalls als Fortschritt gedacht, ging jedoch letztlich eher wegen seiner für Heutige unvorstellbaren Exzesse in die Geschichte ein. Eine fortschrittliche Mäßigung sollte dann durch eine qualitative Abstufung der Folter nach Härtegraden und eine "quantitative Regelung der Folter nach der Zeit" erzwungen werden. Die Zeitlänge verschiedener Gebete oder auch die oft empfohlene Befristung auf eine Folterstunde pro Tag, die mit einer Sanduhr meßbar war, brachten kaum die erwünschte Präzisierung und Rechtssicherheit. Ein dann tatsächlich erreichter Fortschritt wurde von den Offiziellen schnell beklagt, als sich "die Diebe am liebsten in Sachsen, wo man sich nach der Zeit richte, foltern lassen würden." [8]

Die Erfindung von Gefängnissen in unserem heutigen Sinne ereignete sich dann als deutliche Folge einer Entdeckung und Neubewertung von Zeit. Sie stammt aus der Zeit, als Uhren sich zu verbreiten begannen, dann unser wichtigster Zeitgeber wurden und seither schließlich der Geld-Wert von Zeit das neue Zeitgefühl prägte. Zeit wurde Geld, *time is money*, wie wir gern nach Benjamin Franklin zitieren. Zeit, die nicht in Geld verwandelt werden konnte, verlor entsprechend an Wert. Die Zeit entwickelte sich vom Gottesgeschenk zum Handelsgut.

In seinem Buch "Zum Verständnis der wirtschaftlichen und sozialen Wandlungen in Deutschland vom 14. zum 16. Jahrhundert" schreibt Lamprecht: *"Ein Hasten kam in die städtische Bevölkerung des ausgehenden Mittelalters, das im Vergleich zur früheren Muße nicht minder aufgefallen sein mag als die Emsigkeit unserer Lage. Der Begriff der Zeit in moderner Auffassung begann durchzudringen; in Nürnberg schlugen im 16. Jahrhundert vier Turmuhren schon die Viertelstunden; zuviele Feiertage galten bereits als Unglück, und Sebastian Frank nannte zum erstenmal die Zeit ein teures Gut, dessen wir karg sein sollen, damit wir niemals etwas Unnützes tun"*. Verkürzte Produktionszeiten brachten Geld. *"Mit dem Bewußtsein der Flüchtigkeit der Zeit aber, an das die Glocke vom Turm regelmäßig gemahnte, zog ein dem Mittelalter fremder Geist der Rechenhaftigkeit in die Kontore ein"*. [9]

Als sich, im Gefolge der Gedanken von Reformatoren, auch die Haltung breitmachte, daß irdischer Fleiß himmlischen Lohn bringe und dieser Lohn schon am irdischen Erfolg meßbar sei, da wurde Müßiggang für himmlische und irdische Bewertung als Greuel erkannt, und die Armen und Obdachlosen, die Müßiggänger und Delinquenten kamen mit großem christlichem Engagement und

---

8) Gerhard Dohrn-van Rossum: Die Geschichte der Stunde. Uhren und moderne Zeitordnungen. München: Hanser Verlag 1992, S. 255

9) Zitiert nach Herfried Münkler: Macchiavelli. Die Begründung des politischen Denkens der Neuzeit aus der Krise der Republik Florenz. Frankfurt/M.: Fischer TB 1984, S. 400, Anm. 36

fürsorglicher Begründung zwangsweise in dafür neu geschaffene Arbeitshäuser. Der Name "Zuchthaus" entstand. Das Zuchthaus hielt sich anschließend als Fachausdruck und Einrichtung der Strafrechtspflege, bis es in der westlichen Bundesrepublik durch das Große Strafrechtsänderungsgesetz 1969 abgeschafft wurde; seither gibt es hier nur noch Freiheitsentzug als Einheitsstrafe; im Osten in der DDR hielten sich Zuchthäuser und die Trennung zwischen Zuchthaus und Gefängnis bis zum letzten Tag. Das Zuchthaus Bautzen erlangte nicht nur für Stasi-Opfer berüchtigte Berühmtheit.

Einsperren wurde früher kaum als Strafe benutzt. Der Kerker diente im wesentlichen dazu, Häftlinge vor der Verhandlung oder Exekution festzuhalten, oder er diente als Schuldturm für säumige Schuldner. Allerdings hat schon im 6. Jahrhundert v. Chr. Draco von Athen, dem wir unsere Vorstellungen von drakonischen Strafen verdanken, Gefangene für fünf Tage in Ketten gelegt und der Menge zum öffentlichen Spott zur Schau gestellt, als Reaktion für nicht bezahlte Schulden oder einen Diebstahl. Später betonte der berühmte römische Jurist Ulpian, was dann als Regel für das ganze Mittelalter galt, daß nämlich Einsperren nur zum Festhalten und nicht zum Bestrafen dienen dürfe. Die seltenen Fälle, wenn im Mittelalter das Einsperren doch als Strafe diente, darf man wohl getrost als Körperstrafe verbuchen. Wenn dann später angekettete Straftäter öffentliche Arbeiten verrichteten, war der dabei unvermeidliche Freiheitsentzug nur eine Nebenfolge dieser tatsächlichen Körperstrafe, insoweit sie nicht überhaupt eine Todesstrafe auf Raten war.

Die wirklichen Vorläufer unserer Gefängnisse[10] entwickelten sich als Antwort auf ein wachsendes soziales Phänomen: Armut und Bettlertum wurden nach dem Zusammenbruch des Feudalsystems und während des Niedergangs der Gilden zunehmend gespürt, als sich im neuen calvinistischen Geist die öffentliche Einstellung gegenüber der Bettelei von Grund auf änderte. An die Stelle des bisherigen Almosengebens traten die Betonung der Arbeit und der Glaube, daß harte Arbeit als Mittel zur Besserung und endgültigen Rettung

---

10) Kurt Weis: Allowing and Preventing Delinquency and Crime. A study on the use of predictions in the administration of criminal law. S.J.D. diss., Harvard Law School, Cambridge, Mass., USA, 1968, S. 63 ff.

eingesetzt werden könne. Es war die gleiche Zeit, als viele Klöster, moralisch verlottert und ökonomisch verrottet, unterdrückt wurden und ihre bisherige Rolle als soziale Wohlfahrtseinrichtungen verloren.

In Zahlen unserer Zeitrechnung: 1555 wurde in London der Bridewell-Palace eingerichtet, um störrische Vagabunden zur Arbeit zu zwingen. Ursprünglich "Hospital" oder "Arbeitshaus" genannt, hieß es ab 1577 "House of Correction" (Besserungsanstalt). Amsterdam folgte mit seinen Besserungsanstalten ("Tuchthuis") 1559 für Männer und 1597 für Frauen, und 1603 mit einer privaten Abteilung für fehlgeleitete Söhne von bessergestellten Eltern. Kleine Delinquenten wurden ebenfalls in diese Besserungsanstalten anstatt an den Galgen geschickt. Hier begann die moderne Idee des Gefängnisses, eine zeitliche Haftstrafe mit einer Arbeitstherapie. Das strenge Zeitreglement in diesen "Arbeitshäusern" nahm oft die Zeiteinteilung der viel später einsetzenden Fabrikarbeit schon einmal vorweg. Das Amsterdamer Modell verbreitete sich schnell über den Kontinent, um 1700 hatten viele große Städte ihre eigenen Besserungshäuser. Diese Zuchthäuser waren besonders in Norddeutschland bei den Hansestädten geschätzt. Lübeck startete eine derartige Einrichtung 1601. Der Stadtrat von Bremen schrieb 1604 nach Amsterdam mit Bitte um mehr Informationen über ein solches Zuchthaus; 1621 befahl Gustav Adolf, König von Schweden - es war die Zeit des 30jährigen europäischen Konfessionskrieges -, daß in Stockholm ein Zuchthaus eingerichtet würde, das von Deutschen verwaltet werden sollte, und traf ähnliche Anordnungen für alle schwedischen Provinzen. Im Jahre 1700 hatten 15 deutsche Städte entsprechende Einrichtungen. Es ging dann schnell weiter. 1704 wurde unter Papst Clemens XI das Hospiz von San Michele in Rom für delinquente Jungen eingerichtet.

1744 verbot Friedrich der Große jede Art von Folter und ersetzte Verbannung durch Strafhaft in einer Festung oder einem Gefängnis. Das österreichische Gesetz von 1787 unter Josef II., das erste Strafgesetzbuch der Aufklärung, schaffte die Todesstrafe ab und führte die Gefängnisstrafe auf Zeit als die hauptsächlichste Strafart ein. In dem Versuch, Unsicherheit und Ungerechtigkeit zu überwinden, legten die Strafgesetzbücher der Französischen Revolution nach 1789 mit der besonderen Betonung der Legalität die genaue Strafzeit für die einzelnen Delikte fest, nahmen den Richtern die Möglichkeit flexibler Entscheidungen und schafften das Recht der Begnadigung ab. Das bayerische Strafgesetz von 1813, im wesentlichen von Anselm Feuerbach geschaffen, wurde zum Vorbild für die Gesetze in anderen deutschen Staaten; es stattete den Richter mit dem Recht aus, eine fixierte Strafzeit festzusetzen zwischen einem gesetzlichen Minimum und einem gesetzlichen Maximum und gewährte weitere Möglichkeiten, in bestimmten Fällen die Strafe zu verschärfen.

Anhand weniger Auszüge aus unserem jetzt geltenden Strafgesetzbuch (StGB, das ursprünglich am 15. 5. 1871 für das Deutsche Reich in Kraft gesetzt und seither häufig geändert wurde) zeige ich einige Fälle der Staffelung, um den strafgesetzlichen Umgang mit Zeitrahmen zu erläutern. Wichtig ist für die Beurteilung immer, inwieweit zeitliche Ober- oder Untergrenzen gesetzt werden. Alle §§ stammen aus dem StGB.

Beispielhaft im Strafgesetzbuch (StGB) angedrohte zeitige Strafen

Einfache Körperverletzung (§ 223)	Freiheitsstrafe bis zu drei Jahren oder Geldstrafe
Gefährliche Körperverletzung (§ 223 a)	Freiheitsstrafe bis zu fünf Jahren oder Geldstrafe
Körperverletzung mit schweren Folgen (§ 224)	Freiheitsstrafe von einem Jahr bis zu fünf Jahren

Einfacher Diebstahl (§ 242)	Freiheitsstrafe bis zu fünf Jahren oder Geldstrafe
besonders schwerer Fall des Diebstahls (§ 243 I)	Freiheitsstrafe von drei Monaten bis zu zehn Jahren
Diebstahl mit Waffen (§ 244)	Freiheitsstrafe von sechs Monaten bis zu zehn Jahren

Raub (§ 249 I)	Freiheitsstrafe nicht unter einem Jahr
Schwerer Raub (§ 250)	Freiheitsstrafe nicht unter fünf Jahren
Raub mit Todesfolge (§ 251)	lebenslange Freiheitsstrafe oder Freiheitsstrafe nicht unter zehn Jahren

Totschlag (§ 212 I)	Freiheitsstrafe nicht unter fünf Jahren
Mord (§ 211)	lebenslange Freiheitsstrafe

Brandstiftung (§ 308)	Freiheitsstrafe von einem Jahr bis zu zehn Jahren
Fahrlässige Brandstiftung (§ 309)	Freiheitsstrafe bis zu fünf Jahren oder Geldstrafe
Schwere Brandstiftung (§ 306)	Freiheitsstrafe nicht unter einem Jahr
Besonders schwere Brandstiftung (§ 307)	lebenslange Freiheitsstrafe oder Freiheitsstrafe nicht unter zehn Jahren

Ein Gefängnis spiegelt nicht nur soziale Probleme der Gesellschaft verschärft wider. Auch dort schematisch verbrachte Zeit füllt sich zu erlebter Zeit. Es kommt auch zu mancher nicht eingeplanten menschlichen Interessenverknüpfung. Dafür sei nur ein nicht untypisches Beispiel aus einer extremen Lage geschildert. Das Kriegsverbrechergefängnis in Berlin-Spandau war überbewacht, überreglementiert, durch Sprechverbot zwischen Wärtern und Gefangenen und durch persönlichen und politischen Hader zwischen dem Personal der verschiedenen Sieger- und Aufsehermächte gekennzeichnet. Dennoch kann Albert Speer auf einem seiner fünfundzwanzigtausend aus dieser Situation herausgeschmuggelten Zettel von der Manie des

Mithäftlings Baldur von Schirach (Häuptling der Hitler-Jugend) zur Spinnenfütterung und der allgemeinen Jagd nach kleinen Futtertieren berichten: "Gemeinsam im Gras auf den Knien verfolgten heute ein amerikanischer, ein französischer, ein russischer Wärter und Schirach einen Grashüpfer!" [11)]

Zeit ist das, was man daraus macht. Das lehrt auch Albert Speer. Der lange hitler-hörige Architekt und Organisator der Schlußphase des Nazireichs legte in Spandau Gärten an und schrieb u.a. seine "Spandauer Tagebücher". Wer jemals länger im Gefängnis verweilen muß, mag sich aus der Gefängnis-Bibliothek dieses Buch bestellen, denn es enthält beherzigenswerte Anregungen von einem Betroffenen, wie man seine Zeit fest programmiert und sich im Gefängnis (welcher Art auch immer) vor dem geistigen und körperlichen Verfall bewahren kann.

Das Strafrecht gießt gemessene Schuld in einen Meßbecher oder -eimer von Zeit. § 46 I, 1 StGB sagt über die Grundsätze der Strafzumessung: "Die Schuld des Täters ist Grundlage für die Zumessung der Strafe." Der folgende Satz gießt vermutete Wirkungen in die gleichen Behälter: "Die Wirkungen, die von der Strafe für das zukünftige Leben des Täters in der Gesellschaft zu erwarten sind, sind zu berücksichtigen."

5. Lange und lebenslange Haft

In unserem von der Todesstrafe befreiten Strafrecht wird Strafe in Maßeinheiten von Zeit, schuldangemessene Verbüßungsdauer also in Tagen, Monaten und Jahren gemessen. Das ist besonders dann, wenn Grundsätze des zeitigen Strafens auf lebenslanges Strafen und auf Fragen der Strafaussetzung zur Bewährung übertragen werden, nicht frei von menschlichen, logischen und verfassungsrechtlichen Problemen.

Wieweit nach der Abschaffung der Todesstrafe die Strafhaft, insbesondere wenn sie sehr lange dauert oder lebenslang währt, den Gefangenen in seiner Menschenwürde verletzt, ist immer wieder

---

11) Albert Speer: Spandauer Tagebücher, 1974, S. 442

diskutiert worden. In ständiger Rechtsprechung geht das Bundesverfassungsgericht davon aus, daß die für Mord angedrohte lebenslange Freiheitsstrafe nicht gegen das Verbot schuldangemessenen Strafens verstößt, doch sei der Staat verpflichtet, dem Verurteilten die Chance zu geben, die Freiheit wieder zu gewinnen (BVerfGE 45, 187, 228f., 253ff.; 86, 288, 312). In einem umfangreichen Urteil vom 21.6.1977 hat sich der Erste Senat des Bundesverfassungsgerichts (BVerfGE 45, 187-271) mit verfassungsrechtlichen Fragen der lebenslangen Freiheitsstrafe für Mord auseinandergesetzt. Er hatte zuvor den Verfassungsorganen des Bundes und der Länder Gelegenheit zur Äußerung gegeben, Stellungsnahmen der fünf Strafsenate des Bundesgerichtshofs erhalten, von den Landesregierungen umfangreiches Material über Verhängung, Vollzug und Auswirkungen der lebenslangen Freiheitsstrafe sowie zur Gnadenpraxis herangezogen, in der mündlichen Verhandlung zu verschiedenen einzeln ausformulierten Fragen zwölf Sachverständige gehört und sich zudem ausführlich mit einschlägiger Literatur einschießlich einer noch nicht veröffentlichten Dissertation beschäftigt. Es stellte seiner Entscheidung unter anderem die folgenden zusammenfassenden Leitsätze voran:

"1. Die lebenslange Freiheitsstrafe für Mord (§ 211 Abs. 1 StGB) ist nach Maßgabe der folgenden Leitsätze mit dem Grundgesetz vereinbar. 2. Nach dem gegenwärtigen Stand der Erkenntnis kann nicht festgestellt werden, daß der Vollzug der lebenslangen Freiheitsstrafe gemäß den Vorschriften des Strafvollzugsgesetzes und unter Berücksichtigung der gegenwärtigen Gnadenpraxis zwangsläufig zu irreparablen Schäden psychischer oder physischer Art führt, welche die Würde des Menschen (Art. 1 Abs. 1 GG) verletzen. 3. Zu den Voraussetzungen eines menschenwürdigen Strafvollzugs gehört, daß dem zu lebenslanger Freiheitsstrafe Verurteilten grundsätzlich eine Chance verbleibt, je wieder der Freiheit teilhaftig zu werden. Die Möglichkeit der Begnadigung allein ist nicht ausreichend; ..." (BVerfGE 45, 187)

In einer ebenfalls auffällig ausführlichen Entscheidung des Zweiten Senats vom 3. Juni 1992 (BVerfGE 86, 288-369) ging es um die Zuständigkeits- und Verfahrensregelungen zur Aussetzung des Restes einer lebenslangen Freiheitsstrafe zur Bewährung. Das Verfassungsgericht stellte nicht nur erneut fest, daß die Vollstreckung einer Freiheitsstrafe stets einen Eingriff in die durch Art 2 Abs. 2 GG verfassungsrechtlich garantierte Freiheit der Person darstellt (BVerfGE 86, 288, 326). Es betonte zudem ausführlich, die Gewährung der Rechtssicherheit verböte, den Gefangenen einfach im Ungewissen über die Dauer seiner Freiheitstrafe zu lassen (S. 327). Denn "seine notwendige Mitarbeit an seiner Wiedereingliederung als dem Ziel des Behandlungsvollzugs bedarf der Motivation durch eine Konkretisierung der Entlassungschance auch in zeitlicher Hinsicht. Je näher das Ende der Mindestverbüßungszeit von 15 Jahren rückt, um so quälender kann die Ungewißheit werden, wann mit Rücksicht auf die Schwere der Schuld eine Aussicht auf bedingte Entlassung besteht" (S. 327). Diese Entlassung muß langfristig, in der Regel über mehrere Jahre, vorbereitet werden (S. 328). In den Stellungnahmen der Länder wurde die Ungewißheit über den Zeitpunkt der Aussetzung "insbesondere als Problem der Entlassungsvorbereitung gesehen" (S. 329). Auch hier geht es wieder um ein vielfältig verflochtenes gesetzliches System zur Regelung von Schuldschwerefragen durch Zeitfristentscheidungen. Die Rechtssicherheit als Teil des Rechtsstaatsprinzips, langfristige Zeitplanungen im Vollzug und die Koordinierung von Zeit- und Schuldzuweisungen zwischen Gericht und Anstalt erfordern eine Feinabstimmung, die nicht zu Lasten des Gefangenen vernachlässigt werden darf. Sonst kommt es zu Fällen, wie sie dem Verfassungsgericht aus dem Land Berlin berichtet wurden, "in denen die Strafvollstreckungskammer den von der Justizvollzugsanstalt notwendigerweise nur *eingeschätzten* möglichen Entlassungszeitpunkt nicht akzeptiert hat und daraufhin von der Justizvollzugsanstalt die Ablösung des Gefangenen vom Freigang verfügt werden mußte, da der Entlassungszeitpunkt nunmehr wieder ins Ungewisse gerückt war" (S. 330).

Verschiedentlich wird eine gesetzliche Festlegung einer generellen Obergrenze für die maximal zu verbüßende Zeit der lebenslangen Freiheitsstrafe gefordert. Das hielt das Gericht im Zeitpunkt seiner Entscheidung trotz des Bestimmtheitsgebots von Art. 103 Abs. 2 GG aber nicht für entscheidungsnotwendig.

In seiner mitveröffentlichten abweichenden Meinung weist der Bundesverfassungsrichter Vizepräsident Mahrenholz darauf hin, die Entscheidung führe "in ein Dilemma": Wenn man die lebenslange

Freiheitsstrafe für Mord den Grundsätzen einer schuldangemessenen Strafe wie bei zeitigen Freiheitsstrafen unterwerfe, dann werde aus der lebenslangen Mordstrafe eine "Freiheitsstrafe von mindestens 15 Jahren", deren zusätzliche Länge dann wieder von der besonderen Schwere der Schuld bestimmt werde (S. 341). Mahrenholz erinnert am Ende seines Votums daran, daß das Fehlen einer gesetzlichen Obergrenze für die Verbüßung einer lebenslangen Freiheitsstrafe ein Grundrechtsproblem sei, und schließt mit dem fordernden "Hinweis, dem Problem der lebenslangen Freiheitsstrafe als absolut angedrohter nicht weiter auszuweichen." (S. 354).

6. Zeit als Lebensstrafe - Leben als Zeitstrafe

Besonders einfühlsam ging eine englische Studie unserer Frage nach, wie sich extrem lange Haft auswirke. Sie stützt sich vorwiegend auf Erkenntnisse von Betroffenen aus dem Sicherheitstrakt, der nach einem berühmten Eisenbahnüberfall für die Räuber im Gefängnis Durham 1965 eingerichtet wurde. [12] Für uns ist Zeit ein knappes Gut, das wir manchmal einfach nicht zur Verfügung haben und manchmal auch verschwenden, immer aber als Währung der Planung und Gunst benutzen. Im Gefängnis ist Zeit wegen ihres leeren Überflusses das Hauptproblem. Sie wird nicht genutzt, sondern "totgeschlagen", "geschoben", "abgesessen" oder "abgerissen". Nach englischem Sprachgefühl wird sie, noch inhaltloser, im Gefängnis einfach (weg)gemacht: *"doing time"*.

Wer einen schweren Schicksalsschlag im persönlichen, im familiären oder im beruflichen Teil seines Lebens erleidet, wird meist versuchen, Kraft und Entlastung in einem unbelasteten Bereich zu finden. Wer lebenslänglich ins Gefängnis kommt und dort vielleicht zwei Jahrzehnte bleibt, hat keinen derartigen Bereich mehr. Frau und Haus, Kinder und Arbeit, gesellschaftliches Leben und Freunde

---

12) Stanley Cohen, Laurie Taylor: Psychological Survival. The Experience of Long-Term Imprisonment. New York: Pantheon Books 1972, S.12 f. Die folgenden Ausführungen stützen sich auf Anregungen aus diesem Buch, besonders der Abschnitte "Time as a Problem", S. 87 ff, "The Present and the Future", S. 90 ff und S. 104.

bleiben nicht so, wie man sie verließ, falls von ihnen überhaupt etwas bleibt. Von vielen sinnlichen und geistigen Reize sind Gefangene bewußt depriviert. Das Leben, das sie einmal mit Tageseinteilung, Kalenderplanung und Zukunftsperspektiven zum Abschluß ihrer zeitfreien Kindheit in mühevollen Jahren der Sozialisation lernen mußten, hat seinen Sinn verloren. Während wir unser Gestern und Morgen mit erlebnishaften Vorstellungen markieren, ist das Gefängnis durch die Gleichtönigkeit des Stillstandes, durch die Unterschiedslosigkeit zwischen gestern, heute und morgen gekennzeichnet. Den Gefangenen wurde ihre Zeit als Quelle zum Leben genommen, stattdessen erhielten sie Gefängniszeit als Strafe und als Kontrolle, der sie unterworfen sind, anstatt sie nutzen zu können (aaO. S. 89).

Der Langstrafer kann angesichts der Bedeutungslosigkeit von Lebensplänen aufgeben, oder er kann sich wie besessen mit der Zukunft beschäftigen: qualvoll bleibt die Zeitthematik in jedem Fall (S. 92). Für uns ist Zeit in ihrer Flüchtigkeit real. Im Gefängnis ist Zeit für Langstrafer unterdrückt, unwirklich. Sie können nur für den Augenblick leben. Darin besteht eine mögliche Überlebenskunst: Unbegreifliche fünfzehn Jahre in fünf Abschnitte von drei Jahren einzuteilen, einen langweiligen Tag in bewußte Unterabschnitte zu zergliedern, eine leere Stunde krampfhaft mit Momenten voller Inhalt zu füllen. Während wir nach unseren Lebensplänen wohl Gedanken formulieren, wieweit das Leben noch vor einem oder bereits hinter einem Menschen liege, muß der Langstrafer seinen Lebensinhalt mit der Gefängniszeit gleichsetzen, wenn er sich nicht auf exotische Phasen vor der Einlieferung oder nach der Entlassung konzentriert. Zeit haben wir eingangs mit Leben gleichgesetzt. Selbst für den bewußt *lebenslänglich* Einsitzenden ist der Gedanke, daß er *sein Leben* ein- oder absitzt, in dieser Unerträglichkeit kaum denkbar, wie auch der Gedanke an das Sterben im Gefängnis lieber fernen Entlassungsphantasien über das Leben "nachher" weichen soll. Diese Hoffnung ist ein Lebenselexier.

Zeit, in diesem Beitrag als menschliche Syntheseleistung und als Ordnungsgeber vorgestellt, will markiert und in ihrem Ablauf bestimmt werden. Dies wird uns als Selbstverständlichkeit aufgezwungen durch Nachrichtenmedien wie *Zeit*ungen und andere soziale Zeitgeber, durch die wechselnden Inhalte von Arbeitsalltag, Freizeitstress und Ruhepausen, durch die Entwicklungen von Karriere und Familie. Im Gefängnis ist das Markieren von Zeit eine mühevolle Aufgabe zur Selbsterhaltung des eigenen Lebensbewußtseins. Dabei ist es mit der Strichliste an der Zellenwand für abgehakte und ausgekreuzte Tage kaum getan. Man muß wissen, wozu man die Kreuze macht. Nur um festzustellen, daß hundert oder tausend Tage vergangen sind und ein Siebtel davon Sonntage gewesen sein müssen? Es gibt keine Chronologie äußerer Ereignisse, abgesehen von nicht planbaren Zugängen oder Abgängen von Mithäftlingen, Verlegungen und dem Wechsel von Personal. Besuche von Verwandten, Freunden und Anwälten können Ereignisse sein. Da dehnt und konzentriert sich Zeit in der Vorbereitung und Nachbearbeitung des Höhepunkts wie in einer sich auf- und entladenden Zieharmonika. Aber solche Besuche hören auf.

Besonders deutlich wird die Diskrepanz zwischen den Wohltaten eines Zeitplanungshorizonts und der qualvollen Leere perspektivloser Zeitlosigkeit [13] in US-amerikanischen Staaten, die *"indeterminate sentences"* (zeitlich nicht fixierte Haftstrafen) verhängen. Hier sollen die Entscheidungsorgane die Möglichkeit nutzen, für den Entlas-

---

13) Entsprechendes gilt wohl für Patienten in bestimmten Kliniken und überhaupt alle, die in unerwünschter Insassenschaft nicht wissen, wann sie entlassen werden. Ein Soziologe berichtete aus einem Tbc-Krankenhaus anschaulich, wie die Unklarheit über den Entlassungszeitpunkt zu ganz verzweifelten Aktivitäten führt: Ärzte, Krankenschwestern und andere Patienten werden immer wieder befragt und die erhaltenen recht vieldeutigen Informationsstückchen als gewichtige Hinweise gedeutet. Der Hunger nach einem Zeitplan läßt die Patienten mit den Ärzten über Art und Ausmaß ihrer Fortschritte handeln, um dann vielleicht überhaupt ein oder ein früheres Entlassungsdatum aushandeln zu können (Julius Roth: Timetables. Indianapolis: Bobbs-Merril 1962). -

Während der Überarbeitung des obenstehenden Textes war dieser Autor nach einer in ihren Folgen erst einmal unglücklich verlaufenen unnötigen Schulteroperation monatelang arbeits- und schreibunfähig. Irgendeine Perspektive, ob und wenn dann wann der Zustand der Verkrüppelung zurückgehen und eine gewisse Beweglichkeit wieder erlangt werden könne, sei es in der Klinik oder im ambulanten Hausarrest, war nicht zu erlangen. Da lesen sich Reportagen von anderen Kranken, die während ihrer zeitlichen Entmündigung mit allen möglichen Kunststückchen einen Planungshorizont zurückgewinnen oder konstruieren wollen, plötzlich bedrückend lebensnah.

sungszeitpunkt die Entwicklung des Gefangenen während der Haft zu berücksichtigen. Die Gefangenen fühlen sich der zusätzlichen Tortur zur Gängelung ihres Wohlverhaltens ausgesetzt, wenn ihnen mögliche Entlassungszeitpunkte angekündigt oder vorenthalten werden.

Da Gefangenschaft, sei es im Gefängnis, Straf- oder Konzentrationslager eine gewaltsame Unterbrechung des Lebensflusses bedeutet, wollen fast alle Betroffenen nach dieser Unterbrechung genauso herauskommen, wie sie eingeliefert wurden, also weder körperlich abgeschlafft noch geistig ermüdet. Darum drehen sich ihre größten Sorgen. Die Zeit während des Ausstiegs aus der Zeit gilt und zählt nicht. Sie treiben Bodybuilding, um Identität zu markieren, wo es an äußeren Statussymbolen gebricht, und eben um die Kraft für "später" festzuhalten. Auch Sportler in Krankenhäusern und Rehabilitationskliniken wollen möglichst bald den Zustand vor ihrem verletzungsbedingten Ausscheiden wieder erlangen, um nach der Unterbrechung genau dort weiterzumachen, wo sie seinerzeit standen.

Im Markieren und im Verstreichen von Zeit sammeln sich die wesentlichen Probleme im Leben von Langzeithäftlingen. Zeit stellt sich als *das Problem* dar, mit dessen Belastung sie ja ausdrücklich bestraft wurden. Man kann sie nicht als Ressource nutzen, muß stattdessen über sie nachdenken. Wer hingegen irgendwann aufgibt, fällt in den Abgrund des Dahinvegetierens, eine Furcht, deren Berechtigung alle Langstrafer erleben, wenn sie nur um sich schauen.

7. Einsamkeit als Besinnungsraum

Einige Menschen begeben sich freiwillig in die Abgeschlossenheit. Das Wort Mönch leitet sich ab von griechisch *mónos*, "allein". Der Mönch verläßt sein weltliches Leben, seine Familie und seine Arbeit, um nach geistlicher Vollkommenheit zu streben. Er zieht als Einsiedler in die Wälder, in die Wüste oder an einen anderen einsamen Ort. Er gibt als Wanderasket die Seßhaftigkeit auf. Oder er lebt zusammen mit anderen Mönchen in einer neuen klösterlichen Welt. Der Mönch ist Asket: Griechisch *askésis* bedeutet ursprünglich Übung, Pflege: tägliche Praxis eines Lebens, das zur Heiligung führt; Sich-Fernhalten von Lebensumständen, die als schädlich dafür angesehen werden. Stundengebet, Meditation, Beichte, körperliche Arbeit gehören zu der guten Praxis. Wesentlich ist der bewußte Umgang mit den eigenen Bedürfnissen nach Nahrung, Sexualität, materiellem Besitz und Macht, sei es durch Fasten, Enthaltsamkeit, freiwillige Armut und Gehorsam, sei es durch Läuterung dieser Bedürfnisse.

In seinem Buch über *Weltfremdheit* hat sich der Philosoph Peter Sloterdijk eingehender mit unserem Thema befaßt. Es geht ihm um die Frage, was die Wüste für die Mönche bedeutet, und wohin der Mensch "umsiedeln" könne. Das Prinzip Wüste erstarkte in dem Augenblick, in dem das Christentum aufgehört habe, Widerstandsreligion zu sein; nach dem Ende der Märtyrerzeit erst entfalte sich das psychagogische und psychopolitische Potential monotheistischer Menschenformungstechniken in seinem vollen Ernst. *"Wer in die Wüste geht, sucht den Raum auf, der sich wie kein anderer dazu eignet, von einem Weltort aus die Welt zu minimieren. Die Wüste ... ist ... wie ein leeres kosmisches Therapiezimmer, das für die Inszenierung der Seele offensteht. Sie ist purer Projektionsraum, in dem die Selbst- und Gotteserfahrung samt dem, was sie stört und hintertreibt, zum Auftauchen gebracht werden kann."* [14]

Stifter und Erneuerer von Religionen sind in die Wüste und Einsamkeit gegangen, um dort Kraft zu holen. Jesus von Nazareth verbrachte vierzig Tage in der Wüste vor Beginn seiner Öffentlichkeitsarbeit. Milarepa, der Erneuerer des tibetischen Buddhismus, verbrachte zwei Jahre in einer Höhle. Die indische Kultur kennt für ihre Yogi Ausbildungswege, auf denen drei Jahre, drei Monate und drei Tage in völliger Abgeschiedenheit durchlebt werden müssen. Benedikt von Nursia (gest. nach 547), der das moderne christliche Klosterleben einrichtete, weil er das unstete mönchische Herumvagabundieren verabscheute, begann seine Regel mit der Aufforderung zur inneren Ruhe und Achtsamkeit: "Horche, neige das Ohr Deines Herzens!" Immer geht es dabei auch um eine erhöhte Wachheit durch das Schärfen der Sinne. Unsere moderne Kultur horcht nicht mehr und reduziert Wahrnehmung mit Vorliebe auf den Sinn des Sehens. Wer

---

14) Peter Sloterdijk: Weltfremdheit. Frankfurt/M.: Suhrkamp 1993, S. 87, 94

auf der Sinnsuche ist, dem muß man beibringen, sich all seiner Sinne zu bedienen. Dann mag er auch im Leben Sinn finden. Das ist ein Schlüsselerlebnis für Lebensweisheit und ein Einstiegsgedanke für Erlebnispädagogik.[15] Aus dem schon erwähnten Benediktinerorden mahnt heute der von vielen Religionsgemeinschaften beachtete David Steindl-Rast mit Hinweisen wie: "Wenn wir Sinn finden wollen im Leben, müssen wir mit den Sinnen beginnen." - "Wir sind selber der Sinn dessen, was wir sinnlich erfahren. Wenn uns das klar wird, finden wir durch unsere Sinne Sinn. Sinn wird, wenn wir selber Sinn werden." - "Was nicht im Erleben wurzelt, ist ja nur Scheinwissen."[16]

Christliches Mönchtum begann in der Ostkirche. Als Erzvater mönchischer Tradition gilt seinen Nachfolgern Antonius. Er soll 251 in Mittelägypten geboren sein, seit 270 dort als Eremit gelebt haben; 285 zog er in die Wüste. Der Mönch Bonifatius stammte aus Wessex in England. Er fällte 723 im Hessenlande die Eiche Thors, des Tagespatrons der Donnerstage, und erhielt 754 von Friesenhand den (wahrscheinlich lang erhofften) Märtyrertod. Bonifatius, Apostel der Deutschen, wuchs in einer spirituellen Tradition auf, die aus Irland kam und sich aus druidisch-keltisch-christlichen Elementen zusammensetzte. Aus dieser mönchischen Tradition bezog er seine Kraft und Energie. Grundlage war der mönchische Wunsch zur *peregrinatio*, zur Wanderschaft in der Nachfolge Jesu Christi, der keinen Ort hatte, wohin er sein Haupt legen konnte. Darum gingen die frühen Mönche in die Wüste (nicht etwa unter die Leute, eher unter die Dämonen - wie Antonius auf dem berühmten Bild des Isenheimer Altars). [17]

---

15) Vgl. auch Kurt Weis: "Vom gesellschaftlichen Erleben zum Erlebnisverlust in der Erlebnisgesellschaft. Individualisierung und Suche nach Wirklichkeit." In: Bernd Heckmair u.a. (Hrsg.): Die Wiederentdeckung der Wirklichkeit. Erlebnis im gesellschaftlichen Diskurs und in der pädagogischen Praxis. München: Verlag Sandmann / Praktische Erlebnispädagogik 1995, S. 41-71, 48 f.

16) David Steindl-Rast: Die Achtsamkeit des Herzens. München: Goldmann, 2. Aufl. 1993, S. 40 f.

17) Vgl. zu allem ausführlicher die noch unveröffentlichte Arbeit des Münchner Religionswissenschaftlers Christoph Bochinger: Columban - Mönch und Zeitwende

Demgegenüber will unsere Zeit und ihre pausenfreie Non-Stop-Gesellschaft wie keine in der Menschheitsgeschichte zuvor mit ihren Zwängen der Arbeitsbelastung, dauernden Informationsberieselung und Unterhaltungsablenkung uns nicht mehr zur Ruhe und Besinnung kommen lassen. Nur manchmal werden die Folgen griffig zusammengefaßt, wenn etwa von Jean Gebser die Sätze *"ich habe keine Zeit"*, *"ich habe keine Seele"* und *"ich habe kein Leben"* als inhaltlich gleich erkannt wurden.[18] Die Sehnsucht der letzten Jahrzehnte nach Entschleunigung und Beruhigung und die Suche nach einer gemäßigten Zeitpolitik und bewußteren Zeitkultur manifestierten sich auch in den teils märchenhaften Bestsellern einer neuen Subkultur wie etwa in Michael Endes *"Momo oder die seltsame Geschichte von den Zeit-Dieben und dem Kind, das den Menschen die Zeit zurückbrachte"* oder Stan Nadolnys *"Die Entdeckung der Langsamkeit"*. Nach dem Zusammenbruch des Ost-West-Konflikts und den seither hemmungslosen wirtschaftlichen und informations- und kommunikationstechnologischen Globalisierungsschüben sind wir in einen neuen Entwicklungsstrudel geraten. Die jetzt weltweite westliche Zivilisation, auch unsere Dynamisierung von Zeitvorstellungen und die zunehmende Beschleunigung alles gesellschaftlichen, wissenschaftlichen, kulturellen und sozialen Lebens, sind deutliche Absagen an die Prinzipien der Wüste, der Besinnung und der schöpferischen Pause.

Sloterdijk erläutert: *"Diese Entscheidung vollzog sich über eine Serie von Schritten, die sich wie eine konsequente Zurücknahme des anachoretischen Extremismus lesen lassen. Von ihnen sind hier nur drei zu nennen: die Zurückdrängung der Solitär zugunsten der klösterlichen Gemeinschaften; die Verstärkung der Dimension Arbeit in den westlichen Regeln; der protestantische Klostersturm und die Ächtung der vita contemplativa durch die moderne bürgerliche Produktionsgesellschaft."* Diese Absage an das Prinzip Wüste sitzt so tief, *"daß die meisten Zeitgenossen des 20. Jahrhunderts das Wort Weltflucht für eine Krankheitsbezeichnung halten."* ... *"Das 20. Jahrhundert ist von den Zellen so weit entfernt, daß es sich nicht einmal*

---

18) Jean Gebser: Ursprung und Gegenwart, 2. Teil. München: Deutscher Taschenbuch Verlag, 2. Aufl. 1986, S. 387. Rudolf Hämmerli (Hrsg.): Jean Gebser - Einbruch der Zeit. Schaffhausen: Novalis Verlag 1995, S. 89

mehr daran erinnert, wogegen sich die moderne Welt einst aufbauen mußte. Die säkulare Gesellschaft lehnt den westlichen Monastizismus ab, der seinerseits den Orient und die Wüste abgelehnt hatte. Unter diesen Bedingungen scheint die Frage, wohin die Mönche gehen, ihren Sinn zu verlieren. Der moderne Westen hat keine Mönche, und die letzten Mönche haben keine Wüste." [19]

Zur Zeit üben für viele Christen und Atheisten, für katholische Mönche, evangelische Geistliche und für längst aus den Kirchen ausgetretene Freidenker fernöstliche Meditationskünste einen modischen Sog aus. Man sucht dort, was man hier nicht mehr zu finden weiß. Ich erwähne nur die überfüllten Kurse für die körperlich anspruchsvolle Sesshin-Praxis des buddhistischen Zen, eine Woche lang schweigend von morgens fünf bis abends neun regungslos am Boden zu sitzen, mit kurzen Unterbrechungen alle halbe Stunde. Zen ist an Disziplin und Ritual, aber nicht an Raum und Zeit gebunden.

Doch der Blick nach innen und der Weg in die innere und damit wohl wirkliche Freiheit öffnet sich nicht von selbst. Der Vorhang weht wohl manchmal, aber er reißt nicht von selbst auf. Der Weg in das Erwachen und in die Freiheit setzt, paradox wie es klingen mag, die fortwährende Übung und die harte Disziplin voraus. Erst die zeitfüllende Beeinflussung über die körperliche Ebene führt zur zeitlosen Freiheit von Körper, Geist und Seele.

8. Zeit im Gefängnis - Eigentherapie der Eingesperrten

Denn Wüste kann überall sein. Die Übung der Besinnung, des Loslassens und die Erfahrung des Erwachens ist überall und jederzeit möglich, dazu bedarf es keiner Reise nach außen, sondern des Blicks nach innen. Das ist im eigenen Kämmerlein, in der Ruhe des Klosters und der haßerfüllten oder resignationsbedrohten Atmosphäre des Gefängnisses möglich. Der ägyptische Staatspräsident Anwar el Sadat, der 1978 den Friedensnobelpreis erhielt und 1981 ermordet wurde, schreibt in seiner Autobiographie mit dem ungenauen deutschen Titel

---

19) Peter Sloterdijk: Weltfremdheit (Fn. 14), 1993, S. 105

"*Unterwegs zur Gerechtigkeit. Die Geschichte meines Lebens*" und dem zutreffenden amerikanischen Originaltitel "*In Search of Identity*", wie er in den Gefängnissen zu sich selbst gefunden und die Kraft für seine spätere organisatorische, militärische und politische Tätigkeit errungen hat, die letztlich zur ägyptischen Selbstachtung und zum ägyptisch-israelischen Frieden führte.

Über "Die Befreiung des 'Selbst' in Zelle 54" lesen wir: "*Ich lebte achtzehn Monate in dieser gräßlichen Zelle ohne lesen, schreiben oder Radio hören zu können. Mir wurde alles verweigert: von einer einfachen Lampe bis zu allem übrigen.*" ... "*Zwei Orte in der Welt machen es einem Menschen unmöglich, vor sich selbst davonzulaufen: das Schlachtfeld und eine Gefängniszelle. In der Zelle 54 hatte ich nur mich selbst als Gesellschafter, Tag und Nacht. Und es war nur natürlich, daß ich dieses mein 'Selbst' nun kennenlernte ... Nun, in der völligen Abgeschlossenheit der Zelle 54, in der ich keinerlei Verbindungen mit der Außenwelt besaß ... war paradoxerweise das einzige Mittel, meine Einsamkeit zu durchbrechen, die Gesellschaft jener inneren Einheit zu suchen, die ich das 'Selbst' nenne. Das war nicht leicht. Eine Barriere schien zwischen uns zu stehen. Es gab Gebiete des Leidens, die dieses 'Selbst' im Dunkel hielten, Schatten, die mein Denken bedrängten und die Schwierigkeiten der Selbsterkenntnis verschärften.*" ... "*Ich hatte schließlich mich selbst kennengelernt. Mir war endlich bewußt geworden, was ich tun konnte und was ich niemals hinzunehmen imstande war. Auf diese Weise begann ich nun wie niemals zuvor den Weg klar vor mir zu sehen und die Schritte, die ich auf diesem Weg unternehmen mußte ... Nichts ist so wichtig wie Selbsterkenntnis. Sobald ich begriffen hatte, was ich wollte, und überwunden hatte, was ich nicht wollte, war ich mit mir selbst wieder versöhnt und lernte, im Frieden mit mir zu leben.*" [20]

Man könnte hier an mögliche Übergänge vom Gefängnis zum Kloster denken. In der Tat wird auch dieser Weg ganz vereinzelt beschritten. Drei Fälle möchte ich dazu ansprechen. Es handelt sich jeweils um wegen Mordes zu lebenslanger Haft verurteilte Täter, die sich im Gefängnis durch eine Umstellung ihres Denkens, Planens und

---

20) Anwar el Sadat: Unterwegs zur Gerechtigkeit. München: Goldmann Verlag 1979, S. 83, 89,91.

Verhaltens auf eine Zeit im Kloster nach ihrer Entlassung vor-
bereiteten. [21] Im ersten Fall ist der im Volksmund gern als "Heiliger
('hilliger') Leo" bezeichnete Gefangene wegen seiner evangelisch-
pietistisch geprägten Haltung zu dem Ergebnis gekommen, daß seine
jahrzehntelange Haft völlig zu Recht bestehe, er in dieser langen Haft
in seiner eigenen ungestörten Zelle eigentlich der Freie sei, während
alle anderen Bediensteten, die er mit Bibelzitaten zu missionieren
versucht, letztlich die Unfreien sind. Er leidet unter der Tatschuld,
könnte, falls er zustimmt, sofort entlassen werden und wird nach
seiner Entlassung in eine klosterähnliche kirchliche Einrichtung
gehen, die der evangelisch-pietistischen Tradititon folgt. Der zweite
Fall handelt von einem recht einfach strukturierten Mann mit
abnormer Persönlichkeit ohne Krankheitsbild, dem vor Jahrzehnten in
einem heute als unzutreffend eingeschätzten Gutachten eines
berühmten Psychiaters die volle Zurechnungsfähigkeit attestiert und
dadurch lebenslange Strafe zuerkannt wurde. Der Gefangene, früher
mal in einem Kloster gewesen, dann aus dem Orden und der
katholischen Kirche ausgeschieden, hat mit Unterstützung des katholischen Anstaltspfarrers den Weg zur katholischen Kirche zurück-
gefunden, sein Gefangenenleben immer stärker rituellen Gebetsübun-
gen zugewandt und dabei religiös zu argumentieren und kultisch-
religiös zu agieren gelernt. Er ist nach erneuter Begutachtung mit
positiver Prognose entsprechend der Entlassungsbedingung in ein
Kloster gegangen und hat sich als Bruder in das dortige Arbeitsleben
und die klösterliche Atmosphäre eingefunden. Im dritten Fall hatte
ein Polizeibeamter aus einem Sondereinsatzkommando nach medien-
trächtiger Verurteilung wegen Mordes nach Bankraub durch den
katholischen Anstaltspfarrer und einen bereits Ikonen malenden
Mithäftling den Zugang zur Ikonenmalerie gefunden. Auch durch das
damit verbundene notwendige umfangreiche Lesen religiöser Schriften kam der Exbeamte zu der Überzeugung, daß er zurecht verurteilt
sei. Er versuchte, sein Leben radikal zu ändern, arbeitete an seinen

---

21) Die anregenden Hinweise auf die im Text folgenden Fälle verdanke ich einem
ausführlichen Interview mit dem Präsidenten des Justizvollzugsamts Rheinland, Dr. Klaus Koepsel, am 9.3.1995 am Rande der Eickelborner Tagung
über "Die Länge der Zukunft - Die Zeit im Maßregelvollzug".

Ikonen nur in der Gefängnisfreizeit, schlug die ihm angetragene Publizität und geldbringende Verkäuflichkeit seiner von Experten hochgeschätzten Ikonen aus und lebt in seiner Zelle zufrieden und ausgeglichen. In kirchlichen Kreisen gilt er als Fall einer echten Bekehrung eines schwer sündig gewordenen Menschen, der sich - schlagwortartig zusammengefaßt - vom Verbrecher zum Heiligen wandelte. Die Ikonenmalerei führte zu Kontakten mit griechisch-orthodoxen Geistlichen. Nun ist ein kleines Kloster in Griechenland bereit, ihn als Einsiedler aufzunehmen. Da aber sein früheres Innenministerium wegen der Bedeutung seiner Tat die kirchlich betriebene Entlassung bislang ablehnt, was er nur als Gottes gerechten Willen ansieht, wird es noch eine Weile dauern, bis er seine deutsche Gefängiszelle mit der griechischen Klosterzelle vertauschen kann.

In den drei vorgenannten Fällen wurden die Täter jeweils zu lebenslänglicher Haft verurteilt. Die Frage, wieweit lebenslange Haft persönlichkeitszerstörend wirkt, ist immer wieder erörtert worden. Das Bundesverfassungsgericht wurde dazu oben schon zitiert. Eher selten sind hingegen die Fälle, in denen erst die durch die lebenslängliche Strafe ausdrücklich mitgeteilte Hoffnungs- und Ausweglosigkeit zum Besinnungswandel führte. Auch darüber erhielt ich Hinweise, die mir aus der Literatur nicht geläufig sind. Häufig werden ja zeitige Strafen, gleichgültig in welcher Höhe und Wiederholungsdichte verhängt, entweder mit der resignierenden Opferhaltung abgesessen, daß ohnehin "immer alle anderen immer alles schuld" seien, oder mit der selbstermutigenden Protesthaltung, daß man auch diese Zeit auf der berühmten einen Backe absitzen werde.

Unter den Lebenslänglichen gibt es jedoch Einzelfälle,[22] in denen Gefangene sich nach vielen Jahren Haft plötzlich zunehmend der Tatsache bewußt wurden, daß es überhaupt keinen Ausweg mehr gibt. Erst diese Ausweglosigkeit, die sie nach eigenem Eingeständnis nie aufgrund einer Zeitstrafe gespürt hätten, sei ihnen zum Ausgangs-

---

22) Diese anregenden Hinweise verdanke ich einem ausführlichen Interview mit der ehemaligen (i.R.) Leitenden Ärztin des Westfälischen Zentrums für Forensische Psychiatrie, derzeit psychiatrisch zuständig für die Lebenslänglichen in NRW, Frau Dr. Vera Schumann, am 9.3.1995 am Rande der Eickelborner Tagung über "Die Länge der Zukunft - Die Zeit im Maßregelvollzug".

punkt für die Lebensänderung geworden. Die Unausweichlichkeit, das ständige Auf-sich-geworfen-Sein, führte zu einer Selbstbesinnung, welche die Gefangenen angesichts einer Zeitstrafe wohl nicht zugelassen hätten. Natürlich darf man derartige beachtenswerte Ausnahmen wegen ihrer statistischen Irrelevanz nicht zur selbstentlastenden Rechtfertigung mißbrauchen, um Menschen lebenslang hoffnungslos und therapielos wegzusperren. Es bleibt schon bemerkenswert, daß es in unserer Gesellschaft und unserem Rechtssystem Institutionen gibt, die in zeitlos unbefristeter Endgültigkeit die Macht und Zuständigkeit besitzen zu entscheiden, wer wann lebenslang ausgesondert werden muß, kann oder darf.

Wir wollen uns noch einmal einem Gefangenen zuwenden, den es sicher nicht ins Kloster zog, der sich über seine lebenslängliche Verurteilung freuen mußte und dessen Reife weltberühmt wurde. Ein neben und nach Anwar el Sadat anderer Freiheitskämpfer, der wegen seines Kampfes für die Befreiung seiner Volksgenossen fast sein ganzes Leben im Gefängnis saß und anschließend ebenfalls Friedensnobelpreisträger und Staatschef wurde, ist der neue südafrikanische Präsident Nelson Mandela. In seiner unlängst erschienenen Autobiographie mit dem Titel "Der lange Weg zur Freiheit" schreibt er:

"Das Gefängnis beraubt den Menschen nicht nur der Freiheit, es sucht ihm auch die Identität zu nehmen." ... "Für die nächsten Wochen war ich völlig isoliert. Ich sah weder das Gesicht, noch hörte ich die Stimme eines anderen Gefangenen. Ich war 23 Stunden pro Tag eingesperrt, mit je einer halben Stunde körperlicher Übung morgens und nachmittags. Ich war nie zuvor in Einzelhaft gewesen, und jede Stunde erschien mir wie ein Jahr. In meiner Zelle gab es kein natürliches Licht; über mir brannte eine einzelne Glühbirne 24 Stunden am Tag. Ich hatte keine Armbanduhr, und oft glaubte ich, es sei mitten in der Nacht, obwohl es erst später Nachmittag war. Ich hatte nichts zu lesen, nichts, worauf oder womit ich schreiben konnte, und niemanden, mit dem ich hätte sprechen können. Der Verstand beginnt, sich mit sich selbst zu beschäftigen, und man wünscht sich verzweifelt etwas außerhalb von sich, auf das man seine Aufmerksamkeit richten kann. Ich habe Männer gekannt, die ein halbes Dutzend Hiebe der Einzelhaft vorzogen. Nach einiger Zeit in Isolation

genoß ich sogar die Gesellschaft von Insekten in meiner Zelle und ertappte mich dabei, daß ich im Begriff war, mit einer Kakerlake ein Gespräch aufzunehmen ... Nichts wirkt entmenschlichender als die Abwesenheit menschlicher Gesellschaft ... " [23]

Aus wichtiger Eigenerfahrung erläutert er: *"Ich war auf die Todesstrafe vorbereitet. Um wirklich auf etwas vorbereitet zu sein, muß man es tatsächlich erwarten. Man kann sich nicht auf etwas vorbereiten, während man insgeheim glaubt, es werde nicht geschehen. Wir waren alle vorbereitet, nicht weil wir mutig, sondern weil wir realistisch waren. Ich dachte an die Zeile aus Shakespeare: Sei unbedingt für den Tod; denn entweder wird der Tod oder das Leben süßer sein."*

Zwei Seiten später schreibt er von seinem Lächeln. Das Urteil lautete auf Lebenslänglich. Also Leben. Nicht Tod. Dann begannen die brutalen und schlimmen Jahre. *"Doch der menschliche Körper hat eine enorme Fähigkeit zur Anpassung an unangenehme Umstände. Ich habe festgestellt, daß man das Unerträgliche ertragen kann, wenn man die Stärke seines Geistes bewahren kann, auch dann, wenn der Körper gefordert wird. Starke Überzeugungen sind das Geheimnis des Überlebens."* ... *"Am Gefängnis ist nichts, was einen erfreuen könnte, mit einer möglichen Ausnahme. Man hat Zeit zum Nachdenken."*

Und Mandela beschäftigte sich. Hartes Sporttraining jeden Tag. Er schrieb seine Memoiren und schmuggelte sie heraus. Er legte einen Garten an, in dem er täglich arbeitete. Die Gefangenen versuchten, sich gegenseitig wie in einer Universität durch Kurse zu unterrichten. Mit anderen Worten: er versuchte immer, seine Zeit zu füllen und seinem Leben einen Sinn zu geben. Nach zehntausend Tagen, nach 27 Jahren Gefangenschaft wurde Nelson Mandela als 71jähriger 1990 entlassen. 1993 erhielt er den Friedensnobelpreis. Seit 1994 ist der Häuptlingssohn erster schwarzer Staatspräsident von Südafrika. [24]

---

23) Nelson Mandela: Der lange Weg zur Freiheit. Frankfurt/M.: S. Fischer Verlag 1994, S. 448, 449.

24) Mandela 1994, S. 504, 506, 577, 752.

HORST WILDEMANN

Zeit als Waffe im Wettbewerb

Zeitmanagement im Geschäftsprozeß. Zeitfallen und Zeittreiber. Die Bedeutung der Zeitreduzierung und Zeiteffizienz für die Logistik in Unternehmen

1. Zeit als Wettbewerbsfaktor

Viele Unternehmen erwecken den Eindruck, immer genügend Zeit zu haben, um die Dinge zweimal zu machen, nicht aber um sie einmal richtig zu tun. Der Faktor Zeit tritt jedoch bei einer kundennahen Marktbedienung gleichbedeutend neben die schon etablierten Wettbewerbsparameter Kosten und Qualität. Er ist eine Schlüsselgröße für die Gewinnung von Marktanteilen, die Kapitalbindung in der logistischen Kette, die Geschwindigkeit und Flexibilität bei der Umsetzung von Kundenwünschen in marktfähige Produkte, die Kundenbelieferung sowie für die Wirtschaftlichkeit und Rentabilität einer Unternehmung. Der Begriff "Zeit" wird hier verstanden als ein Maßstab für eine Umwandlung, wie die Umwandlung von einer Idee in ein Produkt, von einem Rohling in ein Fertigteil, von einem Kundenauftrag in die Bedarfsbefriedigung des Kunden. Das Management der Zeit befaßt sich somit mit der Gestaltung dieses Umwandlungsprozesses, so daß die richtigen Dinge richtig durchgeführt werden und dies beim ersten Mal zum richtigen Zeitpunkt. In der Vergangenheit herrschte in Produktion und Entwicklung eine reine Produktivitätsorientierung in Bezug auf die direkten wertschöpfenden

Tätigkeiten vor. Der Faktor Zeit wurde vor allem eingesetzt, um die Produktivität an den einzelnen Arbeitsplätzen zu erhöhen. Im Vordergrund stand die Beschleunigung der Bearbeitungszeiten, die intensive Nutzung des Zeitpotentials kapitalintensiver Kapazitäten sowie die detaillierte Abstimmung der Zeitdisparitäten einzelner Arbeitsschritte. Diese Strategie führte zu einer Beschleunigung der Bearbeitungsschritte und einer Reduzierung der direkten Fertigungskosten, hatte aber zur Konsequenz, daß der Zeitverbrauch in den indirekten Produktionsbereichen sowie in den Phasen der Produktentwicklung überproportional anstieg. Produktion und Entwicklung tendierten zu "Zeitvernichtungsmaschinen". Die Unternehmungen gerieten in eine doppelte Zeitfalle, die in Abbildung 1 schematisch dargestellt wird. Einerseits erfordern lange Durchlaufzeiten innerhalb der Wertschöpfungskette Prognosen, um die Produktionsprozesse überhaupt planen und steuern zu können. Diese sind bei dynamischen Umwelteinflüssen umso ungenauer, je länger die Durchlaufzeit und damit die Prognosestrecke ist. So kann beispielsweise kein Disponent exakt den Bedarf einer Produktvariante über einen Planungszeitraum von einem Jahr voraussagen, auch wenn er sich noch so detaillierter Prognosemodelle bedient. Die Erfüllung eines prognostizierten Bedarfs ist zufällig. Im Ergebnis führt diese Zeitfalle zu wachsenden Lager- und Sicherheitsbeständen, Fehlteilen, sinkendem Lieferservice und Nacharbeit.

Die zweite Zeitfalle resultiert aus der Verkürzung der Innovationszyklen und dem wachsenden Anteil der Entwicklungszeiten an der Produktlebenszeit. Sie äußert sich in dem Tatbestand, daß bei verkürzten Produktlebenszyklen denjenigen Unternehmungen, die einen zu späten Produkteinführungszeitpunkt wählen oder bei denen sich die Produktentwicklung verzögert, nur noch ein geringer Anteil am gesamten Markt verbleibt. Die Konkurrenz hat zu diesem Zeitpunkt bereits eine Erfahrungskurve durchlaufen und befindet sich daher in einer günstigen Kostensituation, die eine Preissenkung erlaubt. Späteinsteigern fehlt aufgrund des geringeren Marktpotentials oft die Möglichkeit, Erfahrungskurveneffekte zu realisieren. Hohe Stückkosten bei gleichzeitigem Preisverfall führen zu niedrigen Deckungsbeiträgen.

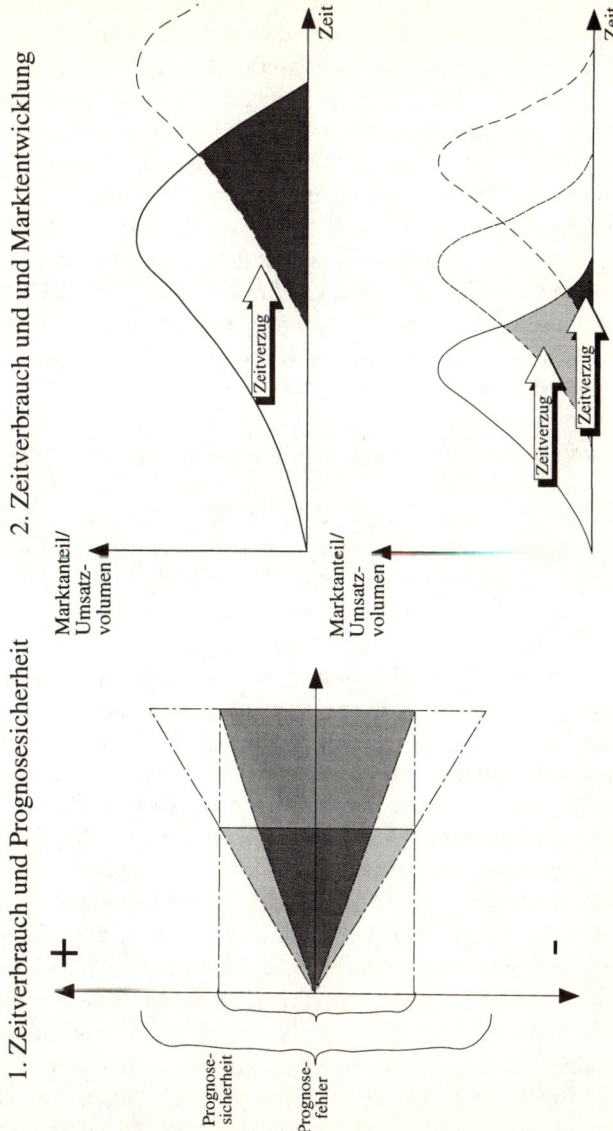

Abb. 1: Die doppelte Zeitfalle

Hieraus entsteht die Gefahr, daß sich die Forschungs- und Entwicklungskosten nur noch teilweise amortisieren lassen. Der Pionier ist daher in der Regel für längere Zeit Marktführer und das rentabelste Unternehmen auf dem Markt. Über diesen Marktaspekt hinaus hat die Verkürzung der Entwicklungszeit noch einen zweiten bedeutsamen Effekt: Das Unternehmen mit der kürzeren Entwicklungszeit kann den Markt länger beobachten, sich also besser auf die aktuelle Marktentwicklung einstellen. Dies führt zu einer Risikoreduktion bei der Produktdefinition. Um einer doppelten Zeitfalle zu entgehen, sind Maßnahmen erforderlich, die den Zeitverbrauch in sämtlichen Produktentwicklungs- und Wertschöpfungsprozessen reduzieren.

2. Geschäftsprozeßbetrachtung zur Ermittlung von Zeittreibern

Kundenorientierung heißt auch, daß die Stimme des Kunden durch alle Funktionsbereiche des Unternehmens durchdringen muß. Dies bedeutet, die Unternehmensaktivitäten ganzheitlich zu betrachten. Im Mittelpunkt der Analyse stehen somit Geschäftsprozesse wie die Verfügbarkeit des Materials oder die termingerechte Markteinführung eines neuen Produktes. Jede Arbeit läßt sich dabei als ein Prozeß betrachten, der aus einer Folge von Tätigkeiten besteht, die ein Ergebnis bewirken. Der Arbeitsprozeß läßt sich als eine Reihe verschiedener Teilprozesse analysieren, für die es jeweils Kunden und Lieferanten gibt. Jeder Prozeß bringt einen Output hervor, von dem der Kunde erwartet, daß er bestimmten (Qualitäts-)Anforderungen entspricht. Die gleichen Anforderungen bestehen für die Inputs des Arbeitsprozesses. Die Aufgabe der Organisation besteht dann darin, die Bedingungen, die Methoden und die Techniken offenzulegen, unter denen Werte erzeugt werden können. In diesem Sinne trägt die prozeßorientierte Organisation zur Bewältigung der durch Strukturierungsmaßnahmen hinterlassenen Komplexität bei. Das Konzept der Geschäftsprozeßbetrachtung ist dadurch gekennzeichnet, daß Aktionsträger Fertigungsmodule sind, in denen Verrichtungen am Objekt durchgeführt werden. Diese werden im Sinne einer Input-Output-Beschreibung aneinandergekettet; Schwerpunkt der Betrachtung bildet dabei die Ein- und Ausgabe, die funktionsübergreifende Zusammenarbeit von Organisationseinheiten, also eine Schnittstellenbeschreibung ersetzt eine Stellenbeschreibung. Dabei werden quantifizierbare Spielräume definiert (Mengen, Zeiten), die ohne übergeordnete Koordination unmittelbar zwischen den Fertigungsmodulen genutzt werden können. Erst wenn diese Koordination eine ungenügende Zielerreichung gewährleistet, wird eine übergeordnete Strukturorganisation eingesetzt (vgl. Urban 1990, S. 392).

Die Beziehung zwischen den Erfolgsfaktoren Kosten und Zeit läßt sich anhand der verbrauchten Zeit in Geschäftsprozessen darstellen. Aus der Analyse über diesen Zeitverbrauch gehen die Kostentreiber hervor. Es stellt sich die Frage nach den zeitverbrauchenden Hauptprozessen im Industriebetrieb. Der Leistungserstellungsprozeß läßt sich in mehrere, miteinander verkettete, funktionsübergreifende Geschäftsprozesse gliedern, die sich anhand der Zeitstrecken in der Innovations- und Wertschöpfungskette identifizieren lassen. Die Entwicklungsprozeßkette umfaßt die Zeitspanne zwischen der Produktidee und der Markteinführung. Sie besitzt somit Schnittstellen mit dem Markt und mit der Fertigung. Die Fertigungsprozeßkette umfaßt die Zeitspanne zwischen der Bereitstellung aller für die Fertigung notwendigen Materialien bis zur Ablieferung des Fertigteils. Dem Materialfluß entgegengerichtet und vorgeschaltet sowie parallel begleitend fließt der Informationsfluß zur Auftragsabwicklung und zur Produktionsplanung und -steuerung in der Informationsverarbeitungskette. Diese beiden Prozeßketten haben Schnittstellen mit der Konstruktion und mit dem Markt. Die Beschaffungsprozeßkette, in der der zwischenbetriebliche Informations- und Materialstrom fließt, umfaßt die Zeitstrecke der Informationsdurchlaufzeit zwischen Abnehmer und Lieferant sowie der Wiederbeschaffungszeit. Diese beinhaltet die Bestellabwicklungszeit, die Lieferzeit der Lieferanten, die Warenannahmezeit sowie die Wareneingangsprüfungszeit. Bei dieser Prozeßkette sind Schnittstellen mit dem Beschaffungsmarkt und mit der Fertigung zu beachten.

Unter Effizienzgesichtspunkten sind drei Arten von zeitverbrauchenden Prozessen herauszustellen. Diese sind Entwicklungs-
prozesse, Lernprozesse im Unternehmen und die Vertrauensbildung
beim Kunden. Die zeitverbrauchenden Hauptfaktoren sind die Erfüllung kundenspezifischer Anforderungen durch Variantenkonstruk-
tion, Kostensenkungs- und Produktivitätssteigerungsprogrammen in
direkten sowie indirekten Bereichen und Wiedergutmachungsaktio-
nen beim Kunden durch Erfüllung von Verpflichtungen, die aus
Garantien resultieren. Auf der Suche nach Zeitsenkungsmöglichkei-
ten stellt sich die Frage, ob die Kapazitäten für die zeitverbrauchenden Prozesse richtig eingesetzt sind. Hier geht es darum, die
Kapazitäten so einzusetzen, daß Kundenzufriedenheit im Sinne von
"richtig gleich beim ersten Mal" sich einstellt. Dies bedeutet, statt
Nachbessern, vorbeugende Sorgfalt zu institutionalisieren, die zu
einer Vertrauensbildung beim Kunden führen soll, zu einer guten
Reputation des Unternehmens. Es geht hier also darum, die
Informationen, die in die Innovations- und Wertschöpfungskette
hinein gehen und die das Qualitätsniveau der Produktion beeinflussen, einer entsprechenden Qualitätsprüfung zu unterziehen.

Eine Reduzierung der Zeit für Geschäftsprozesse ist nicht durch
härtere, schnellere und mit geringerer Qualität durchgeführte Arbeit
zu erreichen, sondern durch eine Verschiebung des nicht-
deterministischen Anteiles von Geschäftsprozessen zum deterministischen mittels Intensivierung von Lernprozessen. Bei traditioneller
Vorgehensweise wird ein Geschäftsprozeß als eine Folge
hintereinander geschalteter Tätigkeiten betrachtet, bei dem erst nach
dem Vollzug der letzten Tätigkeit Erkenntnisse gewonnen werden,
die zu einem Lernprozeß führen. Der Rückkopplungsweg und die
damit verbundene Zeit für den Lernprozeß sind relativ lang. Eine
effizientere Prozeßsteuerung stellt sich ein, wenn Möglichkeiten
geschaffen werden, im Verlauf des Geschäftsprozesses selbst zu lernen. Erhöht man die Anzahl der Lernprozesse, so werden die
Rückkopplungswege kürzer und der Lernerfolg größer.

3. *Zeitstrategien und Maßnahmen zur Effizienzsteigerung von Geschäftsprozessen*

Zur Nutzung der Zeit als Wettbewerbsfaktor sind drei komplementäre Strategien von Bedeutung:

1. Zeitverkürzung,
2. Intensive Nutzung der Zeit und
3. Zeit als Waffe im Wettbewerb.

3.1 *Zeitverkürzung*

Zeitverkürzung in Geschäftsprozessen setzt zunächst die Beantwortung der Frage voraus, welche Zeitanteile in dem betrachteten Geschäftsprozeß tatsächlich eine Wertschöpfung bewirken und welche Zeitanteile nicht wertschöpfend sind. Zur Verkürzung der Zeitstrecken in Forschung und Entwicklung, Produktion und Zulieferung sind dann grundsätzlich zwei Ansätze denkbar:

1. Zeitpuffer vermeiden und
2. Schneller arbeiten.

Die einzelnen Bereiche eines Unternehmens sind durch den Faktor Zeit miteinander verknüpft. In herkömmlichen Organisationen werden Zeitpuffer in Form von langen Vorlaufzeiten benötigt, um die Bereiche voneinander zu entkoppeln und eine Kollision zwischen Aktivitäten, die gemeinsame Ressourcen erfordern, zu vermeiden. Während im Materialfluß die Wertschöpfungszeit nur etwa 20% der Durchlaufzeit beträgt, ist dieses Mißverhältnis bei Informationsprozessen noch gravierender. Die ohnehin knappe Zeit wird überwiegend für Liegezeiten, die keinen Kundennutzen bewirken, aufgewendet. Die Strategie muß hier darauf abgestellt sein, diese unproduktiven Zeitanteile aus dem Kundenbedienungsprozeß herauszunehmen (vgl. Abb. 2). Es ist gezielt nach Hindernissen zu suchen, die den Kundenbedienungszyklus verlangsamen, und für deren Beseitigung zu sorgen. Hindernisse können systematisiert werden in kulturelle, subjektive sowie durch den Ablauf gegebene.

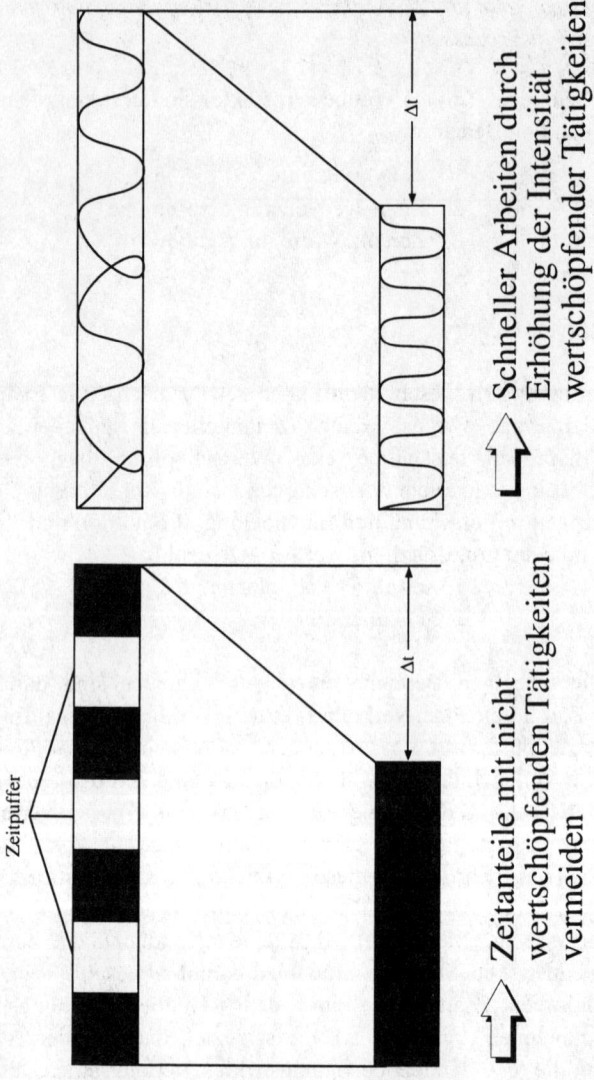

Abb. 2:   Strategie 1: Zeitverkürzen

Beispielhaft für Hindernisse seien hier Engpässe aufgrund mangelnder Abstimmung, oder Kommunikationshindernisse wie fehlende Daten und eine falsche Reihenfolgeplanung genannt. Weitere Ursachen für lange Liegezeiten resultieren aus kulturellen Hindernissen. Diese hängen eng mit der Berücksichtigung des Kriteriums Geschwindigkeit im Entlohnungssystem zusammen, also der Frage, ob Mitarbeiter für Geschwindigkeit belohnt werden. So beeinflussen kulturelle Hindernisse die Leistung des Geschäftsprozesses und bewirken Verhaltenshindernisse. Die Nichtvermeidung von kulturellen, ablaufbedingten und subjektiven Hindernissen führt zu einer Schattenorganisation, die durch redundante Prozesse charakterisiert ist. Hindernisse und Schattenorganisation überlappen sich. Für eine systematische Erfassung der Hindernisse empfiehlt es sich, diese anhand eines Portfolios mit den beiden Dimensionen Wirkungen der Hindernisse und Schwierigkeitsgrad der Veränderungen zu klassifizieren. Der Handlungsbedarf für den Organisator leitet sich aus folgender Argumentationskette ab. Je gravierender die Wirkungen der Hindernisse auf die Zeiteffizienz und je niedriger der Schwierigkeitsgrad der Beseitigung dieser Hindernisse, desto dringender sind Organisationsentwicklungsmaßnahmen.

Ein Abbau von Zeitpuffern in der Produktion ist mit Fertigungssegmentierung (vgl. Wildemann 1990b) zu erreichen (vgl. Abb. 3). Das Konzept basiert auf der Erkenntnis, daß für Produktionseinheiten, die auf hohe Marktveränderungen reagieren müssen, andere Fertigungsstrategien zu wählen sind als für Bereiche, die sich einem kontinuierlichen Absatz mit großen Mengen gegenüber sehen. Das Konzept der Fertigungssegmentierung beinhaltet folgende Gestaltungsprinzipien: Flußoptimierung, kleine Kapazitätsquerschnitte in jeder Fertigungsstufe, räumliche Konzentration von Betriebsmitteln mit variablem Layout, selbststeuernde Regelkreise, Komplettbearbeitung von Teilen und Baugruppen, Selbstkontrolle der Qualität und Entkopplung von Mensch und Maschine. Durch die Flußoptimierung sollen Durchlaufzeiten vor allem durch die Verringerung der Übergangszeiten reduziert werden. Das Liegen vor und nach der Bearbeitung ist im Idealfall gleich Null.

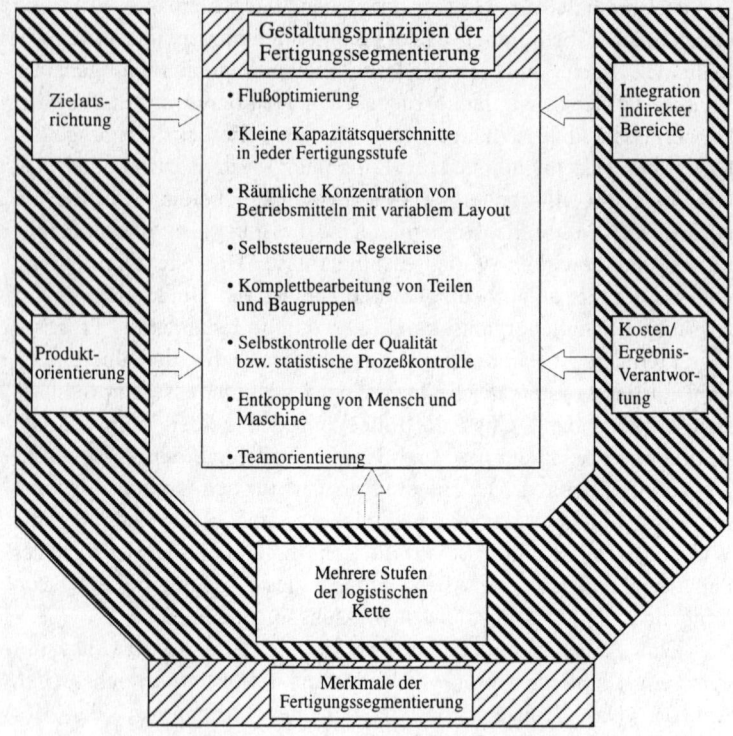

Abb. 3: Prinzipien der Fertigungssegmentierung

Dies kann dadurch erfolgen, daß die Kapazitäten zwischen den einzelnen Fertigungsstufen synchronisiert und miteinander verkettet und die Kapazitäten mit den Losgrößen harmonisiert werden. Auch wird Zeit dadurch eingespart, weil das Handling zwischen den verschiedenen Operationen auf ein Minimum reduziert wird. Eine Veränderung der Transportwege und -behälter und die Einführung der Holpflicht können hierfür als Gestaltungselemente herangezogen werden. Durch den Einsatz geeigneter Transportmittel können auch die Förderzeiten gesenkt werden.

Eine mit der Fertigungssegmentierung einhergehende Optimierung der Rüstvorgänge bringt weiterhin eine Verkürzung der Rüstzeiten und eine höhere Verfügbarkeit der Anlagen mit sich. Die flußorientierte Gestaltung der Fertigungssegmente trägt zu einer Vereinfachung des innerbetrieblichen Materialflusses und somit zu einer deutlichen Verringerung von Materialtransport und -handhabung bei. Hierdurch sinken die Bestände in der Fertigung.

Aufgrund einer engen räumlichen Anordnung der Maschinen ist weiterhin ein enger Kontakt (optisch und akustisch) zwischen den Mitarbeitern gegeben, wodurch sich die Koordination und die notwendigen Abstimmungen im Leistungsvollzug erleichtern sowie mögliche Voraussetzungen für einen selbständigen Arbeitsplatzwechsel oder Unterstützung im Rahmen einer kurzfristigen Engpaßbehebung vorliegen.

Durch die Komplettbearbeitung der Segmentmitarbeiter und die Selbstkontrolle der ausgeführten Arbeit werden Fehler sofort erkannt und behoben. So entfallen zusätzliche Zeiten für nachträgliche Qualitätsprüfung und Nacharbeit.

Die Realisierung kurzer Durchlaufzeiten in der logistischen Kette verlangt eine hohe Versorgungssicherheit mit kurzen Wiederbeschaffungszeiten. Hierzu ist es erforderlich, einen intensiven Informationsaustausch mit den Lieferanten anzustreben im Rahmen von Vereinbarungen für eine produktionssynchrone Beschaffung (vgl. Wildemann 1990) für geeignete Teile oder Baugruppen. Die soll durch eine mehrstufige Planungssystematik gestützt werden, welche die Ebenen Rahmenvereinbarung, Rahmenauftrag und Lieferabruf beinhalten soll. Durch die mehrstufige Vorgehensweise wird eine erhöhte Transparenz des Planungsgeschehens erreicht.

Neben der notwendigen Neuorganisation des Informationsflusses in einem produktionssynchronen Beschaffungskonzept ist eine Neugestaltung des Materialflusses unabdingbar. Zeitpuffer können hier vermieden werden, indem die Schnittstelle zwischen Lieferant und Endverbraucher so gestaltet wird, daß eine Direktanlieferung ohne Kontrollen, Verpackungen und Lagerungen ermöglicht wird. Eine solche Gestaltung des Materialflusses erfordert eine Definition von Bevorratungsebenen mit dem Ziel, Doppellagerungen zu vermeiden. Hinzu kommt auch die Reduzierung des Handling durch Umpacken der Teile. Von besonderer Bedeutung ist daher die Entwicklung eines durchgängigen Behälterkonzeptes. Die Einbindung der Spedition in den Bestellabruf macht weiterhin eine explizite Versanddisposition entbehrlich.

Über die Vermeidung von Zeitpuffern hinaus lassen sich die Zeitstrecken in Geschäftsprozessen durch schnelleres Arbeiten in den einzelnen Phasen erreichen. Lange Entwicklungszeiten und Durchlaufzeiten sind häufig durch unzureichende Hilfsmittel oder fehlende technische Unterstützung bedingt. In der Innovation wird schnelleres Arbeiten mit dem Prinzip der Beschleunigung von Aktivitäten durch Sachmittel und Tools realisiert (vgl. Abb. 4). Ziel ist dabei die Verkürzung der Bearbeitungszeiten. Insbesondere zeitkritische Aktivitäten wie das erstmalige Erstellen von Zeichnungen, das Ändern von Zeichnungen sowie die Definition von Stücklisten können durch Einsatz geeigneter Tools wesentlich beschleunigt werden. So haben die meisten Unternehmen bereits ein 2D CAD-System eingeführt. Viele Unternehmen sind bereits zu einem 3D System übergegangen. Der nächste Schritt muß die Kopplung von CAD mit CAM und CAE beinhalten. Weiteres sinnvolles Mittel ist der Einsatz von Datenbanken. Dadurch lassen sich langwierige Informationsbeschaffungszeiten reduzieren und das Know-how der Entwickler besser nutzen. In der Softwareentwicklung ist hierzu ein zunehmender Einsatz von CASE-Tools zu beobachten. Die Beschleunigung von Aktivitäten, die auf der Zusammenarbeit mit externen Partnern beruhen, wird durch die Bildung von Verfahrensketten wie Stereolithographie, NC-Ketten für Musterteile und CAD-Formenbau bewirkt.

Auch in Produktion und Logistik läßt sich schnelleres Arbeiten insbesondere durch den Einsatz computergestützter Technologien realisieren. Neue Technologien wie CAP, CAM, CAQ oder CIM als Integration von betriebswirtschaftlichen und technischen Funktionen über eine Datenbank sind durch die Merkmale Flexibilität, Automation und Integration gekennzeichnet. Flexibilität bedeutet Anpassungsfähigkeit an veränderte Umweltbedingungen, diese wird

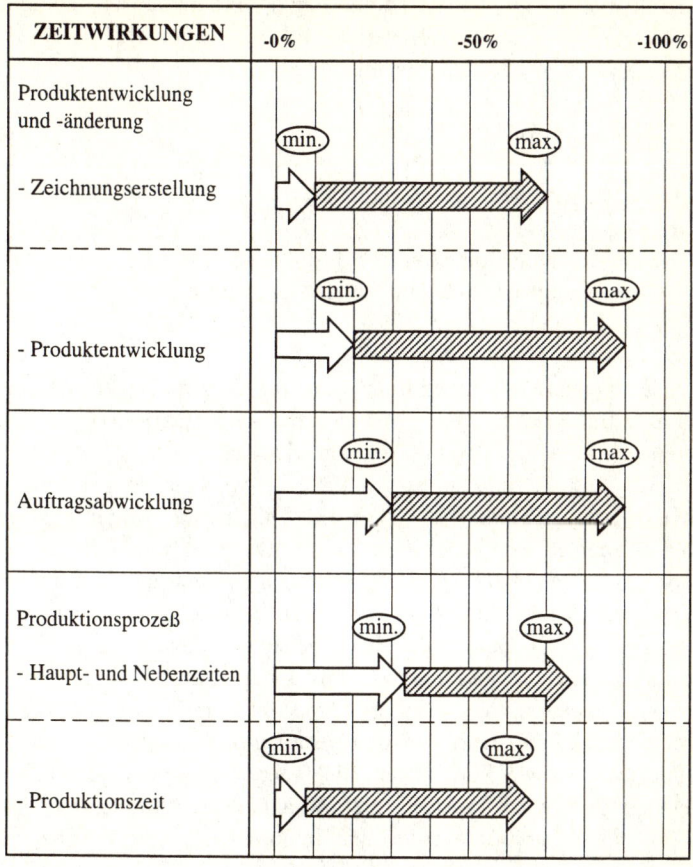

ZEITWIRKUNGEN	-0%	-50%	-100%

Abb. 4: Zeitwirkungen von CIM

bei neuen Technologien durch Automation und Integration erzielt. Nahezu alle Technologien im Produktionsbereich gehen auf eine höhere Automatisierungsstufe über. Die höhere Automatisierung betrifft nicht nur den Bearbeitungsprozeß und den Materialfluß, sondern auch den Informationsfluß. Die Vorteile dieser Hilfsmittel liegen nicht in der isolierten Einführung und Anwendung, sondern in der Integration, also in der Verknüpfung der Produktionstechnologien durch einen gemeinsamen Material- und Informationsfluß. Gefordert sind deshalb ganzheitliche Lösungen.

3.2   Intensive Nutzung der Zeit

Bessere Nutzung der Zeit bedeutet:

- die richtigen Dinge tun,
- die verfügbaren Kapazitäten effizient nutzen,
- die Dinge richtig tun.

   Zeitverschwendung wird nicht erst durch ineffizientes Vorgehen bei der Entwicklung und Leistungserstellung (Effizienz), sondern bereits bei der Festlegung der Entwicklungsvorhaben verursacht (Effektivität). Darum ist es wichtig, die verfügbaren Kapazitäten effizient zu nutzen (vgl. Abb. 5). Durch die Aufteilung der vorhandenen Ressourcen auf zu viele Entwicklungsprojekte kann es dazu kommen, daß für die strategisch bedeutsamen Aufgaben Ressourcen fehlen. Aufgrund des substitutionalen Zusammenhangs zwischen Kapazität und Zeit bedeutet dies längere Entwicklungszeiten sowie längere Durchlaufzeiten und Lieferzeiten. So können Projekte mittels eines Projektportfolios mit den Dimensionen Produktattraktivität und Ressourcenstärke beurteilt werden. Dabei sollen die heutigen Kapazitäten, die Potentiale, die als Reserve zur Verfügung stehen sowie die Reaktionsgeschwindigkeit des Unternehmens geprüft werden und in Relation gesetzt werden zur Attraktivität des potentielles Produktes hinsichtlich Kompatibilität mit den bereits vorhandenen Produkten, Opportunitätskosten, Weiterentwicklungspotential sowie Anwendungsbreite.

   Durch Anwendung der 20/80%-Regel - die beinhaltet, daß 20% der Projekte/Produkte in der Regel 80% des Erfolgs bringen - auf Entwicklungsvorhaben und Produktionsprogramme können die verfügbaren Ressourcen für die erfolgversprechenden, strategisch bedeutsamen Projekte eingesetzt werden und somit zu einer kürzeren

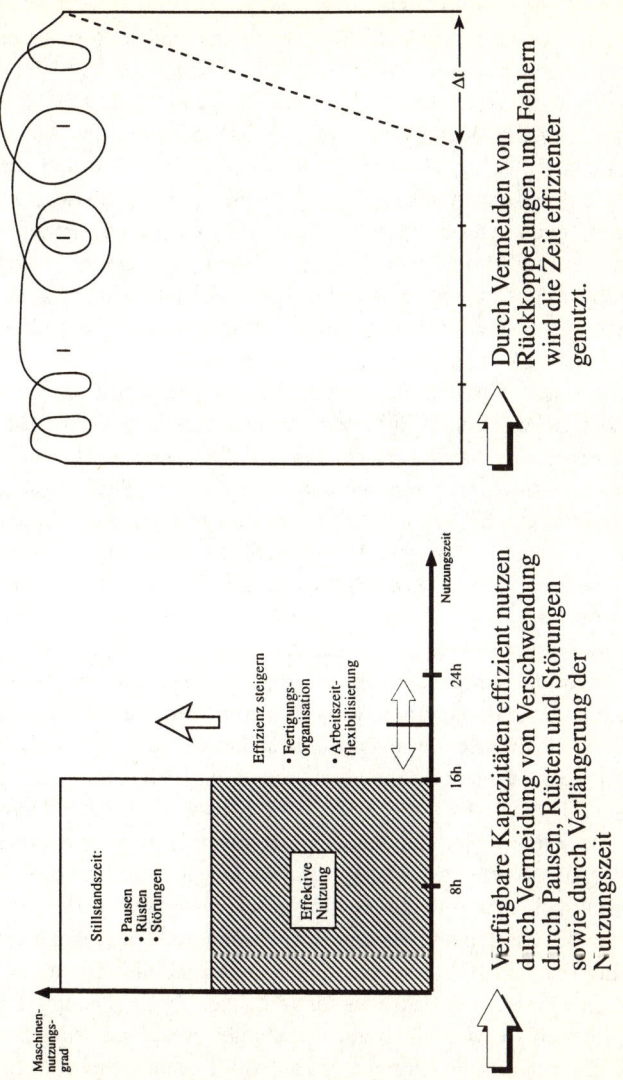

Abb. 5: Strategie 2: Intensive Nutzung der Zeit

Entwicklungs- und Durchlaufzeit führen (vgl. Pernicky 1990, S. 67). Weniger kritische Projekte können bei fehlenden Ressourcen auch fremdvergeben werden, wobei sich die Fremdvergabe nicht nur auf die Produktion, sondern auch auf die Vergabe von Entwicklungsvorhaben bezieht. Durch die gezielte Reduzierung der Produktprogrammkomplexität werden Entwicklungszeiten verkürzt und die Entwicklungskapazitäten besser genutzt. Sind die Ressourcen unter strategischen Gesichtspunkten auf die wichtigen Entwicklungsvorhaben und Produkte aufgeteilt, so kann eine bessere Nutzung der verfügbaren Zeit zum einen durch eine Betriebszeitausdehnung und zum anderen durch eine Steigerung der Effizienz, insbesondere durch Vermeidung von Störungen, erzielt werden.

Bessere Nutzung der vorhandenen Kapazitäten bedeutet weiterhin den Einsatz von Mitarbeitern entsprechend ihrer Qualifikation. So ergab eine empirische Untersuchung, daß 50% der im Entwicklungsbereich Tätigen sich für überqualifiziert halten. Die Auswirkungen sind Frustration, Demotivation, Kapazitätsverlust durch Unterforderung sowie Fluktuation. Lösungsansätze sind in der Definition zukünftiger Qualifikationsanforderungen und -bedarfe, in einer verbesserten Karriereplanung sowie in der Redefinition von Beurteilungssystemen zu suchen.

Um die Entwicklungszeit effizient zu gestalten, müssen die Zusammenhänge innerhalb der Innovationskette und die Auswirkungen auf die Wertschöpfungskette beachtet werden (vgl. Abb. 6). Eine Methode zur systematischen Sicherheits- und Zuverlässigkeitsanalyse ist die FMEA (Failure Mode And Effects Analysis). Durch den Einsatz dieser Methode kann präventiv das Konzept hinsichtlich später zu erwartenden Mängel und Fehler analysiert und es können Abstellmaßnahmen diskutiert und eingeleitet werden noch zu einem Zeitpunkt, zu dem geringe Änderungsaufwendungen anfallen. Währen die FMEA eine Methode zur Risikominimierung in allen Phasen der Innovationskette darstellt, zielt QFD (Quality Function Deployment) vornehmlich auf die Studien- und Definitionsphase ab. Der Grundgedanke besteht darin, die Kundenwünsche und die Produktspezifikation nicht gleich zu setzten, sondern für das

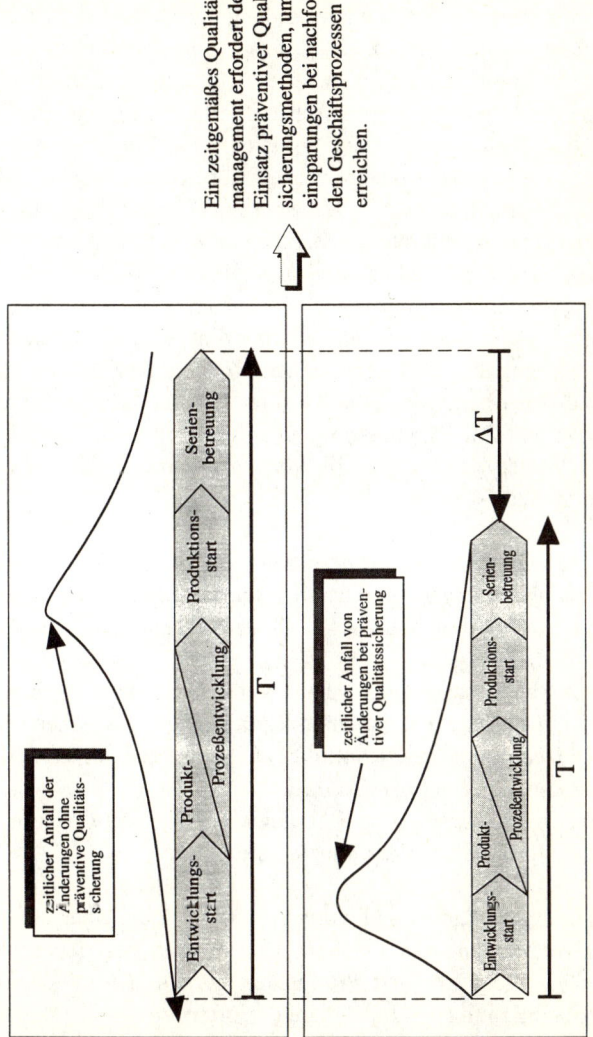

Abb. 6: Zeitgemäßes Qualitätsmanagement

Umsetzen in technische Spezifikationen systematische Spielregeln anzuwenden (vgl. Danzer 1990, S. 45). Änderungen und Schleifen können weiterhin durch die Anwendung der Methoden DFM (Design for Manufacture) und DFA (Design for Assembly) vermieden werden. Diese ermöglichen die frühzeitige Berücksichtigung montage- und fertigungstechnischer Überlegungen (vgl. Boothroyd / Dewhurst 1988, S. 42). Diese systematische Vorgehensweise führt dazu, daß bereits das Konzept eingehend beleuchtet wird und dadurch wertvolle Ansatzpunkte für Verbesserungen in der Produktgestaltung diskutiert und in konkrete Maßnahmen umgesetzt werden.

Im Leistungserstellungsprozeß zielt eine effiziente Qualitätssicherungsstrategie darauf ab, Qualitätsmängel erst gar nicht entstehen zu lassen oder frühzeitig am Ort der Entstehung abzustellen. Die Qualitätssicherung für Abläufe und Informationsprozesse tritt hier gegenüber der herkömmlichen Qualitätssicherung für Produkte in den Vordergrund. Zur Durchsetzung einer integrierten Qualitätssicherung in der Produktion und Logistik können vier unterschiedliche Strategien eingesetzt werden:

1. Übernahme der Kontrolle durch automatische Einrichtungen im Produktionsprozeß und damit Sicherstellung einer gleichbleibenden Wiederholqualität im Prozeß: Qualitätssicherung durch Automatisierung.
2. Motivationssteigerung der Mitarbeiter zur Hebung des Qualitätsstandards: Qualitätssicherung durch Selbstkontrolle.
3. Konzentration der Kontrolle auf Prozeßparameter: Qualitätssicherung durch Prozeßkontrolle.
4. Qualitätssicherung durch Umfeldkontrolle: Stabile Umweltparameter ermöglichen reproduzierbare Prozesse.

Die Automatisierung konzentriert sich auf die Überprüfung oder objektive Messung der Qualität. Hier werden besondere Anforderungen an die Meß- und Prüftechnik gestellt. Die automatisierten Kontrolleinrichtungen bieten den Vorteil, daß sie die oftmals monotonen, zeitlich wiederkehrenden Kontrollgänge leichter, schneller und kostengünstiger als der Mensch übernehmen können.

Bei der Qualitätssicherung durch Selbstkontrolle werden die Mitarbeiter aller Hierarchiestufen in den Qualitätssicherungsprozeß einbezogen. Die Arbeitskontrolle ist von jedem Mitarbeiter mit dem Ziel durchzuführen, die Qualitätssicherungskosten möglichst niedrig zu halten und eine Weitergabe fehlerhafter Produkte zu vermeiden. Die Zeitersparnis ist augenscheinlich, denn wenn nur fehlerfreie Teile an die nachgelagerte Stufe weitergegeben werden, kann und muß zeit- und kostenaufwendige Nacharbeit erst gar nicht geleistet werden. Hinzu kommt, daß durch Selbstkontrolle die Anzahl unterschiedlicher Bearbeitungsstellen verringert wird, weil eine zusätzliche Qualitätsprüfung durch entsprechend spezialisiertes Personal entfällt. Eine Zwischenlagerung zum Zwecke der Qualitätsinspektion kann entfallen. Die Meßmittelkosten, die Transportkosten sowie die Durchlaufzeit der Produkte sinken. Gleichzeitig verschieben sich durch die Komplettbearbeitung der Produkte der Prüfinhalt von der elementbezogenen Kontrolle der Einzelteile eines Produkts zur Funktionserfüllung. Weiterhin ergeben sich Erleichterungen bei der Produktionssteuerung.

Die Strategie der Qualitätssicherung (QS) durch Prozeßkontrolle unterscheidet sich von der automatisierten Qualitätskontrolle dadurch, daß sie sich nicht auf das Ergebnis des Prozesses, das Produkt konzentriert, sondern auf den Prozeß selbst. Ziel ist hier also nicht das Erfassen und Aussortieren fehlerhafter Teile, sondern das Aufdecken von Störungen im Fertigungsprozeß. Als Methode kommt hierbei die statistische Prozeßregelung (SPC = Statistical Process Control) zum Einsatz.

Die kombinierte Anwendung der QS-Strategien führt zu einer Konzentration der Aktivitäten auf die Sicherung einer hohen Kosten- und Zeiteffizienz sowohl im Produktionsprozeß bei Eigenfertigung als auch in der Zulieferung. Hier wird eine Verlagerung von Qualitätssicherungsfunktionen auf den Lieferanten angestrebt, um Zeitverbrauch bei Warenausgangs- und Wareneingangsprüfung zu vermeiden. Die Verlagerung der Qualitätsprüfung bedeutet gleichzeitig die Verlagerung von Verantwortung für die Funktionsfähigkeit der Produkte des Abnehmers zum Lieferanten. Im Regelfall hat der Lieferant auf der Basis der vom Abnehmer durchgeführten

Entwicklung der Teile Erstmuster zu fertigen und zu prüfen, bevor nach nochmaliger Kontrolle beim Abnehmer die Freigabe und ein Lieferauftrag für das Teil erteilt wird. Die Qualitätsprüfung der Serienfertigung des Kaufteils erfolgt danach weitgehend beim Lieferanten. Lediglich im Bedarfsfall greift der Abnehmer ein. Als Instrumente zur Vorbereitung stehen dem Abnehmer die auf den Lieferanten erweiterte FMEA-Methode sowie produkt-, verfahrens- und systembezogene Qualitätsaudits beim Lieferanten zur Verfügung. Für diese Analysen ist es erforderlich, daß der Lieferant Daten für die Auswertung aus seiner Produktion dem Abnehmer zur Verfügung stellt. Hierbei bestimmt der Grad der verlangten Dokumentation den Einblick in das Produktions-Know-how des Lieferanten. In einer weiteren Ausbaustufe der produktionssynchronen Beschaffung ist die Einbeziehung des Spediteurs in diesen Prüf- und Kontrollprozeß vorstellbar.

Um Zeiteinsparungen durch eine Produkt- und Prozeßqualität zu erreichen, ist es notwendig, einen Prozeß der ständigen Verbesserung der Qualität in Gang zu setzen und gegenüber anderen kurzfristigen Aktivitäten zu priorisieren. Dies fordert Management und Mitarbeiter gleichermaßen. Das Management soll das Führen durch Vorbild und Vermittlung von positiven Beispielen und Visionen lernen. Weiterhin sollen Eigenverantwortung und Initiative organisatorisch verankert sowie die persönlichen Leistungen von Mitarbeitern sichtbar gemacht und gewürdigt werden.

3.3   Zeit als Waffe im Wettbewerb

Die Nutzung der Zeit als Waffe im Wettbewerb erfordert eine zeitorientierte Organisation, die besonders schnell auf Veränderungen reagiert (vgl. Abb. 7). Gefordert ist eine hohe organisatorische Leistungsfähigkeit als Mix von Reaktionsfähigkeit und kurzen Durchlaufzeiten. Voraussetzung hierfür ist die Fähigkeit der Organisation zu lernen. Im Gegensatz zum Individuum, das lernt, indem es neues Wissen erwirbt und dadurch sein Verhalten zu seinem Vorteil verändert, erfordert der Lernprozeß sozialer Systeme mehr als

Eine zeitorientierte Organisation durch strukturierte Vernetzung erlaubt eine situationsgerechte Nutzung der Zeit.

Synchronorganisation und Parallelisierung ermöglicht eine schnelle und abgestimmte Nutzung der Zeit.

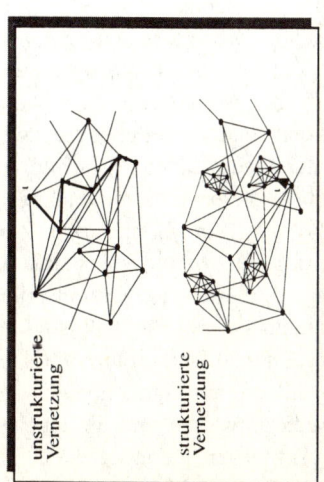

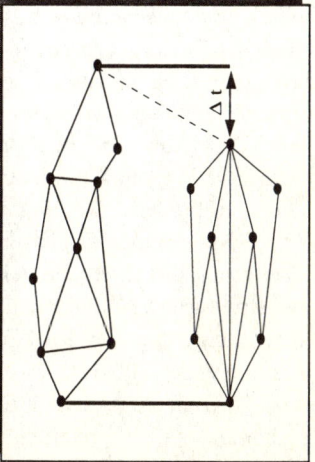

Abb. 7:   Strategie 3:   Zeit als Waffe im Wettbewerb

neue Erkenntnisse und Verhaltensänderungen einzelner Organisationsmitglieder. Gefordert ist ein "organizational learning", also die
Fähigkeit einer Organisation, das Wissen und die Erkenntnisse aller
ihrer Organisationsmitglieder auszutauschen, darüber Konsens zu
erzielen und ein abgestimmtes, zielgerichtetes Verhalten zu erreichen.
"Organizational learning" ist nur dann effizient, wenn das Wissen der
einzelnen Organisationsmitglieder zusammengeführt und der ganzen
Organisation zugänglich gemacht wird. Die Durchführung eines
"organizational learning" setzt bestimmte Qualifikationen bei den
Mitarbeitern voraus. Dabei sind insbesondere die Qualifikationen, die
sich nicht auf bestimmte Tätigkeitsinhalte beziehen, sondern im
Bereich der sozialen Kompetenz liegen, wie Verständnis für die
Verflechtung der individuellen Leistungsprozesse, Kommunikations-
fähigkeit und Kooperationsbereitschaft sowie Lernfähigkeit und
Lernbereitschaft von Bedeutung.

"Organizational learning" heißt, gewonnene Informationen so
schnell wie möglich anderen Organisationsmitgliedern zukommen zu
lassen. Voraussetzung hierfür sind schnelle Informations-, Kommuni-
kations- und Entscheidungswege. Sie ermöglichen die Realisierung
von Geschwindigkeitsvorteilen (vgl. auch Bühner 1988, S. 95). Zen-
tralisierte und verrichtungsbezogene Organisationen schneiden
bezüglich der Reaktionsgeschwindigkeit schlecht ab. Bezogen auf die
Aufbauorganisation erlauben einfache Strukturen eine höhere
Transparenz und kürzere Informations- und Kommunikationswege,
dies ermöglicht kurze Informationsdurchlaufzeiten in Forschung und
Entwicklung (F&E) und Produktion. In diesem Zusammenhang läßt
sich die von Frederic Vester (1980) und von Gomez und Probst
(1987) auf Managementfragen übertragene strukturierte Vernetzung
als Lösungsansatz aufzeigen. Gelingt es, bestehende Organisationen
in eine strukturierte Vernetzung zu überführen, so läßt sich eine
deutliche Steigerung der Reaktionsfähigkeit herbeiführen. Es gilt,
selbstregulierende Subsysteme zu bilden, die untereinander eine
reduzierte Anzahl von Verknüpfungen aufweisen und die eine gute
Verfolgbarkeit aller internen Aktivitäten ermöglichen. Die
verbleibenden Verbindungen sind gleichzeitig durch eine besonders
intensive, wechselseitige Verbindung gekennzeichnet. Darüber

hinaus gestatten Sekundärorganisationen, insbesondere die Projektorganisation, einen schnellen Erfahrungsaustausch verschiedener Funktionsbereiche, sie eignen sich besonders zur Verkürzung der Entwicklungszeit.

Da die Schnelligkeit des Unternehmens von seinen Mitarbeitern abhängt, ist die Bedeutung der Zeit als Wettbewerbsfaktor im Bewußtsein der Mitarbeiter zu verankern, so daß durch Verhaltensänderungen eine Verkürzung der Zeitstrecken in F&E, Produktion und Zulieferung herbeigeführt werden kann. Dies kann durch eine zeitorientierte Führung, durch die Qualifikation der Mitarbeiter und durch die Einführung eines "Zeitcontrolling" erreicht werden. Wenn die Kosten von Zeitverzögerungen den Mitarbeitern transparent sind und die Einhaltung der Zeitvorgaben kontrolliert wird, läßt sich das Zeitbewußtsein der Mitarbeiter schärfen. Im Rahmen eines Zeitcontrolling müssen daher die Opportunitätskosten zeitlicher Verzögerungen von internen und externen Aktivitäten ermittelt werden (vgl. Pernicky 1990, S. 71, Simon 1989, S. 91).

Die Nutzung der Zeit als Waffe im Wettbewerb im Sinne einer gesteigerten Flexibilität verlangt eine Synchronisation, das heißt einen Gleichlauf von Produktion, Zulieferung und F&E mit dem Absatzmarkt (vgl. Abb. 8). Die traditionelle Abgrenzung zwischen den einzelnen Unternehmensbereichen führte zu einer Entkopplung von F&E, Produktion und Lieferern und sequentiellen Abläufen. Diese Entkopplung, die zwischen F&E und Produktion oder F&E und Lieferant durch lange Vorlaufzeiten erfolgt, verhindert jedoch eine Synchronisation des Leistungserstellungsprozesses mit dem Absatzmarkt mit der Folge einer verringerten Anpassungsfähigkeit des Unternehmens an neue Marktgegebenheiten. Das sequentielle Vorgehen bewirkt zeitraubende Abstimmungsprozesse. Durch eine Synchronisierung und die dadurch induzierte enge Verknüpfung der Abläufe in F&E, Produktion und Zulieferung wird eine permanente Abstimmung der Aktivitäten erzielt. Die Zeitstrecken in den betroffenen Bereichen werden durch die Parallelisierung selbst und durch Vermeidung von Rücksprüngen aufgrund mangelnder Absprachen reduziert.

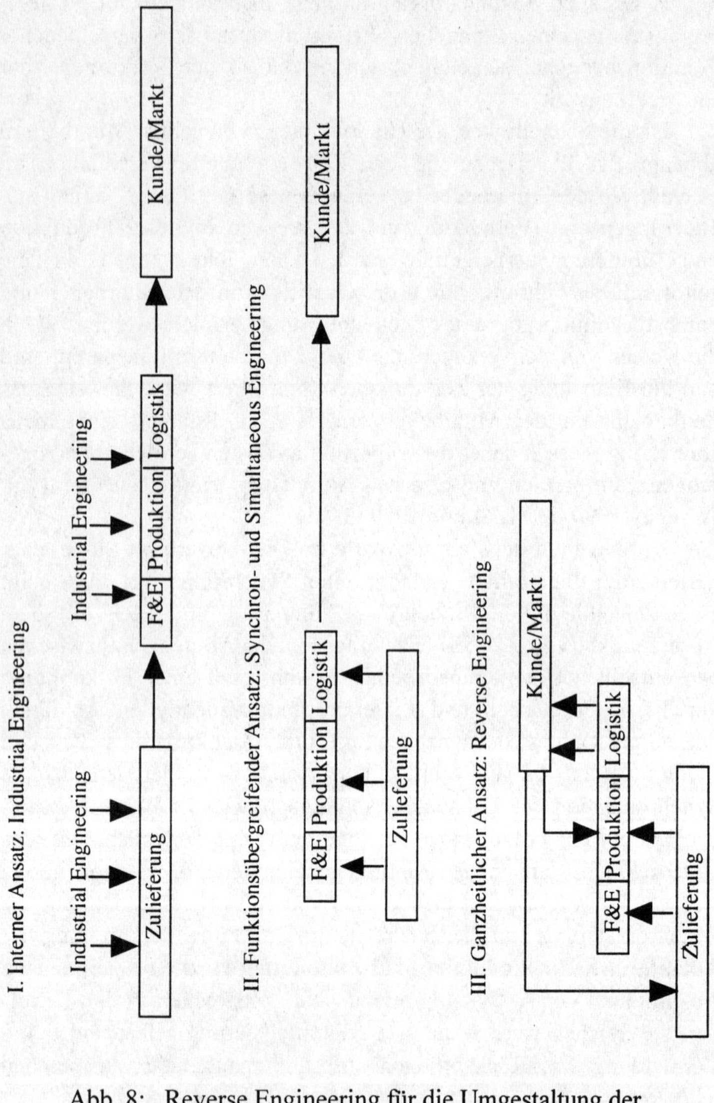

Abb. 8:   Reverse Engineering für die Umgestaltung der
           Wertschöpfungskette

In der Produktion und Zulieferung können economies of speed durch eine zeitorientierte Organisation, paralleles Arbeiten und Überlappung von Phasen erreicht werden. Neben der optimalen Abstimmung der Kapazitäten innerhalb der einzelnen Fertigungsstufen zwischen Lieferant und Abnehmer ist hier vor allem an die Fremdvergabe von Aktivitäten zu denken. Durch Fremdvergabe von Aktivitäten - dies können sowohl die Produktion und Produktkomponenten als auch die Erbringung logistischer Dienstleistungen sein - kann sich das Unternehmen auf die Kernaktivitäten konzentrieren, die aufgrund seines Know-hows Wettbewerbsvorteile versprechen sowie gleichzeitig die Vorteile der Arbeitsverrichtung durch spezialisierte Unternehmen nutzen. Dadurch werden wertvolle Ressourcen besser eingesetzt, da die bisher gebundenen Kapazitäten nun für die erfolgversprechenden Kernaktivitäten Einsatz finden. Aufgrund des substitutionalen Zusammenhangs zwischen Kapazität und Zeit werden Durchlaufzeiten verkürzt: Projektphasen verlaufen nicht mehr nacheinander, sondern parallel durch die Arbeitsteilung zwischen Unternehmen und Lieferer.

Eine zeitorientierte Organisation ist in der Lage, "organizational learning" zu verwirklichen. "Organizational learning" wird durch die integrierte Informationsverarbeitung nach dem Holprinzip realisiert (vgl. Wildemann 1990). Durch die jederzeitige Verfügbarkeit von Informationen kann in jeder Stelle ein höherer Grad an Aufgabenintegration realisiert werden. Dadurch lassen sich die Kommunikations und Entscheidungswege durch eine Reduzierung der Dispositionsstufen verkürzen. Denn: Je mehr Dispositionsstufen vorhanden sind, desto länger ist die Reaktionszeit, da die durch die einzelnen Dispositionsstufen gebildeten Zeitpuffer sich zu einer deutlichen Verlängerung der Durchlaufzeit addieren (vgl. Eidenmüller 1989, S. 51). Einen Ansatz, Dispositionsstufen zu verringern, bildet der Ansatz, logistische Funktionen der Auftragsentwicklung, Planung, Disposition, Steuerung und Einkauf räumlich wie organisatorisch zusammenzufassen.

Eine Synchronisation von Produktion, Zulieferung und F&E mit dem Absatzmarkt erfordert es, Industriebetriebe wie Dienstleistungsbetriebe zu organisieren. Hierzu ist eine Deckungsgleichheit von Beschäftigungskurve und Nachfragekurve zu erzielen. Diese Deckungsgleichheit erfordert eine Anpassung der Produktionskapazität an die Nachfragekurve durch eine flexible Arbeits- und Betriebszeitgestaltung. Diese gestattet eine ungleichmäßige Verteilung der Arbeits- und Betriebszeit innerhalb bestimmter Zeiträume (z.B. Woche, Monat oder Jahr). Hierdurch ergibt sich die Möglichkeit, Produktions- und Personalkapazitäten an Nachfrageschwankungen anzupassen. Die Analyse der realisierten Wirkungen flexibler Arbeitszeitmodelle in der Produktion bei 23 befragten Unternehmen ergab eine deutliche Steigerung der quantitativen Flexibilität beim Einsatz von Teilzeitarbeit, Gleitzeit (mit Übertragung von Zeitguthaben bzw. -schulden) und Baukastenmodellen (vgl. Wildemann 1990, S. 53).

4. Betriebswirtschaftliche Wirkungen eines effizienten Zeitmanagements

Die Anwendung der Zeitstrategien Zeitverkürzung, intensive Nutzung und Zeit als Waffe in Forschung und Entwicklung, Produktion und Logistik zeigt, daß eine Halbierung der Zeiten möglich ist. So führt der Einsatz neuer Technologien zu einer besseren und schnelleren Informationsweitergabe, die zur Zeiteinsparung in der Definitionsphase zwischen 20 und 50% führt. Durch die Auswertung der kreativen Studien- und Definitionsphase eines PC-Herstellers im Vergleich zu seinem Konkurrenten um 100%, konnte die Realisierungs- und Einführungszeitdauer um den Faktor 4 reduziert werden. Dadurch wurde ein 1 1/2-jähriger Marktvorsprung erreicht. Üblicherweise werden bei F&E-Projekten für die Zeitdauer sogenannte Unwägbarkeitszuschläge mit eingerechnet, um Rücksprünge und Nachentwicklungen von vornherein zu berücksichtigen. Durch die Anwendung von Methoden zur Qualitätsoptimierung in allen Phasen wie der FMEA konnte dieser Zeitanteil von 30% am gesamten Innovationsprozeß auf weniger als 10% gesenkt werden. Die größte Zeiteinsparung konnte durch die Abkehr vom phasenorientierten, arbeitsteiligen hin zum bereichsübergreifenden, parallelen Innovationsprozeß realisiert werden. Der Mittelwert der angegebenen Zeitgewinne durch diese Simultaneous-Engineering-Projekte lag bei 40%. Nicht nur die zeitparallele Bearbeitung ist hierfür die Ursache, sondern auch die erheblich geringere Zahl von Änderungen im Entwicklungsablauf.

Die angestrebte Integration des Material- und Informationsflusses entlang der logistischen Kette und das Management der Zeit nach den angeführten Strategien führt zu einer Beschleunigung der Auftragsdurchlaufzeit. In den untersuchten 172 Fallstudien gelang es, eine durchschnittliche Reduktion der Materialdurchlaufzeit um 50% zu erzielen, wobei die Streubreite zwischen einem Minimalwert von 33% und einem Maximalwert von 89% lag (vgl. Abb. 9). Die positive Veränderung der Durchlaufzeit ist auf mehrere Prinzipien zurückzuführen. So ergeben sich durch die objektorientierte Betriebsmittelausrichtung bei gleichzeitiger Kapazitätsharmonisierung, die Erhöhung des Wechselpotentials durch Reduzierung von Rüstzeiten sowie durch die Anwendung des Holprinzips signifikante Auswirkungen auf die Transport-, Wege- und Wartezeiten. Die Komplettbearbeitung innerhalb selbststeuernder Fertigungssegmente mit Terminverantwortung, die Dezentralisierung von Logistiken, Qualitätssicherungs- und Instandhaltungsaufgaben sowie die objektorientierte Auftragsabwicklung zielen darauf ab, den Auftragsdurchlauf innerhalb des Informationsflußsystems zu beschleunigen. Auf der Lieferantenseite werden diese Maßnahmen ergänzt durch eine produktionssynchrone Beschaffung mit kurzen und termingerechten Wiederbeschaffungszeiten. Diese wurden für produktionssynchron beschaffte Teile und Baugruppen im Mittel um 43% verkürzt, wobei die Werte zwischen 30% und 75% lagen. Durch die Reduzierung der Wiederbeschaffungs- und Auftragsdurchlaufzeiten innerhalb der eigenen Wertschöpfungskette wird die Voraussetzung geschaffen, die Lieferzeit zu reduzieren, ohne zusätzliche Fertigwarenlagerbestände aufzubauen. In den ausgewerteten Fallbeispielen ergaben sich Lieferzeitreduzierungen von durchschnittlich 58%.

Aufgrund kurzer Materialfluß- und Informationsflußdurchlaufzeiten in Produktion und Zulieferung nimmt die Abhängigkeit von

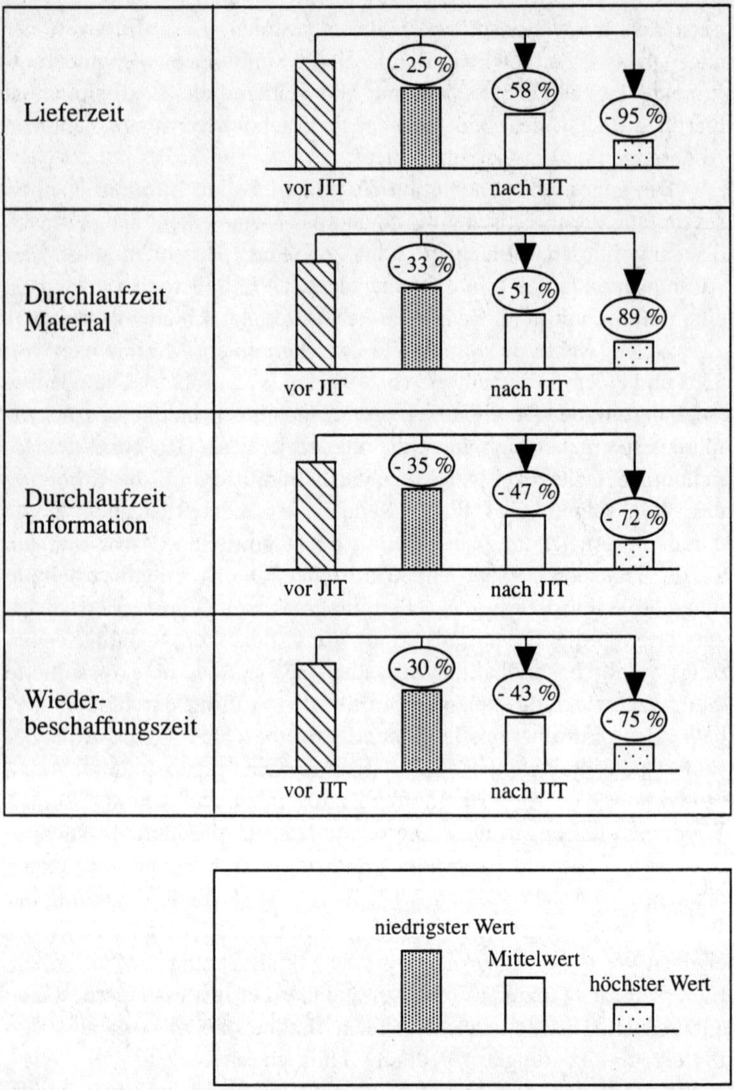

Horst Wildemann

Lieferzeit

- 25 % - 58 % - 95 %

vor JIT   nach JIT

Durchlaufzeit Material

- 33 % - 51 % - 89 %

vor JIT   nach JIT

Durchlaufzeit Information

- 35 % - 47 % - 72 %

vor JIT   nach JIT

Wieder-beschaffungszeit

- 30 % - 43 % - 75 %

vor JIT   nach JIT

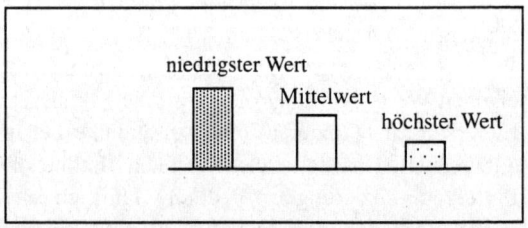

niedrigster Wert

Mittelwert

höchster Wert

Abb. 9: Zeitwirkungen in der logistischen Kette durch Einführung von Just-In-Time-Prinzipien

Prognosen ab. Über die Zeit betrachtet nehmen Prognosefehler für einen zu disponierenden internen und externen Bedarf in unterschiedlichem Maße zu. Um den Prognosefehler bei Teilen mit unsicherer Bedarfsprognose zu begrenzen, ist eine Reduzierung des Prognosezeitraums erforderlich. Voraussetzung hierfür sind verkürzte Durchlaufzeiten. Dabei gilt: Je höher die Prognoseunsicherheit, desto stärker müssen die Bestrebungen zur Reduzierung von Durchlauf- und Wiederbeschaffungszeiten sein.

Kurze Durchlaufzeiten gewährleisten eine verbesserte Reaktion auf Änderungen. Lange Durchlaufzeiten erfordern ein frühzeitiges Einsteuern von Aufträgen. Aufgrund der langen Zeitstrecke bis zur Fertigstellung des Produktes besteht die Gefahr, daß Eigen- und Fremdteile durch Konstruktionsänderungen sogar mehrfach geändert werden müssen. Dieser Sachverhalt ist insbesondere bei neuen Produkten und Varianten zu beobachten. Durch Reduzierung der Durchlaufzeiten werden Unternehmen in die Lage versetzt, zu einem später erforderlichen Zeitpunkt Aktivitäten zur Fertigung und Beschaffung einzuleiten. Hierdurch sinkt die Wahrscheinlichkeit, daß einmal gestartete Aufträge von Änderungen betroffen werden. Die Möglichkeit, erst zu einem späteren Zeitpunkt mit der Produktion zu beginnen, reduziert das Änderungsrisiko von Bestellungen und Lieferterminen. Verkürzte Durchlaufzeiten erhöhen auch die Reaktionsgeschwindigkeit bei Störungen innerhalb des Wertschöpfungsprozesses. Durch den Abbau von Sicherheitspuffern bei Zeiten und Beständen steigen die Anforderungen an die Zuverlässigkeit der Produktions- und Logistikprozesse. Gleichzeitig entsteht ein Zwang, auftretende Störungen unmittelbar zu beseitigen.

Die aus der Umsetzung von Zeitmanagementprinzipien in F&E, Produktion und Zulieferung resultierenden Zeitwirkungen beeinflussen sowohl die Kosten als auch das Leistungsprofil einer Unternehmung. Die Kostenwirkungen betreffen insbesondere solche Kostenkategorien, bei denen der Faktor Zeit als Bezugsgröße zur Kostenbewertung herangezogen wird. Bei diesen Kostenkategorien sind Zeitreduzierungen unmittelbar kostenwirksam. Dies trifft für wesentliche Bestandteile der Logistikkosten zu. Im Rahmen einer empirischen Analyse von realisierten Just-In-Time(JIT)-Konzepten konnten Personalkosteneinsparungen in den direkten und indirekten Produktionsbereichen zwischen 8% und 15% ermittelt werden, wobei der Durchschnittswert bei 14% lag.

Wesentlich beeinflußt werden die Kosten durch die Reduzierung der Kapitalbindungsdauer der Bestände. Die konsequente Ausnutzung der realisierten Durchlaufpotentiale sowie die Strategie, Bestands- und Zeitpuffer durch eine Synchronisation des Zeitverbrauches innerhalb der logistischen Kette zu ersetzen, führte bei den untersuchten Anwendungsfällen zu einer durchschnittlichen Bestandskostenreduzierung von 39%. Hiermit verbunden war ein verringerter Flächenbedarf speziell im Lagerbereich, wodurch sich die Relation "Fertigungsfläche zu Lagerfläche" von 1 zu 1,6 - 1,0 auf bis zu 1 zu 0,6 verbesserte. Aufgrund des Abbaus von Mietflächen und der Umwandlung von Lager- in Fertigungsflächen ergaben sich Einsparungen bei den Raumkosten von durchschnittlich 22%. Die Einsparungen bei den sonstigen Logistikkosten, die zwischen 25% und 50% lagen, resultierten aus einer besseren Qualität der Ausführung logistischer Prozesse. Durch die bestandsarme Produktion konnten die Lagerrisiken und der Ausschuß erheblich eingeschränkt werden. Entsprechend reduzierten sich die Fehlmengenkosten durch die verbesserte Termin- und Liefertreue. Die erzielten Kosteneffekte führen zu einer deutlichen Verbesserung des Verhältnisses von Logistikkosten zu Umsatz. Exemplarisch fallbezogene Wirtschaftlichkeitsanalysen zeigen, daß eine Reduktion der Herstellkosten von etwa 10% realisiert werden kann.

Die mit der Implementierung von Zeitstrategien verbundenen Leistungssteigerungen äußerten sich insbesondere in einem höheren internen und externen Servicegrad. Kürzere Reaktionszeiten und reduzierte Änderungserfordernisse bei gestarteten Aufträgen führen insgesamt zu einer deutlichen Steigerung der Liefertreue, die im Durchschnitt bei einer Steigerung um 21% lag. Im schlechtesten Fall wurden 7%, im besten Fall 44% bei der Zunahme der Liefertreue erreicht. Die Lieferfähigkeit nahm um durchschnittlich 24% zu. Allerdings konnten keine Aussagen über die durch die Steigerung dieser Logistikleistungen induzierten Umsatzveränderungen abgeleitet werden. Verbesserungen konnten auch bei den internen

Logistikleistungen festgestellt werden. So konnte die innerbetriebliche Termintreue um durchschnittlich 15% verbessert werden. Die verbesserte Materialverfügbarkeit hatte in Verbindung mit einer Optimierung von Rüstzeiten zur Folge, daß eine Erhöhung der Kapazitätsauslastung um bis 16% erreicht werden konnte.

Auch für den F&E-Bereich gilt, daß eine Erhöhung der Zeiteffizienz gleichzeitig zu Kosteneinsparungen führen kann. Nach Stalk/Hout ergeben sich durch Zeitverkürzungen Kostenreduzierungen in Forschung und Entwicklung zwischen 30 und 50% (vgl. Stalk/Hout 1990, S. 157). Die Kostenvorteile sind im wesentlichen auf eine kürzere Bindungsdauer der bestehenden Ressourcen zurückzuführen. Darüber hinaus werden zusätzliche Kosten vermieden, die bei einer Überschreitung der Entwicklungszeiten üblicherweise anfallen. Derartige Folgekosten mangelnder Zeiteffizienz entstehen durch notwendige Anpaß- und Weiterentwicklungen der Produkt- und Prozeßtechnologien. Sie stellen oftmals den Hauptanteil des realisierbaren Kostensenkungspotentials dar

Allerdings steht in der Forschung und Entwicklung unter den Bedingungen eines verschärften Zeitwettbewerbs in den wenigsten Fällen das Primärziel der F&E-Kostenreduzierung im Vordergrund. Beispiele erfolgreicher Unternehmungen zeigen, daß die eingesparten zeitabhängigen F&E-Kosten zur Steigerung der Innovationsgeschwindigkeit und in weitere Produktentwicklungen (re-)investiert werden (vgl. Stalk/Hout 1990, S. 155). Ziel ist es, die mit Zeitverzögerungen verbundenen Leistungseinbußen am Markt zu vermeiden. So konnte nachgewiesen werden, daß eine Verzögerung der "Time to Market" um 10% eine Ertragseinbuße von bis zu 30% verursacht, während eine Erhöhung der Entwicklungskosten um 50% lediglich zu einer Ertragsminderung von 5-10% führt. Angesichts dieser Wirkungszusammenhänge erscheinen auch Maßnahmen sinnvoll, die darauf abzielen, die Entwicklungszeiten zu Lasten einer Kostenreduzierung zu verbessern.

Die Bilanzwirksamkeit von Zeitverkürzungen resultiert vor allem aus den Bestandsreduzierungen. Durch die Verringerung des bislang in Vorräten an Rohstoffen, Halb- und Zwischenerzeugnissen sowie Fertigprodukten gebundenen Kapitals steigt die Kapitalumschlaghäufigkeit. Das gleiche Beschaffungs-, Produktions- und Umsatzvolumen kann mit einem geringeren Kapitaleinsatz realisiert werden. Die freigesetzten Finanzmittel erhöhen kurzfristig die Liquidität der Unternehmung. Langfristig können die freigesetzten Mittel zur Durchführung zusätzlicher Investitionen oder zur Ausweitung des Geschäftsvolumens ins Umlaufvermögen reinvestiert werden (vgl. Abb. 10). Die auf diese Weise realisierte aktivseitige Vermögensumschichtung vom Umlaufvermögen ins Anlagevermögen oder vom Umlaufvermögen in zusätzliches Umlaufvermögen kann bei gleichbleibendem Bilanzvolumen zu einer Erhöhung der Periodenkapazität führen. Ferner ermöglichen die freigesetzten Mittel eine "Entlastung" der Passivseite der Bilanz, etwa durch Rückzahlung von Fremdkapital. Ziel ist es, durch den Aufbau physisch begrenzter Materialpuffer den Flußgrad (Quotient aus Durchlaufzeit und Wertschöpfungszeit) und die Lieferbereitschaft gleichermaßen über den gesamten Wertschöpfungsprozeß hinweg zu optimieren. Als Ergebnis dieses Optimierungsansatzes wird vor allem die Bestandsstruktur beeinflußt, da mit zunehmender Kundennähe eine Erhöhung der Umschlagshäufigkeit der Bestände angestrebt wird.

Weitere positive Wirkungen resultieren aus der Erhöhung der Umsatzrendite. Die Erhöhung der Zeiteffizienz beeinflußt dabei sowohl die Kostensituation als auch den Umsatz. Die Umsatzveränderungen resultieren aus einer Verbesserung des Leistungsprofils der Unternehmung. Sie lassen sich auf Mengen- und Preiseffizienz zurückführen und tragen zu einem schnelleren Rückfluß der in Anlagen und Bestände investierten Finanzmittel bei. Kosteneinsparungen sind bei den fixen und variablen Kosten in F&E, Produktion und Zulieferung zu verzeichnen. Damit wird deutlich, daß sich eine Reduzierung des Zeitverbrauchs innerhalb der Innovations- und Wertschöpfungskette in zweifacher Weise auswirkt. Sie erhöht den Kapitalumschlag und verbessert die Umsatzrendite.

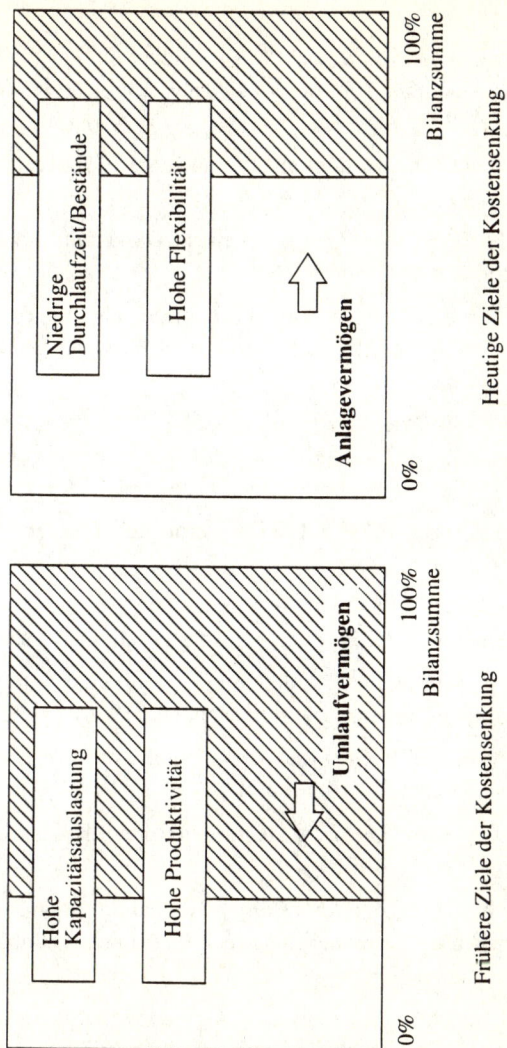

Abb. 10: Die Umwandlung von Umlauf- in Anlagevermögen

Literatur

Boothroyd, D./Dewhurst, P. (1988): Product Design for Manufacture and Assembly, in: Manufacturing Engineering, Vol. 101 n4 (1988), S. 42-46

Bühner, R. (1988): Gefährliche Versuchung High-Tech, in: Harvard Manager (1988)3, S. 92-96

Danzer, H.H. (1990): Quality-Denken stärkt die Schlagkraft des Unternehmens, Zürich 1990

Eidenmüller, B. (1989): Die Produktion als Wettbewerbsfaktor, Herausforderungen an das Produktionsmanagement, Zürich, Köln 1989

Eversheim, W./Brachtendorf, T. (1985): CIM - Integrierter Rechnereinsatz in der Produktion, in: REFA-Nachrichten (1985)3, S. 23-28

Gomez, P./Probst, G.J.B. (1987): Vernetztes Denken im Management, Bern 1987

Pernicky, R. (1990): Schneller werden, in: Arthur D. Little (Hrsg.): Management der Hochleistungsorganisation, Wiesbaden 1990

Rutt, H.N. (1990): Die flexible Organisation - eine zeitoptimale Vielzweckmaschine, in: Harvard Manager (1990)3, S. 62-72

Scheer, A.-W. (1986); Rechnerverbund steigert Leistung, in: Maschinenmarkt (1986)14, S. 34-38

Simon, H. (1989): Die Zeit als strategischer Erfolgsfaktor, in: ZfB 59(1989)1, S. 70-91

Stalk, G. jr / Hout, Th.M. (1990): Competing Against Time: How Time-based Competition is Reshaping Global Markets, New York 1990

Urban, S. (1990): Prozeßorientierung in der Organisation für eine kunden- und marktnahe Produktion, in: Wildemann, H. (Hrsg.): Kundennahe Produktion und Zulieferung durch Just-In-Time, München 1990, S. 387-404

Vester, F. (1980): Neuland des Denkens, München 1980

Wildemann, H. (1990): Wettbewerbs- und mitarbeiterorientierte Arbeits- und Betriebszeiten - Zielsetzungen, Gestaltungsmöglichkeiten und Einsatzbereiche im empirischen Vergleich, in: Wildemann, H. (Hrsg.): Flexible Arbeits- und Betriebszeiten, Tagungsbericht, 23.-24. Januar 1990, München, S. 9-140

Wildemann, H. (1994a): Fertigungsstratgegien: Reorganisationskonzepte für eine schlanke Produktion und Zulieferung, 2. neubearb. Aufl., München 1994

Wildemann, H. (1994b): Die modulare Fabrik; Kundennahe Produktion durch Fertigungssegmentierung, 4. Aufl., München 1994

Wildemann, H. (1995): Das Just-In-Time-Konzept, Produktion und Beschaffung auf Abruf, 4. Aufl., Frankfurt 1995.

WALTHER CH. ZIMMERLI

Zeit als Zukunft

Die menschliche Konstruktion der Zeit.
Rhythmen und Uhren,
Cyber-Medienfiktion und Technikfolgenabschätzung.
Vom Handeln im Mensch-Maschine-Tandem

Während wir über sie nachdenken, vergeht sie; als zukünftige ist sie (noch) nicht; als vergangene ist sie nicht (mehr); als gegenwärtige aber ist sie nichts (als der infinitesimale Punkt zwischen Vergangenheit und Zukunft); kurz: sie ist nichts als das Nichts zwischen dem Noch nicht und dem Nicht mehr. So scheint die Zeit eben dieses Nichts zu sein; aber läßt sich denn sinnvollerweise von einem Nichts sagen, es sei? Daß wer Zeit hat ebenso wie wer keine hat, trotzdem in der Zeit ist, die ihrerseits nichts ist, ist eine andere Facette dieses Vexierspiegels. Wer sich selbst Zeit nimmt, hat offenkundig hernach ebenso mehr davon, wie wer sich Zeit läßt. Und was zu jeder Zeit gilt, ist das Zeitlose ...

Wie auch immer wir es versuchen mögen: sobald wir Zeit zu denken versuchen, geraten wir in solche Probleme und verstricken uns und andere in deren Fallstricken. Bei genauerem Zusehen zeigt sich jedoch: Das geschieht nicht von ungefähr - ganz im Gegenteil.

Daß Zeit nicht ohne Widerspruch selbst gedacht[1] oder gar in irgendeiner (transzendentalen wie metaphysischen) Deduktion abgeleitet
werden kann[2], hat einen Grund, der in mindestens zwei Gestalten
auftritt. Das Nachdenken über Zeit setzt Zeit unhintergehbar immer
schon voraus, und das Sprechen über Zeit tut es sogar in doppelter
Weise: Nicht nur kann Sprechen nicht anders als in der Zeit gedacht
werden, sondern es erfolgt auch immer in einer der drei Zeit-
"Ekstasen" Vergangenheit, Gegenwart und Zukunft. Infolgedessen ist
philosophisches Nachdenken über Zeit per definitionem hermeneu-
tisch und beginnt „immer schon" „inmitten". So soll von nun an Zeit
in Form von Vergangenheit, Gegenwart und Zukunft vorausgesetzt
sein und zum Zwecke des besseren Verständnisses ausgelegt werden.
Und dabei wird mit der Zukunft begonnen werden, denn sie - dies ist
die leitende Annahme dieser Gedanken - ist die bevorzugte Zeitform,
anders: *Zeit ist in privilegiertem Sinne Zukunft.*

Machen wir uns das zunächst an einem weitverbreiteten Mißver-
ständnis hinsichtlich des Redens von Zukunft klar: Wer hat nicht

---

1) Der 'locus classicus' für diesen Sachverhalt findet sich bekanntlich bei
   Augustinus, der an vielzitierter Stelle in den „Confessiones", Buch 11, 14.
   Kapitel, schreibt: „Denn was ist Zeit? Wer kann das leicht und kurz erklären?
   Wer könnte dieses Wort, wenn er es spricht, auch im Gedanken nur umfassen?
   Und doch kennt unsere Sprache kein vertrauteres und kein geläufigeres Wort
   als das der Zeit. Und immer wissen wir dabei, wovon wir sprechen, und
   verstehens auch, wenn andre davon sprechen. Was also ist die Zeit? Solang
   mich niemand danach fragt, ist mirs, als wüßte ichs; doch fragt man mich und
   soll ich es erklären, so weiß ichs nicht.", zitiert nach: Des Heiligen
   Augustinus Bekenntnisse, übertragen und eingeleitet von Hermann Hefele,
   Jena 1922, 238. Daß sich diese Schwierigkeit des Denkens und Sprechens
   über Zeit als Widerspruch rekonstruieren läßt, wird expliziert bei G. Prauss,
   „Die innere Struktur der Zeit als ein Problem für die Formale Logik", in:
   Zeitschrift für philosophische Forschung, Bd. 47, 1993, 542-558.

2) G. Prauss (a.a.O., 543 ff.) versucht umgekehrt, mit Hilfe einer phänomeno-
   logisch-transzendentalen Reduktion aufzuweisen, daß es nicht an der Zeit,
   sondern an der Formalen Logik liege, daß jeder Versuch, Zeit sprachlich zu
   formulieren, auf einen Widerspruch hinauslaufe. Vgl. hierzu auch ders., Die
   Welt und wir, Bd. 1: Subjekt und Objekt der Theorie, Teil 1: Sprache -
   Subjekt - Zeit, Stuttgart 1990, §§ 14-16.

schon über den legendären Professor gelächelt, der - scheinbar zerstreut, in Wahrheit aber mit hoher wissenschaftstheoretischer Präzision - gesagt haben soll, Prognosen seien schwierig, insbesondere jene, die es mit Zukunft zu tun hätten. 'Mit hoher wissenschaftstheoretischer Präzision' - damit ist gemeint, daß 'Zukunft' und 'Prognose' unterschiedlichen Denk- und Sprachräumen angehören: Prognosen sind Elemente des logischen Folgerungsraums von Theorien, Zukunft dagegen ist ein Konstituens von Lebenswelt. Pointierter und daher vielleicht mißverständlicher: Prognosen haben nichts mit Zeit zu tun, Zukunft dagegen ist nichts anderes als Zeit (woraus *nota bene* folgt, daß Prognosen auch nichts mit Zukunft zu tun haben[3]). Ich will diese Differenz mit zwei Namen belegen, um sie zu typologisieren: Pythia und Aristoteles. Letzterer hat nämlich die Argumentation dafür geliefert, daß Prognosen schon von ihrer Form her nichts mit Zukunft zu tun haben[4], beschäftigte sich also mit Logik, während jene ihr Geschäft gerade umgekehrt mit der Zukunft machte.

Nun soll hier von Prognosen erst am Ende die Rede sein, umso mehr davor aber von Zukunft. Im folgenden wird es mir also um nicht mehr gehen als darum, eine nicht allein historisch, sondern systematisch vorgehende Rekonstruktion dessen zu geben, was ich der Kürze halber als 'Pythia-Syndrom' bezeichnen möchte. Um nicht mehr - aber auch um nicht weniger.

Was wissen wir über Pythia hinsichtlich der Art, wie sie mit Zukunft umging? Die Quellen über ihre Funktion fließen reichlich; über die Person aber wissen wir nichts, denn 'Pythia' ist gar kein Eigenname, sondern eine Berufsbezeichnung für jene (älteren) weiblichen Wesen, die im Gewande einer Jungfrau die mantischen

---

3) Vgl. W. Ch. Zimmerli, „Hat die Natur eine Zukunft? Das wissenschaftlich-technologische Prognoseproblem und die Biowissenschaften", in: Evolution und Prognose, Schriftenreihe der RWTH Aachen, Aachen 1990, 169-184, bes. 174 f.

4) Aristoteles, Peri Hermeneias, 18 b9 - 19 b4: vgl. G. Patzig, Die aristotelische Syllogistik, 3. Aufl. Göttingen 1969, 34 f.

Dienste der Rede über die Zukunft ausübten (und zwar im Wortsinne be-nebelt).

Sehr viel Genaueres wissen wir über die Struktur ihrer Vorhersagen. Diese waren immer zwei- oder mehrdeutig, so daß im Regelfalle, was auch immer geschah, mit dem in ihnen Ausgedrückten verträglich war, nicht unähnlich dem, was wir heute in den astrologischen Horoskopen lesen, nur sehr viel raffinierter strukturiert.

Betrachten wir zwei bekannte Beispiele:

1. Der für seinen Reichtum sprichwörtlich gewordene griechenfreundliche Lyder-König Kroisos soll das Orakel von Delphi befragt haben, bevor er sich in die entscheidende Schlacht am Halys gegen den Perserkönig Kyros II. begab. Das Orakel soll gesagt haben, Kroisos werde ein großes Reich zerstören, wenn er den Fluß Halys überschreite.[5] Kroisos, der annahm, damit sei das Perserreich gemeint, überschritt den Halys, wurde vernichtend geschlagen und zerstörte dadurch sein eigenes Reich. So hatte die Pythia in Delphi doch die Wahrheit gesprochen.

2. In der „Apologie" läßt Platon den von ihm erschaffenen literarischen Sokrates vor Gericht argumentieren, die Anklage gegen ihn, „er frevle und treibe Torheit, indem er unterirdische und himmlische Dinge untersuche und Unrecht zu Recht mache, dies alles auch andere lehre"[6], beruhe darauf, daß er einem Spruch des delphischen Orakels gefolgt sei. Dieses habe nämlich seinem inzwischen verstorbenen Freund Chairephon mitgeteilt, daß niemand weiser sei als Sokrates. Er, Sokrates, habe dies kaum glauben können, deswegen alle Bürger in der Stadt befragt und dabei festgestellt, daß in der Tat keiner von diesen in dem Bereich seiner vermeintlichen Kompetenz wirklich Bescheid wisse. „Ich scheine also um dieses wenige doch

---

5) Vgl. Herodotos, Histories apodeixis, I, 53 f.

6) Platon, Apologie, 19 b4 f., zitiert nach der deutschen Übersetzung von F. Schleiermacher.

weiser zu sein (...), daß ich, was ich nicht weiß, auch nicht glaube zu wissen." [7]

Wir halten fest: Am Beispiel der Orakelsprüche der Pythia läßt sich zeigen, daß

a) sich diese nur unter der Bedingung bewahrheiten, daß die die Zukunft Erfragenden dabei mitwirken, und

b) daß sie dies tun, indem sie sich für eine der Bedeutungen des Orakelspruchs entscheiden, was sie aber stets unter Bedingungen des Nichtwissens hinsichtlich der Zukunft tun müssen.

Im Falle des Kroisos ist es eine Interpretation, die sich eben dadurch, daß ihr gefolgt wird, als falsch erweist, und ähnlich verhält es sich im Falle des Sokrates, der seine Einsicht, Weisheit bedeute Wissen des Nichtwissens, durch das Mißlingen einer Reihe von Falsifikationsversuchen seiner ursprünglichen - falschen - Interpretation des Orakelspruchs gewinnt. Diese komplexe Struktur des Einsatzes kognitiver Gehalte zur Produktion von Zukunft soll nun weiter untersucht werden. Dabei will ich in einem ersten (ontologischen) Schritt der starken These etwas genauer nachfragen, derzufolge nur Zukunft Zeit *sensu stricto* ist (1). Dem wird eine Erwägung über die gegenwärtigen Formen technologischer Zeitkonstruktion folgen (2). Es liegt nahe, im dritten Teil zunächst auf die Prognosetheorie und den umstrittenen Zusammenhang von Prognose und Technikfolgenabschätzung einzugehen und schließlich zu einer Reflexion auf die unterschiedlichen Zeitpräferenzen und andere menschliche Fehler bei der Produktion von Zukunft sowie zur Diskussion des kompensatorischen Modells eines Mensch-Maschine-Tandems überzugehen. (3)

1. Zukunft als Zeit sensu stricto

Gewiß, wir wissen nicht nichts über die Zukunft. Wir wissen zum Beispiel, daß wir sie niemals kennen werden, jedenfalls nicht vollständig. Der inzwischen durch den Zusammenbruch des Sozialismus indirekt zu zusätzlichen Klassikerehren gekommene Sir

---

7) Ebd., 21 d5 f.

Karl Raimund Popper hat dafür das erneut mit der Differenz von Wissen und Nichtwissen operierende frappierende Argument geliefert: Könnten wir die Zukunft vollständig vorherwissen, würde sich das auch auf unser zukünftiges Wissen beziehen; wir würden dann also gegenwärtig wissen, was wir zukünftig wissen werden. Dann aber handelte es sich gar nicht um zukünftiges Wissen, sondern um gegenwärtiges Wissen.[8]

Versuchen wir, uns das an einem Beispiel klarzumachen: Die Informationen über die jüngere Vergangenheit entnehmen wir alltäglich unseren Informations- und Kommunikationsmedien, traditionellerweise etwa der Zeitung. Was wir jeweils zur Kenntnis nehmen, ist der Inhalt der Zeitung von heute, von der wir wissen, daß sie morgen die Zeitung von gestern sein wird. Insofern wissen wir zwar etwas über die Zukunft, nämlich, daß in ihr das Heute das morgige Gestern sein wird. Daraus aber folgt keineswegs, daß wir den Inhalt der Zeitung von morgen dadurch schon kennen könnten. Wäre das der Fall, wäre sie eben nicht die Zeitung von morgen, sondern die von heute. Nun wäre zwar denkbar, daß die Zeitung von morgen genau denselben Inhalt hätte wie die Zeitung von heute; damit sie aber die Zeitung von morgen sein kann, muß sie sich eben hierdurch von der Zeitung von heute unterscheiden, daß der Inhalt der Zeitung von morgen zwar der Inhalt der Zeitung von heute ist, aber eben schon zum zweiten Mal. Wäre es zum ersten Mal der Inhalt der Zeitung von heute, handelte es sich nicht um die Zeitung von morgen, sondern schlicht um die von heute.

Obwohl wir also die Zukunft niemals vollständig kennen, können wir trotzdem einiges über sie wissen, und das hängt damit zusammen, was wir seit der relativistischen Wendung in der Physik als das „Raum-Zeit-Kontinuum" bezeichnen. Wir erinnern uns, daß dieser Terminus 1908 von Hermann Minkowski, einem der früheren Lehrer Einsteins an der ETH Zürich, in Weiterentwicklung der Theorie seines früheren Schülers eingeführt wurde, um eine Konsequenz aus dessen relativistischer Physik zu radikalisieren[9]

---

8) K.R. Popper, Das Elend des Historizismus, Tübingen 1965, XI f.

9) Vgl. A. Pais, Subtle is the World: The Science and the Life of Albert Einstein, Oxford UP 1982, 139.

(was diesem übrigens zunächst gar nicht behagte, sondern als "überflüssig" erschien, wenn er sich auch später damit anfreundete[10]). Von Einstein stammte die Idee, daß - physikalisch gesprochen - die seiner Theorie als invariant zugrundegelegten Annahmen der Konstanz der Lichtgeschwindigkeit und der allgemeinen Relativität der Bewegung widerspruchsfrei nur beibehalten werden können, wenn Raum und Zeit nicht als externe Parameter vorausgesetzt, sondern relativistisch interpretiert werden. Daraus folgt, daß zum einen der Begriff der 'Gleichzeitigkeit' seinen Sinn verliert und daß zum anderen auch die zwei Zeit-"Ekstasen" Vergangenheit und Zukunft ebenso 'real' und gewichtig sind wie die in der Tradition des abendländischen Zeitdenkens bis dato immer präferierte Gegenwart. Dann aber ist Realität das ausgebreitete Ganze von Raum und Zeit, das nur durch die Perspektive des einzelnen Beobachterstandpunktes, der das jeweilige 'Jetzt' markiert, in Vergangenheit und Zukunft getrennt wird. Das wiederum hat, wie Minkowski erkannte, zur Voraussetzung, daß Raum und Zeit nur theoretische Abstraktionen (bloße „Schatten") der einen und konkreten Raum-Zeit sind. So betrachtet, müßte allerdings für Beobachtersysteme - jedenfalls in einem gewissen Ausmaß - eine reziproke Transformation von Zeit und Raum möglich sein. Und das scheint sich in der Tat so zu verhalten, wie man sich an einfachen lebensweltlichen Beispielen klarmachen kann, in denen zwei Beobachtersysteme in einem eng definierten räumlichen Korridor so aufeinanderzubewegt werden, daß sie sich in nicht allzu ferner Zukunft begegnen werden.

Das konkrete Beispiel sei dasjenige eines Staus auf der Autobahn. Stellen wir uns vor, wir fahren mit relativ hoher Geschwindigkeit auf einer Autobahn an einem Stau auf der Gegenfahrbahn vorbei.

---

10) Vgl. P. Davies, About Time. Einstein's Unfinished Revolution, New York 1995, 73, dt. unter dem Titel "Die Unsterblichkeit der Zeit. Die moderne Physik zwischen Rationalität und Gott", 3. Aufl. Darmstadt 1996, 82. Zur „block time" oder „Raum-Zeit" vgl. J. Audretsch / K. Mainzer (Hrsg.), Philosophie und Physik der Raum-Zeit, Mannheim/Wien/Zürich 1988, darin bezüglich unseres Hintergrundes bei Aristoteles und Augustin bes. P. Janich, „Geschwindigkeit und Zeit. Aristoteles und Augustin als Lehrmeister der modernen Physik", 163-181.

Nachdem wir dessen Ende passiert haben, herrscht auf der Gegenfahrbahn wieder normaler flüssiger Verkehr. Die uns mit hoher Geschwindigkeit auf der Gegenfahrbahn entgegenfahrenden Fahrzeuge, die sich bemühen, möglichst schnell zu fahren und einander zu überholen, erfüllen uns mit einer gewissen Schadenfreude, wissen wir doch, daß deren Zukunft darin besteht, in 5 Minuten in einem Stau zu stecken. Das liegt - um diesen temporalen Dopplereffekt (genauer: diese Überlagerung von Dopplereffekt und Zeitdilation) nun auszulegen - natürlich daran, daß unsere eigene, nur kurz zurückliegende Vergangenheit uns *rebus sic stantibus* erlaubt, in unserem Kurzzeitgedächtnis einen Blick in die kurzfristige Zukunft der Fahrzeuglenker auf der Gegenfahrbahn zu werfen. Es handelt sich hierbei sozusagen um eine lebensweltlich auf Newton-Dimensionen reduzierte Variante von Einsteins Uhren- bzw. Zwillingsproblem[11] (das oft fälschlicherweise als Paradox ausgegeben wird): Zwar sind die Zeitdilations- und Dopplereffekte aufgrund der geringen Geschwindigkeiten und kleinen Distanzen verschwindend klein, aber die Zeit-Raum-Kontinuumskonsequenz läßt in diesem Falle zu, zwar nicht in die eigene Zukunft, wohl aber in diejenige der anderen zu sehen. Für diese wird sie zwar erst geschehen, für uns liegt sie aber wie ein aufgeschlagenes Buch bereits vor (genauer: hinter) uns.

---

11) Dieses besteht bekanntlich darin, daß zwei Uhren, von denen die eine sich in relativer Ruhe hinsichtlich eines Bezugssystems, z.B. der Erde, die andere dagegen sich hinsichtlich desselben Bezugssystems in relativ hoher Geschwindigkeit, z.B. in einer mit annähernder Lichtgeschwindigkeit fliegenden Rakete, befindet, nach einer gewissen Dauer verschiedene Zeiten anzeigen. Der Anschein eines Paradoxes entsteht indessen nur dadurch, daß man formuliert, sie zeigten 'gleichzeitig' verschiedene Zeiten an. Rechnet man es indessen einmal genauer durch und berücksichtigt dabei, daß nach Einstein aufgrund der Tatsache, daß die Lichtgeschwindigkeit die höchste Signalgeschwindigkeit ist, so etwas wie 'Gleichzeitigkeit' nicht definiert ist, dann löst sich der Paradoxie-Anschein schnell auf: Die beiden Uhren zeigen in der Tat verschiedene Zeiten an, aber eben nicht 'gleichzeitig'. In dem sich mit hoher Geschwindigkeit bewegenden System vergeht weniger Zeit als in dem sich in relativer Ruhe befindenden. Die beiden befinden sich - sozusagen - auf verschiedenen Minkowski-Schnittebenen durch die Raum-Zeit; vgl. P. Davies, a.a.O. (Anm. 10), engl. 59-65, dt. 65-73.

Dahinter steckt eine Struktur, die uns Philosophen theoretisch wohlbekannt ist: Die Differenz von Zukunft auf der einen und Gegenwart sowie Vergangenheit auf der anderen Seite hängt vom 'Jetzt' des Beobachters ab. Das wiederum läßt sich, von der kanalisierten Raum-Zeit-Kontinuums-Vorstellung einmal abgesehen, an der Verwendung unterschiedlicher sprachlicher Zeitrepräsentationen ablesen. Es ist bekanntlich Ellis McTaggart gewesen, der 1934 in seinem berühmten Text über die „Irrealität der Zeit" darauf aufmerksam gemacht hat, daß wir im Repertoire unserer sprachlichen Zeitvorstellungen über zwei unterschiedliche Reihen verfügen, die zwar beide der neuerdings mit Nachdruck erhobenen Irreversibilitätsforderung Rechnung tragen, aber zu unterschiedlichen semantischen Konsequenzen führen: „Die Positionen in der Zeit unterscheiden sich - so wie die Zeit uns *prima facie* erscheint - in zwei Hinsichten. Jede Position ist früher als einige oder später als einige der anderen Positionen, und jede Position ist entweder vergangen, gegenwärtig oder zukünftig. Die Unterscheidungen der ersten Klasse sind permanent, diejenigen der letzteren jedoch nicht. Wenn M jemals früher als N ist, dann ist es immer früher. Aber ein Ereignis, das jetzt gegenwärtig ist, war zukünftig und wird vergangen sein. (...) Der Kürze halber werde ich die Reihe der Positionen, die von der weit entfernten Vergangenheit über die nahe Vergangenheit bis zur Gegenwart und von der Gegenwart über die nahe Zukunft bis zur weiter entfernten Zukunft verlaufen, als 'A-Reihe' bezeichnen. Die Reihe der Positionen, die von früher bis später verlaufen, werde ich 'B-Reihe' nennen." [12]

Was - außer der semantisch unterstellten Permanenz der Elemente der B-Reihe - unterscheidet eigentlich die beiden Reihen? Nun, offenkundig ist als entscheidendes Kriterium die Tatsache anzunehmen, daß die A-Reihe nur verwendet werden kann, wenn in pragmatischer Semantik der Bezug auf den Beobachter immer so vorgenommen wird, daß seine Position mit der der Gegenwart zusammenfällt. Anders gesagt: 'Früher' oder 'später' kann ein

---

12) J.M.E. McTaggart, „Die Irrealität der Zeit", 1908, dt. in: W.Ch. Zimmerli/M. Sandbothe (Hrsg.): Klassiker der modernen Zeitphilosophie, Darmstadt 1993, 67 f.

Ereignis allein bezogen auf ein anderes Ereignis genannt werden; 'vergangen', 'gegenwärtig' oder 'zukünftig' aber nur bezüglich der ihrerseits stets als gegenwärtig zu unterstellenden Situation des Beobachters und für diesen. Was wir tun, wenn wir versuchen, uns ein konsistentes, d.h. der Minimalforderung der Widerspruchsfreiheit folgendes Bild von Zeit zu verschaffen, besteht darin, daß wir uns zunächst ein Bild von 'Früher-Später'-Relationen (z.B. mit Hilfe von weit entwickelten naturwissenschaftlichen Theorien) machen, das uns dann erlaubt, unsere Vorstellungen von Vergangenheit, Gegenwart und Zukunft in sie einzupassen.

Um das genauer zu verstehen, bedarf es noch zweier weiterer Überlegungen:

1. Da die A-Reihe, wie erwähnt, nur unter Bezugnahme auf die Pragmatik des Beobachtenden, Sprechenden, Hörenden bzw. Schreibenden und Lesenden semantisch vollständig ist, besteht die Aufgabe offenbar darin, ein Verständnis von Zeit zu entwickeln, das - unabhängig von der zeitkonstitutiven Leistung des Subjekts - dennoch in der Lage ist, dessen Genese zu erklären. Kurz: Die sich im Gespräch mit den Naturwissenschaften befindende ontologische Rekonstruktion muß so geschehen, daß sie zu erklären in der Lage ist, warum der Beobachter bzw. das menschliche Subjekt sich so verhalten kann, wie es sich *de facto* verhält.

2. Wenn wir die A-Reihe kategorial differenzieren, zeigt sich, daß ein kategorialer Bruch zwischen Vergangenheit und Gegenwart auf der einen und Zukunft auf der anderen Seite besteht: Während Vergangenheit und Gegenwart der Kategorie der Wirklichkeit gehorchen, unterliegt die Zukunft der Kategorie der Möglichkeit, anders: Über Vergangenheit und Gegenwart wird kategorisch, über die Zukunft dagegen hypothetisch gesprochen.

Mit anderen Worten: Es ist notwendig, eine gedankliche Konstruktion vorzunehmen, die erlaubt, die Früher-Später-Relation als unumkehrbare so zu denken, daß sie den Übergang von Wirklichkeit zu Möglichkeit zuläßt. Und das ist, wie gesagt werden muß, keineswegs selbstverständlich. Zwar macht es uns gar keine Schwierigkeiten, die umgekehrte Bestimmung zu denken, nämlich: daß, was wirklich ist, möglich gewesen sein muß; aber die

Ermöglichung von Möglichkeit durch Wirklichkeit - das ist etwas anderes.

Sobald wir dies allerdings phänomenologisch anreichern, haben wir weniger Probleme damit. Wir brauchen nur uns selbst zu betrachten, um zu verstehen, was eigentlich erklärt werden soll: Ganz offenkundig nämlich sind wir Wesen von der Art ständiger Beobachter. Wir sind, um es plakativ zu formulieren, 'zum Beobachten verurteilt'. Es gelingt uns nicht, den 'Gegenwart' genannten Übergang von Zukunft in Vergangenheit, mag er nun infinitesimal oder ausgedehnt sein, in der A-Reihe zu verlassen. Wir haben gleichsam ein Dauerabonnement mit Zwangsverpflichtung im „Zug der Zeit", um mit Hermann Lübbe zu sprechen.[13] Wie die Spinne aus der Nahrung, die sie aufnimmt, beständig den Faden ihres Netzes spinnt[14], so verwandeln wir die Zukunft, die wir aufnehmen, ständig in Vergangenheit. Eben dies aber ist der Prozeß der Umwandlung von Möglichkeit in Wirklichkeit, der im Kontext der Ontologie als „Werden" (Hegel), im Kontext der Ethik deontologisch als „Kausalität durch Freiheit" (Kant) oder teleologisch als „Verantwortung" (Jonas) bezeichnet wird.

---

13) Vgl. H. Lübbe, Im Zug der Zeit. Verkürzter Aufenthalt in der Gegenwart, Berlin/New York/ Heidelberg 1992.

14) Daß die Spinne eine repräsentative Symbolisierung der Zeit abgibt, läßt sich vielerorts nachlesen, vielleicht am deutlichsten im zweiten Abschnitt des Kapitels „Vom Gesicht zum Rätsel" im dritten Teil des „Zarathustra", an jener Stelle, an der Nietzsche die Lehre von der ewigen Wiederkehr des Gleichen einführt: „Und wenn alles schon dagewesen ist: was hältst du Zwerg von diesem Augenblick? Muss auch dieser Thorweg nicht schon - dagewesen sein? Und sind nicht solchermaassen fest alle Dinge verknotet, dass dieser Augenblick a l l e kommenden Dinge nach sich zieht? Also -- sich selber noch? Denn, was laufen k a n n von allen Dingen: auch in dieser langen Gasse h i n a u s - m u s s es noch einmal laufen! Und diese langsame Spinne, die im Mondschein kriecht, und dieser Mondschein selber, und ich und du im Thorwege, zusammen flüsternd, von ewigen Dingen flüsternd - müssen wir nicht alle schon dagewesen sein? - und wiederkommen und in jener anderen Gasse laufen, hinaus, vor uns, in dieser langen schaurigen Gasse - müssen wir nicht ewig wiederkommen? -" F. Nietzsche, Also sprach Zarathustra, in: ders., Sämtliche Werke. Kritische Studienausgabe, Berlin/New York 1980, Bd. 4, 200.

Worum es also geht, ist eine ontologische Formulierung zu
finden, die nicht Kausalität durch Freiheit, sondern *Freiheit durch
Kausalität* erklärbar macht. Dies genau scheint mir nun der
zeitphilosophische Beitrag der Theorie dissipativer Strukturen vor
dem Hintergrund einer allgemeinen Selbstorganisationstheorie zu
sein, den im wesentlichen die Brüsseler Schule um Ilya Prigogine
geleistet hat[15]. Um das in ein Bild zu bringen: Die B-Reihe des
irreversiblen Zeitlaufs wird verstanden als ein Prozeß des 'Gerinnens'
vorher noch flüssiger bifurkativer Möglichkeiten und damit als ihre
Umsetzung in Wirklichkeit. Wie eine Kugel, die über ein auf Lücke
gesetztes Nagelbrett läuft, dabei durch minimalste Veränderungen in
ihrer Bahn, was Richtung und Geschwindigkeit betrifft, abgelenkt
wird und sich so einen neuen Korridor späterer Zustände eröffnet, so
entwickelt sich Zeit aus Uralternativen, die, um Carl Friedrich von
Weizsäcker zu folgen, als binäre Alternativen, d.h. als Informationseinheiten zu verstehen sind.[16] Zeit und Information, d.h.
Unterschied, anders formuliert: Masse und Energie lassen sich so als
die äquivalenten Elemente verstehen, die den Kosmos als über-
dimensionales Ganzes hervorbringen. Und wie sich durch kleine
Ursachen große Wirkungen auf der übergeordneten Systemebene
herstellen lassen, so konstituiert dieser Prozeß jeweils neue und
höherstufige Ordnungen. Das ist, was wir dann herkömmlich
'Evolution' nennen.[17]

15) I. Prigogine, „Zeit, Entropie und der Evolutionsbegriff in der Physik", 1979,
    wieder abgedruckt in: W.Ch. Zimmerli/M. Sandbothe (Hrsg.), a.a.O. (Anm.
    12), 182-211; ders., „Die Wiederentdeckung der Zeit. Naturwissenschaft in
    einer Welt begrenzter Vorhersagbarkeit", in: H.-P. Dürr/W.Ch. Zimmerli
    (Hrsg.),   Geist   und   Natur.   Über   den   Widerspruch   zwischen
    naturwissenschaftlicher Erkenntnis und philosophischer Welterfahrung, 1989,
    3. Aufl. Bern/München/Wien 1991, 47-60; ders./I. Stengers, Das Zeitparadox,
    München 1993.

16) C.F. v. Weizsäcker, Zeit und Wissen, München/Wien 1992, 306 ff.; vgl. auch
    ders., "Die Philosophie eines Physikers", in: ders. / E. Eppler / D. Sölle / W.
    Ch. Zimmerli, Philosophie zwischen Wissenschaft, Religion und Politik,
    Bamberg 1993, 13-33, bes. 22; vgl. auch ders. oben in diesem Band S. 97-
    130, bes. 106 ff.

17) Vgl. I. Prigogine 1979, a.a.O. (Anm. 13); E. Jantsch, Die Selbstorganisation
    des Universums.   Vom Urknall zum menschlichen Geist, München 1979;

Gewiß, keiner von uns ist dabeigewesen, und daher 'weiß' im strengen Sinne auch niemand 'als Augenzeuge', wie sich die Natur als ganze in ihrer Zeitkonstitution verhält. Aber im Rahmen des Versuches, uns in unserer Welt, sie verstehend, heimisch zu machen, macht es guten Sinn, sich dieser Struktur nur nach der B-Reihe zu nähern, wenn man wissen möchte, wie es möglich ist, daß wir als ewig gegenwärtig, durch die Wirklichkeit der Vergangenheit bestimmt, doch die Möglichkeit zur A-Reihe, d.h. zur Freiheit haben.

Was aber heißt dann 'Freiheit'? - Damit ist die auf der evolutionären Stufe der kognitiven Wesen verdoppelte Bifurkationsmöglichkeit gemeint: bewußte Entscheidung, über Reflexion vermittelte Selbststeuerung von Individuen und Gruppen, d.h. Autonomie als Produkt von Selbstorganisation.

Fraglos besteht zwischen der informationskonstitutiven Ur-Alternative und den entscheidungsleitenden Gedanken kognitionsgesteuerter Menschen ein gewaltiger Unterschied. Und es bedürfte noch unzähliger wissenschaftlicher und narrativer Zwischenschritte, um hieraus eine konsistente und umfassende Rahmenerzählung zu schaffen, die die im 18. Jahrhundert begonnene Entdeckung der Zeit[18] nun im Rahmen ihrer sich gerade ereignenden Wiederentdeckung[19] abschlösse. Aber der hier von mir skizzierte Vorschlag vermag zumindest sichtbar zu machen, wie Naturzeit und Lebensweltzeit so zusammen gedacht werden können, daß wir der Fiktion einer Identität nicht zu erliegen brauchen, sondern die Asymmetrie als konstitutiv denken können. Das aber setzt voraus, daß das, was wir 'Zeit' nennen, eigentlich auf den Raum der *Möglichkeit* und d.h. denjenigen der *Zukunft* begrenzt bleibt. Weder Gegenwart

---

B.-O. Küppers (Hrsg.), Ordnung aus dem Chaos. Prinzipien der Selbstorganisation und Evolution des Lebens, München 1987.

18) S. Toulmin/J. Goodfield, Entdeckung der Zeit, 1965, dt. München 1970.

19) I. Prigogine 1989, a.a.O. (Anm. 15); W. Ch. Zimmerli / M. Sandbothe, „Einleitung“, in: dies. (Hrsg.), a.a.O. (Anm. 12), 23; A. Gimmler / M. Sandbothe / W. Ch. Zimmerli (Hrsg.), Die Wiederentdeckung der Zeit, Darmstadt 1997 (im Druck).

noch Vergangenheit 'fließen' noch.[20] Was aber gemeint ist, wenn
von William James über Edmund Husserl bis zu J.J.C. Smart vom
'Fließen' der Zeit gesprochen wird[21], ist eben dieser Prozeß der
Ermöglichung einer Verfestigung alternativer Zukünfte zur
Wirklichkeit.

Kurz:

*Zeit ist in privilegiertem Sinne Zukunft; wenn wir bezüglich
Gegenwart und Vergangenheit auch von 'Zeit' sprechen, tun wir dies
in einem abgeleiteten Sinne ('Zeit zweiter Ordnung').*

2. Reflexivität, Zeitmessung und Kategorienfehler

Wenn zutrifft, daß wir vordringlich Zukunft als Möglichkeit im Auge
haben, wenn wir vom 'Fließen der Zeit' sprechen, dann bleibt dies
fraglos nicht ohne Konsequenzen für die Auffassung von Produktion
der Zeit. Unter Philosophen hat sich eingebürgert, die Veränderung in
der Auffassung von Zeit, die wir derzeit erleben, als 'Verzeitlichung
von Zeit' zu bezeichnen. Damit ist gemeint, daß Zeit eine, wie wir
heute sagen würden, 'selbstreferentielle Struktur' aufweist. Das

---

20) Dies ist eine gegenüber den Folgerungen aus dem Minkowskischen Raum-
Zeit-Kontinuum etwas anders gewendete Pointe: Läßt man den Beobachter
nicht als Beobachter 'außerhalb' der Zeit stehen, sondern reflektiert ihn und
seine subjektive Zeitkonstitutionsleistung mit, dann zeigt sich, daß
Vergangenheit und Zukunft nicht in irgendeiner physikalisch konstruierten
Raum-Zeit verschwinden, sozusagen als subjektive Illusionen, sondern daß
Zukunft als die Halbordnung vom Möglichkeiten das Primäre im Raum-Zeit-
Kontinuum ist, während Gegenwart und Vergangenheit in diesem Sinne 'Zeit
zweiter Ordnung' sind, nämlich in die Singularität der Realität 'geronnene'
Raum-Zeit. - Vgl. zur Radikalisierung der Minkowski-Idee durch H. Weyl
auch P. Davies, a.a.O. (Anm. 10), bes. engl. 76 f., dt. 85 f.

21) W. James, „Die Wahrnehmung der Zeit", 1886, dt. in: W. Ch. Zimmerli / M.
Sandbothe (Hrsg.), a.a.O. (Anm. 12), 31-66; E. Husserl, „Zur Phänomenologie des inneren Zeitbewußtseins", 1915, Husserliana Bd. X, Den Haag
1969, 73 ff. et passim; J.J.C. Smart, „Der Fluß der Zeit", 1949, dt. in: W.Ch.
Zimmerli/M. Sandbothe (Hrsg.), a.a.O. (Anm. 12), 106-119.

tangiert natürlich sowohl unser Welt- als auch unser Menschenbild. Um es wieder knapp zu formulieren:

Was wir 'Zeit' im emphatischen und reflexiven Sinne nennen, gibt es erst, seit es zeitreflexive Wesen gibt.

Die Frage danach, was es gab, 'bevor' es die Zeit gab, ist mithin gar nicht so paradox, wie sie erscheinen mag: Das dynamische Entwicklungskontinuum, das wir heute 'Evolution' nennen, wird eben erst durch das Auftreten von raum-zeit-konstituierenden Wesen abstraktiv nach Raum und Zeit getrennt. Andererseits gibt es überhaupt keine Möglichkeit, Zeit anders als räumlich und Raum anders als zeitlich zu *erfahren*. So betrachtet, ist Zeit aber nichts anderes als die Potentialität des Raumes, d.h. die Veränderbarkeit, die für uns kategorial als Möglichkeit erscheint, und das ist eben, temporal gesprochen, Zukunft. Vergangenheit aber als Zeit zweiter Ordnung ist die zur Wirklichkeit geronnene *erinnerte* Möglichkeit. Hierin liegt der Grund dafür, daß in der Zeitphilosophie die Erinnerung eine so zentrale Rolle spielt.

Nun ist unser Jahrhundert nicht nur gekennzeichnet durch die Verzeitlichung der Zeit, sondern auch durch den Versuch, ihre quantitativen und ihre qualitativen Größen zu unterscheiden.[22] Reflexivität von Zeit, als eines ihrer zentralen Charakteristika identifiziert, hat eben diesen Effekt, daß der Zeitigungsprozeß selbst nun alle kategorialen Färbungen annimmt, die auf ihn reflexiv bezogen werden können. Insofern macht dann auch die Auszeichnung eines spezifischen kategorialen Reflexionsproduktes, nämlich dessen der Relation, indem wir Zeit und Kausalität koppeln und sie mit der quantitativen Zeitbestimmung zu einem klassisch-naturwissenschaftlichen Newton-Konstrukt verknüpfen, keinen spezifischen Sinn mehr. Warum sollte die Tatsache, daß es 'vier Minuten dauert', bis A zu B geworden ist, z.B. bis mein Frühstücksei weich gekocht ist, der Reflexivität von Zeit näher stehen als die Tatsache, daß es heute

---

22) Vgl. dazu die im Kapitel „Zeit und Zeitlichkeit" gesammelten Texte von Heidegger, Bergson, Derrida und Gadamer in W.Ch. Zimmerli/M. Sandbothe (Hrsg.), a.a.O. (Anm. 12), 215-297; natürlich auch - wiewohl er selbst sicher nicht gern unter das Begriffspaar 'quantitativ - qualitativ' hätte subsumiert werden wollen - Martin Heideggers, Der Begriff der Zeit, hrsg. von H. Tietjen, Tübingen 1989.

'ewig dauert', bis mein Frühstücksei fertig ist? Beides, subjektives Zeitempfinden und objektive Zeitmessung, sind Mittel zur Produktion von Zeit als reflexiver Vergewisserung des Wirklichwerdens von Möglichkeiten.

Reflexivität von Zeit bedeutet aber zugleich auch Relativität von Zeit. Das leuchtet sofort ein, wenn wir uns klarmachen, daß Zeit, wie Aristoteles formuliert hatte, als Maß der Bewegung fungiert.[23] Um aber etwas zu messen, bedarf es der gleichbleibenden Maßeinheiten. Die Maßeinheit der, wie wir dann sagen, 'objektiven Zeit' entnahmen wir traditionell den astronomischen Zusammenhängen, die wir gleichsam als Weltuhr betrachteten. Zur Operationalisierung dieser astronomischen Uhr hat homo sapiens mit großem Erfindungsreichtum und ebenso großer Kunstfertigkeit viele Vorrichtungen konstruiert, die sich letztlich zu einer technologischen Definition der quantitativen Zeiteinheiten verdichteten.[24] Wie spät es ist, läßt sich zwar durch einen Blick auf den Sonnenstand immer noch ungefähr feststellen; ob diese Schätzung aber stimmt, kann man nur durch Vergleich mit den Resultaten einer technischen Einrichtung entscheiden, in unserem Falle mit der PTB in Braunschweig, wo die Weltzeit gemessen wird. Der eigentliche Prozeß der Synchronisierung erfolgt dann via auf höchste Signalübertragungsgeschwindigkeit ausgerichtete ihrerseits technologische Systeme. Eine Beziehung zur astronomischen Zeit oder gar zur lebensweltlichen Zeit brauchen wir

---

23) Aristoteles, Physik, 221 a1 ff.; „Es ist also die Zeit das Maß für das Bewegen und das Bewegtwerden und die Zeit liefert die Messung der Bewegung durch Herausgreifen eines Bewegungsstücks, welches dann als Einheit für die Messung der ganzen Bewegung fungiert - wie ja auch die Elle eine Strecke dadurch meßbar macht, daß sie eine Längengröße festlegt, welche dann als Längeneinheit die Gesamtstrecke meßbar macht -; und Zeitlichkeit der Bewegung heißt Meßbarkeit der Bewegung und ihres Dauerns mittels der Zeit - denn die Zeit mißt gleichzeitig die Bewegung und die Dauer der Bewegung, und Zeitlichkeit der Bewegung ist Maßbestimmtheit ihres Dauerns.", zitiert nach: Aristoteles, Physikvorlesung, übersetzt von Hans Wagner, Aristoteles Werke Bd. 11, Darmstadt 1979, 117.

24) Vgl. u.a. P. Janich, Die Protophysik der Zeit, Mannheim/Wien/Zürich 1969, 2. Aufl. 1980; J. Bender/ D.E. Wellbery (eds.), Chronotypes. The Construction of Time, Stanford UP 1991; G. Dohrn-van Rossum, Die Geschichte der Stunde. Uhren und moderne Zeitordnung, München 1992.

damit überhaupt nicht mehr: Zeit im objektiven Sinne wird durch Signalübertragung zwischen Hightech-Systemen definiert.

Darüber, wie sich diese technische Taktung der objektiven Zeit auf das Leben der Menschen und ihre Zeitwahrnehmung ausgewirkt hat, ist viel geschrieben und gesagt worden.[25] Daß wir Sklaven unserer Terminplanung sind, hat unterdessen fast schon Sprichwortqualität erreicht; der subjektive Befreiungsakt zu Beginn des Urlaubs besteht darin, sich seiner Armbanduhr und seines Zeitplaners zu entledigen, etc. All dies soll uns hier nicht weiter beschäftigen. Ich will nur auf zwei weitere Aspekte hinweisen, die sich auf den Einfluß der technischen Medien beziehen, aber normalerweise verdrängt werden:

1. Der auf der Kinematographie, d.h. wörtlich der (optischen) Bewegungsaufzeichnung beruhenden Möglichkeit, Bewegungsabläufe gerafft oder gedehnt wiederzugeben, verdankt sich die instantane Plausibilität eines Gedankenexperiments, das früher hohe Abstraktionsleistungen erforderte: Nehmen wir - etwa mit Friedrich Nietzsche und dem von diesem rezipierten jesuitischen Mathematiker und Physiker Ruggiero Guiseppe Boscovich, aber auch mit dem für den frühen Nietzsche bedeutsamen baltischen Zoologen K. E. von Baer[26]

---

25) Vgl. M. Sandbothe / W.Ch. Zimmerli (Hrsg.), Zeit - Medien - Wahrnehmung, Darmstadt 1994; M. Held / K.A. Geißler (Hrsg.), Von Rhythmen und Eigenzeiten, Stuttgart 1995, darin besonders B. Adam, „Von Urzeiten und Uhrenzeiten", 19-29; G. Böhme, „Die Zeit des Menschen fließt, aber nicht die Zeit der Uhr", in: Frankfurter Allgemeine Magazin, 45. Woche, H. 767 (11.11. 1994), 24-35.

26) Vgl. Nietzsches von Boscovich beeinflußte Zeitatomenlehre in den nachgelassenen Fragmenten vom Frühjahr 1873, in: F. Nietzsche, Sämtliche Werke Kritische Studienausgabe, Bd. 7, Berlin/New York 1980, 574 ff., bes. 579: „...die Zeitatomistik fällt endlich zusammen mit einer Empfindungslehre. Der d y n a m i s c h e Zeitpunkt ist identisch mit dem E m p f i n d u n g s - p u n k t . Denn es gibt keine Gleichzeitigkeit der Empfindung." Vgl. auch Nietzsches Rezeption K. E. von Baers, z.B. in seinem Vorplatoniker-Kolleg, aber auch andernorts in seinen Schriften, z.B. in einem nachgelassenen Fragment aus der Zeit zwischen Frühjahr und Herbst 1881: "Dem wirklichen Verlauf der Dinge muß auch eine w i r k l i c h e Zeit entsprechen, ganz abgesehn von dem G e f ü h l e langer kurzer Zeiträume, wie sie erkennende Wesen haben. Wahrscheinlich ist die wirkliche Zeit unsäglich viel l a n g s a - m e r als wir Menschen die Zeit empfinden: wir nehmen s o w e n i g wahr,

- an, auch die quantitative Zeitauffassung sei relativ zu einem natürlichen Rhythmusgeber in den verschiedenen Lebewesen, etwa bezogen auf deren Herzschlag, und nehmen wir des weiteren an, daß die Herzschlagfrequenz von der durchschnittlichen Lebensdauer abhinge, stellen wir uns darüberhinaus der Einfacheit halber vor, daß pro Zeittakt eine bestimmte konstante Anzahl von Informationen aufgenommen werden. Unter diesen Voraussetzungen wäre Zeit für eine Eintagsfliege etwas völlig anderes als für uns und für uns etwas völlig anderes als für ein Wesen, das z.B. mehrere Millionen Jahre, vielleicht sogar ewig lebte. Für die Mücke oder Eintagsfliege wäre vieles von dem, was für uns als Bewegung erscheint, statisch; umgekehrt würden wir vieles von dem, was für die Eintagsfliege Bewegung ist, gar nicht wahrnehmen. Für ein ewig lebendes Wesen dagegen wären, wie der 90. Psalm uns lehrt, „tausend Jahre (...) wie der Tag, der gestern vergangen ist, und wie eine Nachtwache". Was für uns als statisch und unwandelbar erscheint, wäre für dieses Wesen Bewegung, und was wir 'Bewegung' nennen, wäre zwischen seinen Wahrnehmungsintervallen verschwunden. Das bedeutet, daß wir von einer generellen Perspektivität und Beobachterrelativität auch noch der quantitativ getakteten Zeit auszugehen haben.

2. Bleiben wir nun im 'Mesokosmos' unserer menschlichen Zeitwahrnehmung, läßt sich eine weitere, technikinduzierte Differenz der Zeitqualität an einer einfachen Erfahrung ablesen, die wir alle kennen: Es ist nicht dasselbe, ob wir die Zeit in digitaler oder analoger Weise messen.[27] Zwar scheint die quantitative Taktung oder

---

obschon auch für uns ein Tag sehr lang erscheint, gegen denselben Tag im Gefühl eines Insekts. Aber unser Blutumlauf könnte in Wahrheit die Dauer eines Erd- und Sonnenlaufs haben." ebd., Bd. 9, 513. Allerdings kann wohl kaum bestritten werden, daß sich hierin explizite Anleihen Nietzsches beim Kantkritiker African Spir zeigen, auf den Nietzsche verschiedentlich explizit Bezug nimmt; vgl. auch R. Small, "Nietzsche, Spir, and Time", in: Journal of the History of Philosophy, vol. 32 (1994), 85-102, bes. 94.

27) Vgl. hierzu D. Ihde, "The Historical-Ontological Priority of Technology over Science", in: P. Durbin / F. Rapp (eds.), Philosophy and Technology. Boston Studies in the Philosophy of Science, vol. 80, Dordrecht / Boston / Lancaster 1983, 235-252, bes. 244 ff.; dagegen G. Böhme, der behauptet, alle Zeit sei digital und die traditionalen analogen Zifferblätter hätten das nur verdeckt, a.a.O. (Anm. 25), 30.

der Rhythmus, von dem wir ausgehen, immer mit sich selbst identisch zu sein, und wir können dies sogar technisch sicherstellen, indem wir die Identität des Frequenznormals dadurch garantieren, daß wir es an ein piezoelektrisch erregtes Quarzkristall (Schwingquarz) koppeln. Aber die Zeitwahrnehmung bei einer digitalen Anzeige ist kognitiv durch diskursive Prozesse, diejenige einer analogen Anzeige dagegen durch Mustererkennung geleitet. Das führt dazu, daß einer analogen Anzeige mehr Informationen in kürzerer Zeit zu entnehmen sind als einer digitalen. Darüberhinaus liefert die Analoganzeige 'auf einen Blick' Vorstellungen von "Zeit-Räumen", die bei digitaler Vermittlung erst errechnet werden müßten.

Diese beiden Beispiele vermögen phänomenologisch zu belegen, was theoretisch behauptet wurde:

Sowohl die quantitativ getaktete Zeit als auch deren qualitative Interpretationen variieren technologieinduziert.

Wir leben eben nicht mehr in einer *technischen*, sondern bereits in einer *technologischen* Welt, und einer der entscheidenden Unterschiede zwischen technischer und technologischer Welt liegt darin, daß letztere durch mikro-elektronische Informations- und Kommunikationstechnologie geprägt ist.[28] Eine hiermit zusammenhängende allgemein bekannte Annahme besagt, daß die Koproduktion des Raum-Zeit-Kontinuums durch seinen Benutzer bzw. Beobachter dieses drastisch verändere. Wir leben - so die These - in einer Welt unmittelbarer Präsentation, in der jede räumliche Distanz durch die mit Lichtgeschwindigkeit übertragene Information überwunden und jeder Ort der Welt damit sozusagen 'herbeigebeamt' werden kann, wie man in der 'Raumschiff Enterprise'-Sprache sagen könnte. Und nehmen wir nun zu den Informations- und Kommunikationsmedien klassischer Art, wie Telefon, Rundfunk und Fernsehen, noch die neuen Qualitäten hinzu, die durch Vernetzung und Hybridisierung dieser Medien entstehen, so taucht - Stichwort 'virtuelle Realität' die Vorstellung der Überbrückung auch der Zeitabstände auf.

---

28) Vgl. hierzu W.Ch. Zimmerli, „Information und Kultur. Information als verbindendes Element der Kulturen", in: E.J.M. Kroker / B. Dechamps (Hrsg.), Information - eine dritte Wirklichkeitsart neben Materie und Geist, Frankfurt a.M. 1995, 39-52.

„Die Weltgesellschaft synchronisiert sich in der Gegenwart, und das ist nur mit Hilfe der Massenmedien möglich, die die Koordinierungszeit fast auf den Moment verkürzen", hatte Niklas Luhmann noch 1975 gesagt.[29] Heute sieht es so aus, als sei das damals Vermutete bereits mehr als erfüllt. Die Synchronisierung von optischen, akustischen und haptischen Signalen in experimentellen Cyberspace-Umgebungen steckt zwar noch deutlich in den Kinderschuhen und wird meines Erachtens aus diesen auch höchstens zu heuristischen Zwecken oder zu solchen der Unterhaltungselektronik herauskommen, aber es sind mindestens die prinzipiellen Möglichkeiten zur Konstruktion eines algorithmischen Raumes in einer anderen Gegenwart gegeben. Und damit bewegen wir uns in das große Feld, dem in der einen oder anderen Weise die Zukunft gehören wird: in das Feld der computergestützten vernetzten Simulation.

Allerdings - und hier liegt der Denkfehler der meisten Autoren, die sich rauschhaft und marktträchtig im Bereich der neu erschlossenen Medien-Fiktion austoben - handelt es sich hierbei stets um Simulationen in der derivativen Zeit. Appräsentation hat zwar fraglos, wie bereits die klassische Bewußtseinstheorie weiß, einen bewußtseinskonstitutiven und -verändernden Charakter. Sie bleibt aber eben *als* Appräsentation auf die Präsenz, und d.h. auf die zur Wirklichkeit geronnene Zeit zweiter Ordnung beschränkt. Sowohl Hermann Lübbes Theorem der "Gegenwartsschrumpfung"[30] als auch die Analysen von Medientheoretikern wie Götz Großklaus[31] kommen, wenn sie auch durchaus Unterschiedliches intendieren, zu demselben Ergebnis: das Zusammenziehen von Gegenwart und Vergangenheit. Damit wird aber gerade - entgegen der Hoffnung vieler Medientheoretiker - das Feld der Zeit erster Ordnung, die

---

29) N. Luhmann, „Veränderungen im System gesellschaftlicher Kommunikation und die Massenmedien", in: ders., Soziologische Aufklärung 3, Opladen 1981, 314.

30) Vgl. H. Lübbe, „Zivilisationsdynamik. Über die Aufdringlichkeit der Zeit im Fortschritt", in: M. Sandbothe/W.Ch. Zimmerli (Hrsg.), a.a.O. (Anm. 25), 29-35, bes. 29 f., aber auch schon ders., Im Zug der Zeit, a.a.O. (Anm. 13), 18 f.

31) G. Großklaus, „Medienzeit", in: M. Sandbothe/W.Ch. Zimmerli, a.a.O. (Anm. 25), 36-59.

meiner Analyse zufolge die Zukunft ist, nicht tangiert. Die Rede davon, daß „Vergangenheit und Zukunft (...) zu kaum wahrnehmbaren Spuren des Vorher und Nachher im erweiterten Gegenwartsfeld der Simulationen" zusammenschrumpften[32], klingt zwar eindrucksvoll, ist aber wohl nichts als das Resultat eines - mehr oder minder schlichten - Kategorienfehlers. Anders gesagt: Selbst wenn außer Frage stehen sollte (was nicht der Fall ist), daß das erweiterte Gegenwartsfeld der Simulationen in der Tat Vergangenes und Gegenwärtiges ineinanderfließen lassen sollte (gemeint ist wohl: Vergangenes jederzeit vergegenwärtigen könnte), setzt dies eben bereits voraus, daß Vergangenes und Gegenwärtiges unterscheidbar sind und daß die Zukunft nochmals etwas davon radikal Verschiedenes ist: Sie bleibt per Definition (als das Mögliche) immer anders als jede Form von Realität, und sei es auch die simulierte und virtuelle Realität.

3. Prognosen, Technikfolgenabschätzung, Zeitpräferenzen und Mensch-Maschine-Tandem

Damit kehrt die Reflexion auf die Grundeinsicht zurück, die sich aus der relativistischen Wendung des Zeitdenkens ergeben hat, wenn auch Einstein und seine Gefolgsleute sie nicht weiter ausgeführt haben, so daß Davies gar formulieren kann: „...the revolution started by Einstein remains unfinished."[33] Dabei handelt es sich um die

---

32) Ebd., 53.

33) P. Davies, a.a.O. (Anm. 10), engl. 33, dt. 34. - Damit ist nicht zuletzt die in vorliegendem Aufsatz thematisierte Verbindung von sogenannt 'subjektiver' und 'objektiver' Zeit gemeint, allerdings weder im Sinne Einsteins, für den subjektive Zeit etwas war, für das es keine rationale Erklärung geben kann, noch im Sinne der kognitiven Psychologie oder der Bewußtseinsphilosophie (vgl. ebd., engl. 267 ff., dt. 321 ff.). Vielmehr bedarf es, noch bevor es um ein Verständnis der komplexen Tiefenstrukturen subjektiver Zeit (oder Zeitwahrnehmung, s.o. Anm. 25) geht, einer befriedigenden Modellierung der Denkbarkeit (= Bedingung der Möglichkeit) der Konstitution 'objektiver' Zeit durch das in ihr erst hervorgebrachte Subjekt mit seiner 'subjektiven' Zeit bzw. Zeitwahrnehmung (s. o. Anm. 20).

Einsicht, daß Zeit im emphatischen Sinne ein reflexiver Ko-
produktionsprozeß von räumlicher Veränderung und Beobachter ist,
der im technologischen Zeitalter in Form von Mensch-Maschine-
Interaktionen eingelöst wird. Daß es sich bei Zukunft um eine
Koproduktion von räumlicher Zustandsveränderung und Beobachter
handelt, ist in den Sozialwissenschaften schon länger, nämlich seit
Mertons Beitrag zur Prognosetheorie aus den späten Vierzigerjahren
bekannt. Merton machte damals auf den Einfluß aufmerksam, den das
Bekanntwerden von prognostizierten Ereignissen in sozialen
Systemen auf das Eintreten des Prognostizierten hat, und sprach dabei
von „self-fulfilling" und „self-destroying prophecies".[34] Daher sei an
dieser Stelle ein kurzer Exkurs in die Prognosetheorie eingeschoben,
der dem Zweck dienen soll, Zukunft als Prognosehandeln im Mensch-
Maschine-Tandem verständlich zu machen.

Zunächst unterscheide ich vier verschiedene Prognosetypen[35]:
Prognosen vom *Erklärungs-,* vom *Beschreibungs-,* vom *Modellie-
rungs-* und vom *Simulations*-Typ. Unter 'Prognosen vom Erklärungs-
Typ' verstehe ich solche Prognosen, die sich aus allgemein als geltend
anerkannten gesetzesartigen Aussagen ableiten lassen (naturwissenschaftliche Prognosen). Als 'Prognosen vom Beschreibungs-Typ'
bezeichne ich solche Vorhersagen, die sich nicht aus theoretischen
Annahmen, sondern nur im Rahmen deskriptiver Plausibilitäten und
größerer Datenmengen herleiten. Mit 'Prognosen vom Modellierungs-
Typ' sind solche Vorhersagen gemeint, die sich im Zusammenhang
der Modellierung einer auf einige relevante Parameter reduzierten
Vorstellung des Gesamt- oder Teilsystems ergeben, innerhalb dessen
das prognostizierte Ereignis vorkommen soll. Werden diese
Modellierungen dann zu einem virtuellen Realitätsmodell erweitert

---

34) Vgl. R. Merton, Social Theory and Social Structure, 1949, rev. ed. Glencoe
1957, 421-436; vgl. dazu auch H. Honolka, Die Eigendynamik sozial-
wissenschaftlicher Aussagen: Zur Theorie der self-fulfilling prophecy,
Frankfurt a.M./New York 1976.

35) Vgl. W. Ch. Zimmerli, „Prognosen als Orientierungshilfe für technisch-
wissenschaftliche Entscheidungen", in: DVT-Schriften, Nr. 24, hrsg. vom
Deutschen Verband technisch-wissenschaftlicher Vereine, Düsseldorf 1990,
6-20.

und rechnergestützt durchgespielt, spreche ich von 'Prognosen vom Simulations-Typ'.

Betrachten wir nun die Wahrscheinlichkeiten des Zutreffens von Prognosen, so müssen wir zunächst ein altes Vorurteil ausräumen. Dieses lautet etwa so: Je komplexer ein Sachverhalt ist, desto größer ist die Wahrscheinlichkeit, daß die Prognosen über ihn falsch sind. Dieses Vorurteil ist zumindest irreführend. Das kann man sich leicht klarmachen, wenn man die Eintretenswahrscheinlichkeiten von natur-, ingenieur-, sozial- und geisteswissenschaftlichen Prognosen vergleicht. Dabei stellt sich nämlich heraus, daß wir es in allen betrachteten Fällen mit einer Normalverteilung von Wahrheit und Falschheit hinsichtlich der prognostizierten Ereignisse zu tun haben, so daß wir nicht nur einen, sondern zwei Bereiche haben, in denen die Wahrscheinlichkeit, daß die Prognosen falsch sind, relativ hoch ist, während wir einen beliebig kleinen mittleren Bereich haben, in dem die Prognosen zutreffen.

Denken wir etwa an die Physik. Prognostisch schwierig bis unmöglich sind alle Vorhersagen, die sich auf den Mikrokosmos, auf das Verhalten von einzelnen Elementarteilchen, etwa von Elektronen, beziehen, wie wir spätestens seit Heisenberg wissen, weswegen wir auf statistische Populationsverteilungsprognosen ausweichen müssen. Ebenfalls schwierig sind Prognosen, die sich auf ganz große Bereiche, lange Zeiträume und das Universum als ganzes, also auf das Verhalten des Makrokosmos erstrecken. Der Bereich, innerhalb dessen Prognosen möglich und mit einer hohen Zutreffenswahrscheinlichkeit ausgestattet sind, ist der Mesokosmos, der in guter Näherung durch die Newtonsche Mechanik beschrieben werden kann.

Schauen wir dagegen die Verteilung der Zutreffenswahrscheinlichkeit bei Prognosen in den Geistes- und Sozialwissenschaften an, so stellen wir fest, daß auch hier eine Normalverteilung existiert, aber die zugehörige Gaußsche Verteilungskurve ist bei weitem nicht so breit, sondern viel schmaler und daher relativ spitzer. Das bedeutet, daß der Mesokosmos, innerhalb dessen wir Prognosen mit hoher Zutreffenswahrscheinlichkeit formulieren können, in den Geistes- und Sozialwissenschaften sehr viel kleiner ist als in den Naturwissenschaften. Ganz ähnlich wie bei diesen gilt aber, daß sehr kurzfristige Prognosen sehr schwierig, Prognosen individuellen Verhaltens fast unmöglich sind. Was dagegen möglich ist, sind statistische Prognosen über Verteilungen im mittleren Bereich, und was weiter mit guter Zutreffenswahrscheinlichkeit möglich ist, sind Meinungsvorhersagen, die allerdings Prognosen vom Beschreibungs-, Modellierungs- und Simulationstyp sind. Im Bereich der langfristigen geschichtlichen oder gesellschaftlichen Entwicklung sowie bezüglich des Makrokosmos des historischen oder sozialen Universums dagegen ist es evident, daß Prognosen mit der Hoffnung auf hohe Zutreffenswahrscheinlichkeit unmöglich sind.

Der Grund für diese strukturelle Analogie zwischen Prognosen in den unterschiedlichen Wissenschaftsbereichen liegt natürlich in dem, was ich zuvor 'Koproduktion der Zukunft durch räumliche Veränderung und Beobachterhandeln' genannt habe. Wir kennen diese - Stichwort 'Unschärferelation' - im Bereich der Physik als Gravitationsveränderung. Der Beobachtende als Körper wirkt auf das zu Beobachtende als Körper mit seinem instrumentellen Eingriff als gravitationsabschwächende oder gravitationsverstärkende Kraft ein, und insofern sind die Beobachtungsergebnisse durch das Faktum der Beobachtung selbst konstituiert. Das ist gymnasiales Wissen. Dasselbe gilt aber in ungleich stärkerem Maße bei all jenen Prognosen, die sich auf, wie ich das nun nennen will, 'mertonsensible Systeme' beziehen, in denen Prognosen also dadurch, daß sie geäußert werden, auf das prognostizierte Ereignis verstärkend oder abschwächend einwirken können. In Analogie zur physischen Gravitation möchte ich diesen Effekt den der 'Wissens- und Wertungsgravitation' nennen, da er nur eintritt, wenn das Wissen und die Wertung bezüglich des Inhalts der Prognose von anderen Menschen geteilt werden, die sich dann auch entsprechend verhalten. Dadurch aber treten Prognosen aus dem logischen Folgerungsraum in denjenigen der Lebenswelt und werden zu Faktoren der Konstruktion von Zukunft, wie sich schon an den zwei diskutierten Beispielen der Pythia-Orakel zeigte.

Daß Zeit im emphatischen Sinne Zukunft ist, hänge in reflexiver Hinsicht, so hatte ich gesagt, von der Tendenz unseres Jahrhunderts ab, die Zeit zu verzeitlichen. Das aber hat seinerseits einen weiteren Grund: Die Zukunftsorientierung hat als *erste Modernisierung* sich der Idee des technologischen Fortschritts verschrieben. Dieser bringt, wie wir alle gelernt haben, neben den erwünschten auch zunehmend unerwünschte Folgen hervor. Die *zweite* oder *reflexive Modernisierung* [36] steht also vor dem, was ich das „Dilemma der Technikfolgenabschätzung" zu nennen pflege. In epistemologischer Hinsicht formuliert: zu wissen, daß Technikfolgenabschätzung unabdingbar nötig ist, und aus denselben Gründen zu wissen, daß sie als vollständiges Vorherwissen der Zukunft unmöglich ist. Oder in ethischer Formulierung: zu wissen, daß man entweder für die Folgen seines eigenen Handelns nur verantwortlich ist, wenn man sie kennt und korrigieren kann - dann aber fallen die Folgen technologischen Handelns nicht in die Menge der verantwortenden Folgen -, oder daß die Zuordnung von Verantwortung nicht auf die Vorhersehbarkeit von Folgen und auf die Eingriffsmöglichkeit reduziert ist - dann aber wird letztlich jede(r) für alles verantwortlich.[37] Wenn nämlich das technische Handeln in der Natur uns darüber belehrt hat, daß Natur ein mannigfach rückgekoppeltes bifurkatives selbstorganisierendes System ist, in dem wir selbst mitspielen, dann bringt technisches Eingreifen in die Natur eben deswegen auch stets unvorhersehbare Effekte hervor. Und die Frage besteht nun darin, wie mit diesen umzugehen ist. Das heißt aber eben auch, daß Zeit als Zukunft etwas mit Verantwortung[38], genauer: mit Verantwortung für zukünftige Generationen zu tun hat. Nun wissen wir auf der einen Seite, daß wir uns bei der Bewertung der Folgen unseres Handelns moralisch verpflichtet sehen, die faktische Zukunftsbewertung stets zugunsten

---

36) Vgl. U. Beck, Risikogesellschaft. Auf dem Weg in eine andere Moderne, Frankfurt a.M. 1986; ders., Gegengifte. Die organisierte Unverantwortlichkeit, Frankfurt a.M. 1988.

37) W.Ch. Zimmerli, „Wandel des Wissenschaftsverständnisses: Technikfolgen und Ethik", in: H. Sahner (Hrsg.), Zukunft durch Naturwissenschaft, Lüneburg 1990, 123 f.; ders., „Technikfolgenabschätzung - Wissenschaft oder Politik", in: Carolo-Wilhelmina. Mitteilungen der Technischen Universität Braunschweig, Jg. 27, H. 1 (1992), 17.

38) Vgl. W.Ch. Zimmerli, „Die Zukunft - was ist das, und wer verantwortet sie?", in: Chemie - Ingenieur - Technik, 61, H. 6 (1989), A280-290; H.-P. Dürr, „Wie offen ist die Zeit? Die Verantwortung für unsere Zukunft", in: K. Weis (Hrsg.), Was ist Zeit? Zeit und Verantwortung in Wissenschaft, Technik und Religion, München 2. Auflage 1996, 181-206.

zukünftiger Generationen vorzunehmen. Auf der anderen Seite lehrt uns aber die psychologische Empirie, daß wir bei Abschätzungen zukünftiger Folgen gegenwärtigen Handelns *de facto* andere Präferenzen setzen. Dieter Birnbacher unterscheidet hier vier Beurteilungspräferenzen, die nicht nur die Wissensrepräsentation zukünftiger Folgen, sondern auch die ersatzweise vorzunehmende Abschätzung als unmöglich erscheinen lassen:

„1. reine Zeitpräferenz: die Minderschätzung zukünftigen Nutzens und Schadens um ihrer Zukünftigkeit willen;

2. Präferenz für Gegenwartspräferenzen: die Minderschätzung zukünftigen Nutzens und Schadens, der aus der Befriedigung oder Nicht-Befriedigung von Präferenzen erwächst, die wir gegenwärtig nicht teilen, nicht verstehen oder die wir aus moralischen, ästhetischen oder anderen Gründen ablehnen;

3. Ego-Präferenz: der Umstand, daß der Nutzen und Schaden, der andere trifft, uns meist gleichgültiger ist als der Nutzen und Schaden, der uns selbst trifft;

4. moralische Distanz: der Umstand, daß der Nutzen und Schaden, der uns nicht weiter Nahestehende trifft, uns gleichgültiger ist als der Nutzen oder Schaden, der uns Nahestehende trifft."[39]

Offenbar haben wir uns in eine ausweglose Situation, in eine, wie die Philosophen sagen, 'Aporie' manövriert: Die Verzeitlichung der Zeit, die unser Jahrhundert kennzeichnet, hat uns die Einsicht vermittelt, daß Zeit im emphatischen Sinne nur Zukunft ist und daß wir in einer technologisch gestalteten Gegenwart dieser Zukunft und den in ihr Lebenden gegenüber für beides, für Zukunft wie für in ihr lebende Wesen, verantwortlich sind, aber zugleich scheinen wir zugeben zu müssen, daß nicht nur - aus kognitiven Gründen - die Wissensrepräsentation der Zukunft unmöglich ist, sondern daß wir darüberhinaus - aus kognitionspsychologischen Gründen - auch zur adäquaten Abschätzung zukünftiger Folgen unfähig sind.[40] Und da scheint guter Rat teuer.

---

39) D. Birnbacher, Verantwortung für zukünftige Generationen, Stuttgart 1990, 29 ff.

40) Vgl. auch D. Dörner, Die Logik des Mißlingens. Strategisches Denken in komplexen Situationen, Reinbeck 1989, bes. 156 ff.

Martin Heidegger hat in ähnlichem Zusammenhang den Patmos-Hymnus von Hölderlin zitiert: „Wo aber Gefahr ist, wächst das Rettende auch", und er hat dabei auf die Kunst verwiesen.[41] Seinem und Hölderlins Beispiel folgend, sehe auch ich mich nach einer rettenden Größe um. Aber ich finde sie nicht in der Kunst, sondern im Mensch-Maschine-Tandem selbst. Wenn wir denn erkennen, daß wir im Rahmen unserer zukunftskonstitutiven Präferenzstrukturen kognitiv limitiert sind, dann erlaubt uns das Umgehen mit Simulationsprognosen, sprich: mit virtuellen alternativen Zukünften vielleicht, diese Schwächen auszubügeln. Im Mensch-Maschine-Tandem muß nicht die Maschine alles das können, was der Mensch nicht kann. Vielmehr muß ein Lernprozeß einsetzen, der den Mensch-Teil im Mensch-Maschine-Tandem in Kooperation mit dem Maschine-Teil zu komplementären Verhaltensänderungen bringt.[42] Das Umgehen mit computer-simulierten offenen Zukünften könnte als eine Art von sanktionsarmem Probehandeln vor offenen Zukünften einen Lerneffekt haben, der *homo sapiens* dazu bringt, sein dysfunktional werdendes Präferenzverhalten hinsichtlich der Zeit als Zukunft zu ändern, und zwar nicht erst auf dem harten und langen evolutionären Wege der physischen Elimination.

Und das hat nun ersichtlich etwas mit einer Änderung des Menschenbildes[43] zu tun: Der „neue Mensch", der an die Stelle von Nietzsches „Übermensch" zu setzen ist, zeichnet sich eben gerade

---

41) F. Hölderlin, „Patmos. Dem Landgrafen von Homburg", in: ders., Sämtliche Werke, hrsg. von F. Beissner, Stuttgart 1951 ff., Bd. 2/1, 165; M. Heidegger, „Die Frage nach der Technik", in: ders., Die Technik und die Kehre, Pfullingen 1962, 28.

42) Vgl. W. Ch. Zimmerli, „Kreative Kompetenz. Ein Lob der Ungenauigkeit", in: Technische Rundschau, 84. Jg., H. 38 (1992), 38 f.

43) Vgl. hierzu K. Weis (Hrsg.), Bilder vom Menschen in Wissenschaft, Technik und Religion, München 1993, 2. Aufl. Opladen 1998, darin vom Verf., „Der Mensch - Ein Deus ex Machina? Wissenschaftlich-technische Menschenbilder und ihre Grenzen", 41-64, zum Nichtwissen und dessen Management bes. 58 ff.; vgl. auch K. Weis, "Die Informationsgesellschaft: Zum Wandel der Menschenbilder unter neuen Technologien", in: M.-T. Tinnefeld / L. Philipps / K. Weis (Hrsg.) Institutionen und Einzelne im Zeitalter der Informationstechnik. Machtpositionen und Rechte, München 1994, 25-38.

durch dieses Wissen um seine eigene Dezentralität und seine Ange-
wiesenheit auf sein eigenes Produkt, d.h. aber letztlich durch Verzicht
auf die Illusion der Wissensorientierung seines In-der-Welt-seins aus,
d.h. durch Umgang mit Nichtwissen.

Zeit als Zukunft ist Nichtwissens-Management z.B. als simulati-
ves Training funktionaler Präferenzen im Mensch-Maschine-Tandem.
Zu behaupten, virtuelle Realitätstechniken leisteten eine Vergegenwärtigung nicht nur der 'Zeit zweiter Ordnung' (=Vergangenheit),
sondern auch der 'Zeit erster Ordnung' (= Zukunft), wäre ein Fehler;
richtig ist aber, daß sie die Menschen lehren können, ihre Zeit als
Zukunft dadurch zu begreifen, daß sie sie selbst gestalten, wenn auch
unter den überlieferten Bedingungen einer sich weiter technologisie-
renden Welt und deren Zeit, die so zugleich durch die Menschen
koproduziert wird.

Autorinnen und Autoren

Manfred Görg, Prof. Dr. theol., Dr. phil., geb. 1938 in Blankenfelde bei Berlin. Studium der kathol. Theologie in Bonn, Würzburg, Paderborn, dort 1963 Priesterweihe. 1963-68 Gemeindedienst. 1967 Promotion zum Dr. theol., Bonn; dort Studium der Ägyptologie. 1972 Habilitation für alttestamentliche Exegese, Bochum; 1974 Promotion zum Dr. phil. in Bonn. 1975-85 o. Prof. für alttestamentliche Wissenschaften an der Universität Bamberg, seit 1985 o. Prof. für alttestamentliche Theologie, Universität München. Hrsg. von: Biblische Notizen (seit 1976); Beihefte zu Bibl. Notizen (seit 1985); Ägypten und Altes Testament (seit 1979); Neues Bibel-Lexikon (mit B. Lang, seit 1988). Bücher u.a.: Mythos, Glaube und Geschichte. Bilder des christl. Credo und ihre Wurzeln im alten Ägypten (²1993). In Abrahams Schoß. Christsein ohne Neues Testament (1993). Der unheile Gott. Die Bibel im Bann der Gewalt (1995).

Karin Jurczyk, Dr. phil., geboren bei Bonn. 1972-78 Studium der Soziologie und Politologie an der Universit. München, 1978 Diplom. 1978-80 Projektarbeit am Sonderforschungsbereich über "sozialwissenschaftl. Grundlagen der Berufs- und Arbeitskräfteforschung"; bis Ende 92 Projektarbeit über "alltägliche Lebensführung" im Rahmen des SFB 333 über "Entwicklungsperspektiven von Arbeit". Seither mit der Familie in Gießen und Lehrauftrag am Institut für Soziologie der Universität Gießen. Derzeit Arbeit an der Habilitationsschrift über "Moderne Lebensführung und der Umgang mit Zeit". Bücher: (Mit-Hrsg.): Die Arbeit des Alltags, Beiträge zu einer Soziologie der alltäglichen Lebensführung, 1993. (Mit-Autorin): Alltägliche Lebensführung - Arrangements zwischen Traditionalität und Modernisierung, 1995.

Klaus Mainzer, Prof. Dr. phil.,
geb. 1947 in Opladen, Rheinland. Studium
der Mathematik, Physik und Philosophie in
Münster, dort 1973 Promotion, 1979 Habilitation. Danach Heisenberg-Stipendium der
DFG. 1981-88 Prof. für Philosophie an der
Universität Konstanz, dort 1985-88 Prorektor. Seit 1988 Ordinarius für Philosophie
und Wissenschaftstheorie, Universität
Augsburg. Bücher u.a.: Geschichte der
Geometrie (1980), Symmetrien der Natur
(1988, engl. 1995), Computer - neue Flügel
des Geistes? (²1995), Thinking in Complexity. The Complex
Dynamics of Matter, Mind, and Mankind (1994, ²1995, japan. 1995),
Zeit. Von der Urzeit zur Computerzeit (1995). Ko-Autor bzw. (Mit-)
Hrsg. von: Zahlen (1983, ³1990, engl. 1990, japan. 1991), Philosophie
und Physik der Raum-Zeit (1988, ²1994), Vom Anfang der Welt
(1989, ²1990), Die Frage nach dem Leben (1990), Ökonomie und
Ökologie (1993), Quantenchaos und Dämonen (1994).

Eva Ruhnau, Dr. phil.,
Studium der Physik, Mathematik und
Philosophie an den Universitäten Erlangen,
Hamburg (Diplom in Physik 1980), Alberta
Edmonton, Kanada (Master of Science in
Mathematics 1977) und München (Promotion in Mathematik an der TUM 1985).
Derzeit Arbeit an Habilitationsschriften
zum Thema Zeit in Philosophie und in
Neurowissenschaften und Lehraufträge an
den Universitäten LMU München (seit
1988), Jena (1992), Hamburg (seit 1994).
Mitarbeiterin am Institut für Medizinische Psychologie, LMU München, am TTN-Institut LMU München 1993-94, Forschungszentrum
Jülich (seit 1994). Mitarbeiterin des Physikers und Philosophen C.F.
von Weizsäcker und des Psychologen und Hirnforschers Erich
Pöppel. Visiting Fellow, The Neurosciences Institute, La Jolla, Calif.,
USA, 1996. Mit-Hrsg.: The Now, Time and the Quantum, 1995.

Kurt Weis, Prof. Dr. iur., geb. 1940 in Mannheim, juristische Ausbildung (Referendar 1964, Assessor 1970), kriminologische und soziologische Tätigkeit in den USA (Promotion zum S.J.D., Harvard Law School 1968; Univ. of Chicago 1971-72; Univ. of California at Berkeley 1972-73, Univ. of Hawaii Social Science Research Institute 1993-94). Habilitation f. Soziologie, Saarbrücken 1979. Seit 1980 Prof. für Soziologie am Institut für Sozialwissenschaften der TU München. Seit 1992 Mitglied der Europ. Akademie der Wissenschaften u. Künste. Bücher u.a.: Die Vergewaltigung und ihre Opfer (1982). Hrsg. von: Intern. Review for the Sociol. of Sport 1984-87, Bilder vom Menschen in Wissenschaft, Technik und Religion (1993, [2]1996). Ko-Autor bzw. Mithrsg. von: Sport und Gewalt (1982), Erlebnispädagogik ([2]1994), Die dunkle Seite des Chips (1993), Institutionen u. Einzelne im Zeitalter der Informationstechnik (1994), Soziologie des Sports (1995).

Carl Friedrich v. Weizsäcker, Prof. Dr. phil., geb. 1912 in Kiel. Studium der Physik 1929-1933, Promotion 1933 in Leipzig bei Prof. Werner Heisenberg, dort 1936 Habilitation. Zusammenarbeit mit Otto Hahn und Lise Meitner 1936 am Kaiser-Wilhelm-Institut für Chemie in Berlin. 1937-42 Dozent für theoretische Physik, Universität Berlin. 1942-44 Prof. an der Universität Straßburg. 1945 Farm-Hall-Internierung. 1946-57 Abteilungsleiter am MPI für Physik, Göttingen. 1957-69 o. Prof. für Philosophie, Universität Hamburg. 1971 Hon.-Prof. für Philosophie, Universität München. 1970-80 Direktor des MPI für Erforschung der Lebensbedingungen der wissenschaftl.-technischen Welt, Starnberg. Bücher u.a.: Aufbau der Physik (1985, [3]1986), Die Tragweite der Wissenschaft (1964, [6]1990), Die Einheit der Natur (1971, [3]1987), Zeit und Wissen (1992), Der bedrohte Friede heute (1994), Wohin gehen wir? (1997).

294

Host Wildemann, Prof. Dr. phil., geb. 1942 in Lodz, Polen. 1958-61 Lehre als Werkzeugmacher. 1964-67 Maschinen-baustudium, Ingenieurschule Köln, dort Ingenieur (grad.). 1968-71 Studium der Betriebswirtschaftslehre, Universität zu Köln, dort 1971 Diplom, 1974 Promotion, 1980 Habilitation. 1981-89 Lehrstuhl für Betriebswirtschaftslehre mit Schwerpunkt Fertigungswirtschaft, Universität Passau; seit 1990 Lehrstuhl für Betriebswirtschafts-lehre mit Schwerpunkt Logistik, Techni-sche Universität München. Mehrjährige praktische Tätigkeit als Inge-nieur in der Autoindustrie. Aus engem Kontakt mit der Praxis zahlreiche Bücher und Beiträge für neue Wege der wirtschaftlichen Unternehmensgestaltung. Bücher u.a.: Fertigungsstrategien (^{2}1993), Arbeitszeitmanagement (^{2}1995), Produktionscontrolling (^{2}1995), Das Just-In-Time Konzept (^{4}1995), Einkaufspotentialanalyse (1996).

Walther Ch. Zimmerli, Prof. Dr. phil., geb. 1945 in Zürich. Studium der Philo-sophie, Germanistik und Anglistik an den Universitäten Göttingen und Zürich, dort 1971 Promotion und 1978 Habilitation für Philosophie, Leiter der Hegel-Forschungs-stelle (SNF) 1974-84. 1978-88 o. Prof. für Philosophie an der TU Braunschweig. Seit 1988 Ordinarius für Philosophie an der Universität Bamberg. 1988-93 Mitglied des Direktoriums des Instituts für Gesellschaft und Wissenschaft (IGW) an der Universität Erlangen-Nürnberg. 1984-90 Vorsitzender des Bereichs "Mensch und Technik" beim VDI. Seit 1993 persönl. Mitglied der Schweizerischen Akademie für Technische Wissenschaften (SATW). Bücher u.a.: Ein-mischungen. Die sanfte Macht der Philosophie (1993). Ko-autor: Phi-losophie und Öffentlichkeit (1992). Mit-Hg.: Geist und Natur (^{3}1991) Klassiker der modernen Zeitphilosophie. Schlüsseltexte (1993), Zeit - Medien - Wahrnehmung (1994), Künstliche Intelligenz (1994).

Programm WS 1994/95

TUM Ringvorlesung Wintersemester 1994/95

Montags 18:15 Uhr, Hörsaal N 1179 (Nusselt-Hörsaal)
Eingang Theresienstraße Gebäude N 1, 1. Stock

Was ist Zeit?

Entwicklung und Herrschaft der Zeit
in Wissenschaft, Technik und Religion
Teil Zwei

21. 11. 1994   **Zeit als Richtungspfeil**
Die Entwicklung unumkehrbarer Zeit in Selbstorganisationsprozessen von der kosmisch-physikalischen über die biologische
bis zur soziokulturellen Evolution.

Prof. Dr. phil. **Klaus Mainzer**, Lehrstuhl für Philosophie und
Wissenschaftstheorie, Universität Augsburg

05. 12. 1994   **Zeit als Maß von Gegenwart**
Von den acht Zeitbildern der Physik über eine kurze
philosophische Geschichte des Jetzt zur Logistik und
Zeitwahrnehmung des Gehirns. - Oder: Wie ist Gegenwart?

Dr. rer. nat. **Eva Ruhnau**, Institut für Medizinische Psychologie
und Institut für Technik - Theologie - Naturwissenschaften,
Ludwig-Maximilians-Universität München

12. 12. 1994   **Zeit als Geburt aus Chaos und Raum**
Religionsgeschichtliche Entwicklungsschemata in Ägypten und
der Bibel. - Oder: Warum führen uns Weihnachtsmythos und
Chaostheorien nach Altägypten?

Prof. Dr. theol. Dr. phil. **Manfred Görg**, Lehrstuhl für
Alttestamentliche Theologie, Ludwig-Maximilians-Universität
München

09. 01. 1995 **Zeitordnungen als Ordnung der Geschlechter**
Zeit als Machtfaktor. Stabilität und Erosion der unterschiedlichen Zeitmuster von Frauen und Männern im Alltag.

Dr. phil. **Karin Jurczyk**, Institut für Soziologie, Justus-Liebig-
Universität Gießen

23. 01. 1995 **Zeit als Maß für Strafe und Reife**
Zeit im Recht und Menschen hinter Mauern: Fristen,
Gefängnisse und Klöster als Verdeutlichungsagenten
menschlicher Zeitbewertung. Warum aber sammelt der
Häftling Frust und der Mönch Kraft in der Zelle?

Prof. Dr. iur. **Kurt Weis**, Institut für Sozialwissenschaften,
Technische Universität München

30. 01. 1995 **Zeit als Waffe im Wettbewerb**
Zeitmanagement im Geschäftsprozeß. Zeitfallen und
Zeittreiber. Die Bedeutung der Zeitreduzierung und
Zeiteffizienz für die Logistik in Unternehmen und Lebensalltag.

Prof. Dr. rer. pol. **Horst Wildemann**, Lehrstuhl für
Betriebswirtschaftslehre mit Schwerpunkt Logistik,
Technische Universität München

13. 02. 1995 **Zeit als Zukunft**
Die menschliche Konstruktion der Zeit. Uhren, Fernseher,
Computersimulation und Technikfolgenabschätzung. Vom
Handeln vor offenen Zukünften.

Prof. Dr. phil. **Walther Ch. Zimmerli**, Lehrstuhl für
Philosophie, Otto-Friedrich-Universität Bamberg

Organisatorische Leitung: Prof. Dr. **Kurt Weis**, Institut für Sozialwissenschaften, Technische Universität München, Lothstraße 17, 80335 München,
Tel.: (089) 289.24304 /-24303

Inhalt des ersten Bandes der Ringvorlesung:

Was ist Zeit?
Zeit und Verantwortung in Wissenschaft, Technik und Religion

Deutscher Taschenbuchverlag München 1. Auflage 1995, 2. Auflage 1996
(Band 6 der FAKTUM-Reihe der TU München 1. - 3. Auflage 1994-1995)

Namensregister

Achilleus 101
Adam 151f.
Adam, Barbara 23, 179, 189, 279
Ahas 157
Aion-Helios 158
Amun 143f., 151, 154, 157
Amun-Re 151
Anaximander von Samos 194
Antonius 219
Aristoteles 10f., 48, 100f., 116, 119, 193f., 265, 269, 278
Aschoff, Jürgen 147, 154
Assmann, Jan 142f., 147, 154, 156
Aton 153
Audretsch, Jürgen 35 f., 68, 269
Augustinus 11f., 22, 86, 194, 264, 269
Ayala, F. 52, 68

Baer, K.E. v. 88, 279
Barrow, Isaac 30
Bauer, Frank 182, 189
Beck, Ulrich 287
Becker-Schmidt 177, 183, 189
Behringer, Luise 163, 165, 190
Belousov 80
Bénard 44
Bender, J. 278
Benedikt von Nursia 218
Bergson, Henri 48, 56f., 195f., 277
Beyer, K. 137
Birnbacher, Dieter 288
Bochinger, Christoph 219
Böhling, A. 156
Böhme, G. 279f.
Bohr, Nils 113, 115, 119f., 124, 127ff.
Bolte, Karl Martin 163, 176, 190
Boltzmann, Ludwig 49

Bonifatius 219
Boothroyd, D. 244, 260
Borges, Jorge Louis 71
Born 110
Born, Claudia 179, 190f.
Boscovich, Ruggiero Guiseppe 279
Bothe, H. W. 57, 68
Brachtendorf, T. 260
Braulik, G. 152
Broek, R. van den 156
Broglie, de 119ff.
Brose, Hans Georg 186, 190
Brouwer, L. E. J. 98, 124
Brück, Michael von 13f., 301
Brunner, H. 154
Brückner, Margit 191
Bühner, R. 248, 260
Burkhard, G. 158

Cantor, Moritz 101
Carnap, Rudolf 85
Castell, L. 106f.
Chairephon 266
Clemens XI. 208
Cohen, Stanley 214
Compton 126
Corsten, Michael 190
Cramer 50

Danzer, H. H. 244, 260
Darwin, Charles 48f., 51f.
Davies, Paul C. W. 8f., 131f., 148, 269f., 276, 283
Derrida, Jaques 277
Descartes, René 73, 116
Dewhurst, P. 244, 260
Dirac, P.A. 97
Ditfurth, Hoimar von 132

Sachregister